JN409738

국어음운론 개설

국어음운론 개설

제3판

배주채 지음

(학)신구학원 신구문화사

제3판 머리말

국어음운론의 발전 속도는 눈에 띄게 더뎌졌다. 그래서 개정판에서와 마찬가지로 이번에도 이 책이 지향하는 수준에서는 내용을 고치고 보탤 것이 별로 없었다. 그 대신에 형식과 표현은 다듬고 또 다듬었다. 매체의 급격한 변화로 독자들이 같은 내용이라도 더 이해하기 쉽고 보기 편한 미끈한 모양과 말랑한 질감을 요구하고 있기 때문이다.

형식과 표현의 수정 가운데 다음 두 가지는 여기서 언급해 두어야겠다.

- 반모음을 나타내는 음성기호 'y'를 'j'(요드)로 바꾸었다. 국제음성기호 용법을 존중한 것이다.
- '용언어간' 또는 '어간'이라고 표현했던 것을 '용언'으로 바꾸었다. 용언의 활용형을 '용언어간+어미' 대신 '용언+어미'의 구조로 파악하게 된 결과이다.

다음은 내용을 수정한 예이다.

- 매개모음어미의 기저형을 다중기저형 //-으X/-X//에서 단일기저형

//-으X//로 바꾸었다. 그에 따라 8장에서 ㅡ탈락에 매개모음 /ㅡ/의 탈락도 포함해 기술했다. 이론적 정확성보다 개론 수준의 평이하고 단순한 서술을 위해서이다.

같은 책을 거듭 고쳐 제3판을 내리라고 생각해 본 적은 없다. 그러나 처한 세상이 달라지고 보는 사람이 달라졌으니 자기도 한 번 더 새로워지고 싶다는 책의 간절한 소망을 들어주지 않을 수 없었다. 항상 젊고자 하는 꿈은 사람만 꾸는 게 아닌가 보다.

2018년 7월 17일

지은이 씀

개정판 머리말

이 책이 세상에 나온 지 15년이 지났다. 개정과 절판 사이에서 한동안 머뭇거렸다. 국어음운론이 국어학에서 차지하는 비중이 그리 크다고 하기 어려운데도 그동안에 국어음운론 개론서 여남은 가지가 앞다투어 나왔고 지은이까지도 새것을 하나 보탰으니 이제 이 책은 역사 속에 묻어야 할 것이 아닌가 하는 생각이 들기도 했다. 그러나 찬찬히 다시 보니 이 책의 개성과 매력은 15년 전과 다름이 없다. 해야 할 몫이 아직 남아 있다. 그래서 처진 몸에 새 숨을 불어넣어 긴 잠을 깨우고 새 옷을 입히니 다시 젊은이의 모습이 되었다.

본문의 구성과 주요 내용은 초판 그대로이다. 본문의 문장과 용어는 군데군데 다듬었다. 본문 가장자리에 각 문단의 제목을 넣었는데 내용의 이해와 검색을 돕기 위해 새로 치장한 것이다. 각 장의 끝에 붙인 참고란은 최근의 연구성과를 반영하기 위해 다시 썼다. 가장 큰 변화는 부록에 있다. 초판의 부록으로 132쪽 분량의 「국어음운론 논저목록」을 실었는데 정보화의 발달 덕분에 이제는 쓸모가 적은 짐이 되었다. 과감히 덜어냈다. 그 대신에 이 책에 나오는 용어를 중심으로 한 「용어풀이」를 실었다. 초학자들에게 도움이 될 것이다.

오랫동안 생각보다 많은 분들이 이 책을 사랑해 주셨다. 이 개정판은 그분들께 바쳐야 할 것이다. 재고가 동난 최근 한동안 책을 구해 볼 수 없었던 분들께 바친다는 말을 앞세워야 옳을지 모르겠다. 어쨌든 이러저러한 여러 분들 덕에 다시 새 얼굴로 나들이할 수 있게 되어 고맙기 그지없다. 그리고 초판에 이어 개정판도 깔끔하고 멋지게 만들어 주신 신구문화사의 최승복 편집부장님께 특별히 감사의 말씀을 드린다.

2011년 1월 31일

지은이 씀

초판 머리말

국어학을 갓 배우기 시작한 학생들이나 국어학의 다른 분야를 연구하는 국어학도들로부터 국어음운론 또는 일반적으로 음운론이 너무 어렵다는 말을 자주 들어왔다. 그런 말을 들을 때면 저자는 국어음운론에 관한 논문이나 저서들이 수준이 높거나 이론적이어서 그렇기도 하겠지만 그보다는 초보자를 위한 쉬운 개설서가 마련되어 있지 않아서 그런 오해가 생긴 것이라고 생각했다. 저자는 몇 년 전부터 이러한 상황을 안타깝게 여겨오다가 이 책을 내놓게 되었다. 원고의 상태로 두 해 남짓을 보내고 이제 책의 모습을 갖추게 되니 느낌이 남다르다.

이 책은 국어학에 대한 기초적인 지식을 가진 사람은 누구든지 쉽게 읽을 수 있는 초급 수준의 개설서이다. 국어학개론을 배운 학부 2학년 이상의 학생이라면 혼자 읽어나갈 수도 있을 것이다.

이제까지의 국어음운론 개설서들은 서구에서 들어온 이론의 소개에 치우치거나 국어 자료의 나열에 그친 경우도 있었고, 음운론의 전체 영역 중 일부만 자세히 다루거나 각 부분을 유기적으로 얽지 못한 경우도 있었다. 그래서 저자는 이론과 자료의 조화와 체계적인 서술에 특히 유의하였다. 이론적인 문제를 직접적으로 다루는 대신 국어의 음운론적인 사실들과 국어음운론에 관한 논의를 이해하는 데 필요한 개념들을 설명하는 데 중점을 두었다. 그리고 더 깊이 있는 논의를 접할 수 있는 참고문헌을 각 장의 끝에 붙인 참고란에서 소개하였다. 어떤 개설서든지 조금씩은 다 그렇지만 어쩔 수 없이 학계의 통설과 다르게 설명한 것들이 있는데 그것들도 참고란에 밝혀두었다. 그밖에도 저자의 주관적인 생각에 따라 서술한 곳이 있다. 대학원 수준 이상의 독자는 그런 부분들을 비판적으로 읽으면 도움이 될 것이다.

이 책이 나오기까지 저자는 여기에서 일일이 감사의 뜻을 적을 수 없을 만큼 많은 분들로부터 귀중한 도움을 받았다. 의례적인 감사보다는 이 책의 부족한 점을 고치고 다듬는 것이 그 분들께 보답하는 길이라고 믿는다. 이 책을 읽는 분들의 서슴없는 충고와 비판을 바란다.

1995. 9.
저 자

차례

3 음 소 / 47

4 형태음소 / 65

음 절 / 93

1 서 론

1.1. 음운론의 개념

음운론의 뜻

언어는 의사소통의 수단이다. 언어를 통해서 전달하고자 하는 것은 의미(뜻)이고 의미를 전달하는 주된 수단은 음성과 문자이다. **음성**(音聲 speech sound), 즉 말소리의 조직을 연구하는 학문이 **음운론**(音韻論 phonology)이다. 그러므로 음운론은 음성언어, 즉 **구어**(口語 spoken language)를 대상으로 한다. 문자언어, 즉 **문어**(文語 written language)는 음운론과 직접 관련이 없다. 다만, 한글이나 알파벳과 같은 표음문자를 사용하는 언어에서는 문어와 음운론이 문자와 표기를 매개로 하여 밀접한 관련을 맺는다.

음운론의 연구대상

더 구체적으로 음운론은 각각의 말이 어떤 음성으로 실현되고 왜 그렇게 실현되는가를 연구한다.

(1) 물 [mul]

(2) 물이 솟는다. [muri sonnɯnda]

(3) 물이 솟았다. [muri sosat'a]

이 세 발화의 발음을 음성기호로 적은 것을 비교해 보면 똑같은 말이 어떤 의미를 표현하느냐에 따라 발음이 조금 다를 수 있음을 알 수 있다. 단독으로 쓰인 (1)의 '물'의 발음은 [mul]이고 주어로 쓰인 (2), (3)의 '물'의 발음은 [mur]로서 음성적으로 조금 다르다. 또 현재의 사건을 표현한 (2)의 '솟는다'는 [sonnɯnda]로 발음되고 과거의 사건을 표현한 '솟았다'는 [sosat'a]로 발음되어 역시 음성적으로 조금 다르다. 이와 같이 표현하고자 하는 의미에 따라 음성이 어떻게 실현되고 달라지며 왜 그렇게 실현되고 달라지는가에 대해 연구하는 것이 음운론이다.

음성학과 음운론의 차이

음성학(音聲學 phonetics)도 음운론처럼 음성에 대해 연구하지만 음운론과 관점이 다르다. 음성학은 음성을 물리적인 단위로서 연구한다. 음성이 어떤 물리적인 특성과 조직을 갖추고 있는지 연구한다. 음운론은 언어 안에서 일정한 역할을 담당하는 단위로서의 음성을 연구한다. 음성은 소리의 일종이므로 물리적인 단위임이 틀림없으나 언어적 소통의 수단으로 사용되기 위해서는 언어단위로 재조직되어야 한다. 물리적인 단위로부터 언어단위로 재조직된 음성을 다루는 것이 음운론이다.

음성의 추상성

음운론의 연구에서 주의해야 할 것이 있다. 첫째, 음운론에서 다루는 음성이란 어느 정도 추상화된 것이다. '물'이라는 단어의 음성을 [mul]이라고 표기하지만 이것이 그 음성을 완벽하게 표기한 것은 아니다. [mul]을 발음하는 동안 내내 입술이 둥글게 내밀어져 있다. 이 사실은 [mal](말)이라고 발음할 때의 입술모양과 비교해 보면 금방 알 수 있다. 그런 특징은 원순모음 [u]가 가진 것인데 그 앞뒤에 있는 자음 [m], [l]을 발음할 때 [u]의 입술모양을 계속 취하고 있기 때문에 그렇게 나타나는 것이다. 그러나 음성표기에서는 모음만을 입술이 둥근 것으로 표현하고 있다. 물리적인 단위로서의 음성이 아닌 언어단위로서의 음성을 다루기 위해 어느 정도 추상화된 수준으로 음성을 표기하는 것이다.

둘째, '물이 솟는다.'라는 문장을 글자로 표기하는 것은 발음하는 것과 다르다. 발음을 한글로 적어 보아도 다르다.

글자와 음성의 다름

물이 솟는다. [무리손는다]

'솟는다'라는 표기 때문에 'ㅅ'이 두 번 발음되는 것으로 오해해서는 안 된다. 또 '아'와 같은 표기에 나타나는 초성글자 'ㅇ'은 소리 나지 않는 글자이며, 'ㄲ'과 같은 된소리글자는 두 낱글자의 결합으로 표기되지만 이어진 두 음성이 아니고 한 음성이다. 음성을 연구할 때 문자와 표기에 얽매이지 말고 음성 자체를 잘 인식해야 하는 것이다.

음운론은 **언어학**(言語學 linguistics)의 한 하위분야이다. 문법론(형태론과 통사론), 의미론, 화용론 등 다른 하위분야와 대등한 위치에 있다. 음운론이 언어학에 속해 있는 학문이므로 다음과 같은 언어학의 구분을 그대로 따른다. 인간의 언어에 보편적인 사실들을 다루는 것이 **일반언어학**(一般言語學 general linguistics)이고 각 언어에 한정하여 연구하는 것이 **개별언어학**(個別言語學 particular linguistics)이다. **일반음운론**과 **개별음운론**도 마찬가지 방식으로 구분된다. 개별음운론에는 국어를 대상으로 하는 국어음운론, 영어를 대상으로 하는 영어음운론 등이 있게 된다. 또 일정한 시기의 언어의 상태만을 연구하는 것이 **공시언어학**(共時言語學 synchronic linguistics)이고 시간의 흐름에 따라 변화하는 모습을 연구하는 것이 **통시언어학**(通時言語學 diachronic linguistics)이다. **공시음운**

음운론의 하위분야

론과 **통시음운론**도 마찬가지 방식으로 구분된다.

1.2. 이 책이 다루는 내용

이 책이 다루는 언어자료

어느 학문에나 연구할 대상인 **자료**(資料 material, data)가 있고 연구할 방법론으로서 **이론**(理論 theory)이 있다. 국어음운론의 자료는 국어의 구어에 나타난 음성자료이다. 국어는 시대와 지역에 따라 조금씩 다른 모습을 띤다. 15세기의 국어와 21세기의 국어가 다르고 서울말과 제주도말이 다르다. 이 책은 개론서이므로 이 모두를 다루지는 못한다. 이 책에서는 현대의 여러 방언에 나타나는 공시적인 자료에 한정한다. 그 중에서도 이제까지 연구가 많이 이루어진 중앙어의 자료를 중심으로 했다. 특별한 언급이 없이 인용되는 자료는 중앙어의 자료이다.

이 책이 참조하는 음운이론

국어음운론의 이론은 거의 모두 일반음운론에서 들어온 것이다. 그 중 국어음운론에 크게 기여한 것은 **구조주의 음운론**(構造主義 音韻論 Structuralist Phonology)과 **생성음운론**(生成音韻論 Generative Phonology)이다. 이 책에서는 이 두 음운이론의 성과를 많이 참조한다. 그러나 국어에 맞지 않는 부분은 적절히 수정한다. 생성음운론의 영향을 받으며 자라난 여러 음운이론이 1980년대 이후 국어음운론에 들어오기 시작했으나 별 성과를 얻지 못했으므로 참조하지 않는다.

이 책의 구성

이 책의 2장에서는 국어음운론 논의의 기초가 될 국어음성학에 관한 주요 사실들을 간략히 정리했다. 3장에서 7장까지는 음운단위와 관련된 문제들을 살피고 8장과 9장에서는 음운현상과 관련된 문제들을 다루었다. 10장은 이 책이 취한 공시적인 관점을 통시적인 시각에서 보완하는 부분이다.

참 고

국어음운론에 대한 개론서로서 관점이나 다룬 범위가 이 책과 다른 것으로는 허웅(1985) 『국어 음운학』, 이문규(2004/2015) 『국어 교육을 위한 현대 국어 음운론』, 최명옥(2004) 『국어 음운론』, 이진호(2005/2014) 『국어 음운론 강의』, 신지영(2011/2016) 『한국어의 말소리』를 참고할 만하다. 특히 배주채(2003/2013) 『한국어의 발음』은 이 책의 이론적 틀을 실제 국어 자료에 세밀하게 적용하고 실용적인 정보를 추가한 것이고, 배주채(2015) 『한국어음운론의 기초』는 그 책의 기본적인 내용을 간추린 것이다.

국어음운론의 개괄적인 연구사는 송철의(1992) 「국어 음운론 연구 일세기」, 박창원(2002) 「음운론 연구 50년」, 배주채(2002) 「국어음운론 반세기」, 이진호(2006) 「국어 음운론 연구의 성과와 전망」 참조. 이 밖에 특별한 관점에서 연구사를 정리한 것들로 강창석(1989) 「현대국어 음운론의 허와 실」, 최명옥(1989) 「구미 언어학이론의 수용과 국어음운론 연구」, 송민(1992) 「전통, 구조음운론」, 이상억(1992) 「생성음운론」, 이승재(1992) 「방언 음운론의 동향」 등을 참조. 주제별 연구사를 수록한 서울대학교 대학원 국어연구회 편(1990) 『국어연구 어디까지 왔나』도 참고가 된다. 이진호(2012) 『한국어의 표준 발음과 현실 발음』은 표준발음의 여러 문제들을 음운론의 관점에서 다루면서 국어음운론 연구사를 상세히 언급하고 있다. 이진호(2017) 『국어 음운론 용어 사전』은 국어음운론의 다양한 용어들을 연구사적 관점에서 정밀하게 분석하고 있어 도움이 된다.

일반음운론에 대해서는 Sloat, et. al. (1978) *Introduction to phonology* (이현복·김기섭 역 『음운학 개설』)를 참조. 이 밖에도 Hyman (1975) *Phonology* (고병암 역 『음운론의 이론과 분석』), Lass (1984) *Phonology*, Katamba (1989) *An Introduction to Phonology* (조학행·이덕배·강희숙·전

홍식 역 『현대 음운론 입문』), Carr (1993) *Phonology*도 조금씩 다른 방식으로 음운론 전반을 잘 소개하고 있다. 음운론 용어사전은 Carr (2008) *A Glossary of Phonology*를 참조. 구조주의음운론과 생성음운론 등 음운론의 여러 이론은 전상범(2004) 『음운론』에서 상세히 소개했다.

근대 이전 국어의 음운론은 이기문(1972/1977) 『국어음운사 연구』, 허웅(1985) 『국어 음운학』, 국어사연구회 편(1997) 『국어사연구』 참조. 현대국어의 여러 방언의 음운론적 특징은 김영배 편(1992) 『남북한의 방언 연구』, 방언연구회 편(2001) 『방언학 사전』 참조. 국어음운론에서 현대국어라고 하여 다루는 서울말 또는 중앙어 자료가 이 지역의 현실 구어와 다른 표준어인 경우가 많다. 인공적으로 형성된 음성 자료를 국어음운론의 일차적인 대상으로 삼는 태도의 문제점은 이승재(1990) 「방언 음운론」 참조.

2 음성학적 기초

2.1. 조음음성학

음성학의 세 분야

음성을 언어학적으로 연구하려면 우선 음성 자체에 대한 이해가 필요하다. 그래서 음운론을 공부하기 전에 음성학적인 기초를 쌓아야 한다. 음성에는 어떤 종류가 있고 각 음성이 가진 특성이 무엇인지 이해하고 있어야 한다. 그러한 이해는 이제까지 음성학에서 가장 연구가 많이 이루어진 분야인 조음음성학을 통해서 얻을 수 있다.

(1) **조음음성학**(調音音聲學 articulatory phonetics) : 음성이 음성기관에서 만들어지는 과정을 연구한다.

(2) **음향음성학**(音響音聲學 acoustic phonetics) : 음성이 화자의 입을 떠나 청자의 귀에 이르는 과정을 연구한다.

(3) **청음음성학**(聽音音聲學 또는 **청취음성학** 聽取音聲學 auditory phonetics) : 청자의 귀에 전달된 음성을 청자가 인식하는 과정을 연구한다.

음성 기관

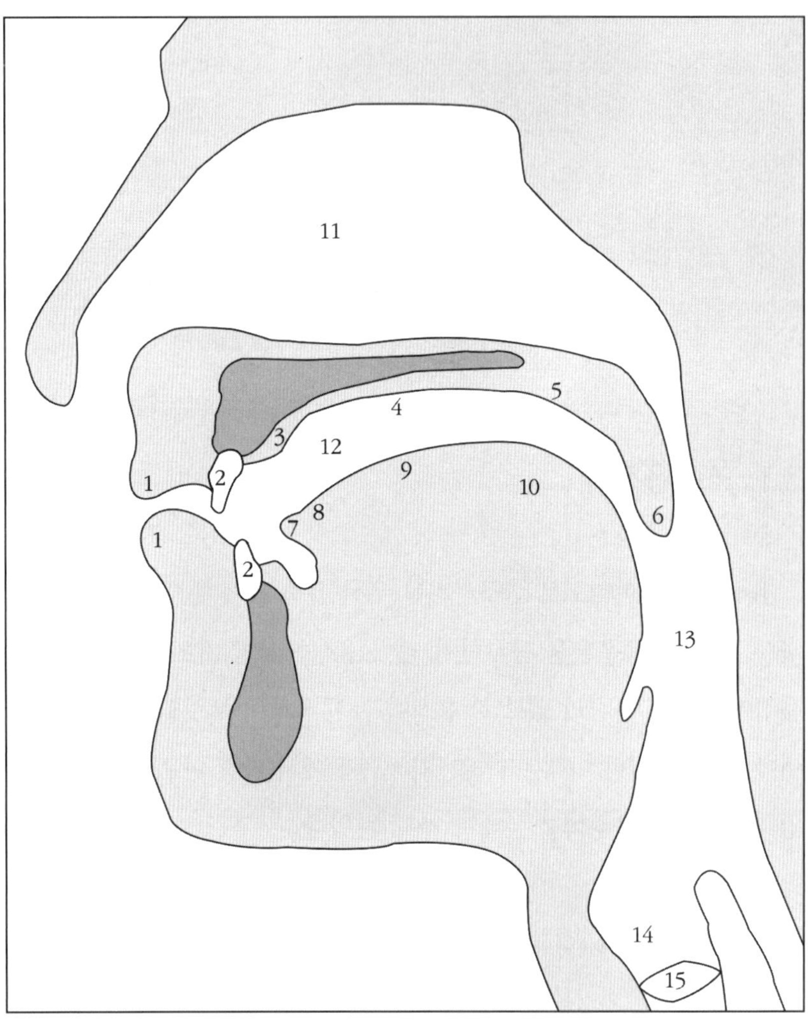

1. 입술	6. 목젖	11. 비강
2. 이	7. 설첨	12. 구강
3. 치조	8. 설단	13. 인두
4. 경구개	9. 전설	14. 후두
5. 연구개	10. 후설	15. 성대

음성기관

음성을 조음음성학적으로 관찰할 때 **음성기관**(音聲器官 또는 **발음기관** 發音器官 또는 **조음기관** 調音器官 vocal organ)을 중심으로 살펴보는 것이 편리하다. 음성은 공기가 허파, 즉 폐에서 출발해 입이나 코를 통해 밖으로 나갈 때까지 여러 음성기관의 조정을 받아 만들어진다. 이때 공기가 지나면서 소리를 만들어 내는 통로를 **성도**(聲道 vocal tract)라 한다.

성대와 성문

폐에서 출발한 공기가 처음으로 통과하는 음성기관은 **성대**(聲帶 vocal cords, vocal folds, vocal bands)이다. 성대는 얇고 예민한 한 쌍의 근육인데 마치 입술처럼 열리고 닫히면서 공기의 흐름을 조절한다. 공기가 지나가는 성대의 틈을 **성문**(聲門 glottis)이라 한다.

유성음과 무성음

음성이 만들어질 때 성대가 취하는 주된 상태는 성문이 완전히 열린 상태, 성문이 완전히 막힌 상태, 성문이 좁아져 성대가 진동하는 상태의 세 가지이다. 성대가 진동하며 나는 소리가 **유성음**(有聲音 voiced sound)이고 성대의 진동 없이 나는 소리가 **무성음**(無聲音 voiceless sound)이다.

목젖과 구강음, 비강음

성문을 지난 공기는 입으로 나갈 수도 있고 코로 나갈 수도 있는데 공기가 진행하는 방향을 조절하는 것이 목젖이다. 목젖은 입천장의 안쪽 끝에 늘어진 살로서 비강 쪽 통로를 막기도 하고 구강 쪽 통로를 막기도 한다.

(1) **구강음**(口腔音 oral sound) : 목젖이 비강 쪽 통로를 막아 공기가 구강으로만 나가면서 나는 소리

(2) **비강음**(鼻腔音 또는 **비음** 鼻音 nasal sound) : 비강 쪽 통로를 열어 공기가 비강으로도 나가면서 나는 소리

구강의 여러 음성기관

구강에는 여러 음성기관이 있다.

(1) 위턱에 붙은 기관 : 윗입술, 윗니, 윗잇몸, 입천장(**구개** 口蓋), 목젖
(2) 아래턱에 붙은 기관 : 아랫입술, 혀
(3) **경구개**(硬口蓋 hard palate) : 입천장에서 딱딱한 앞쪽 절반
(4) **연구개**(軟口蓋 soft palate, velum) : 입천장에서 물렁물렁한 뒤쪽 절반
(5) **치조**(齒槽 또는 **치경** 齒莖 alveolar ridge) : 앞니 안쪽의 윗잇몸

혀는 가장 활발히 움직이는 음성기관이다. 혀는 발음에 관여하는 부위를 세분할 수 있다. 혓바닥을 세 부분으로 나누어 전설과 후설의 사이에 **중설**(中舌)을 설정할 때도 있다.

(1) **설첨**(舌尖 또는 혀끝 tip of the tongue, apex) : 혀의 앞쪽 끝
(2) **설단**(舌端 blade of the tongue) : 설첨 바로 뒷부분. 설첨과 설단을 합쳐 설단 또는 혀끝이라고 하기도 한다.
(3) **전설**(前舌 또는 **설면** 舌面 front of the tongue) : 경구개와 마주 닿는 혓바닥 앞부분
(4) **후설**(後舌 또는 **설배** 舌背 back of the tongue) : 연구개와 마주 닿는 혓바닥 뒷부분

2.2. 자음

음성의 여러 분류

음성은 여러가지 기준에 따라 분류할 수 있다. 성대가 진동하느냐 하지 않느냐에 따라 유성음과 무성음으로 나눌 수 있고, 공기가 구강을 통과하

느냐 비강을 통과하느냐에 따라 구강음과 비음으로 나눌 수 있다. 그 가운데 가장 기본적인 분류는 성대를 통과한 공기가 조금이라도 장애를 받느냐 받지 않느냐에 따라 **자음**(子音 consonant)과 **모음**(母音 vowel)으로 나누는 것이다.

자음의 분류 방법

자음이 만들어질 때 공기가 장애를 받는 위치를 **조음위치**(調音位置 place of articulation)라 하고 장애를 받는 방식을 **조음방식**(調音方式 또는 **조음방법** 調音方法 manner of articulation)이라 한다. 자음의 분류로는 조음위치에 따른 분류와 조음방식에 따른 분류가 대표적이다.

2.2.1. 조음위치에 따른 분류

조음점과 조음체

조음위치에 관련된 음성기관 중 위턱에 붙은 기관인 윗입술, 윗니, 윗잇몸, 경구개, 연구개는 스스로 움직이지 못하는 기관으로서 **조음점**(調音點 point of articulation) 또는 **고정부**(固定部)라 하고, 아래턱에 붙은 기관인 아랫입술과 혀는 스스로 움직이는 기관으로서 **조음체**(調音體 articulator) 또는 **능동부**(能動部)라 한다. 자음을 조음위치에 따라 나누어 부를 때 조음점의 명칭을 따르기도 하고 조음체의 명칭을 따르기도 한다. 치음, 치조음, 경구개음, 연구개음 등이 전자의 예이고 설단음, 전설음, 후설음 등이 후자의 예이다.

① 양순음

두 입술을 맞대어 내는 자음을 **양순음**(兩脣音 bilabial) 또는 간단히 **순음**(脣音 labial)이라 한다. [p, b, p˺](ㅂ), [p'](ㅃ), [p^h](ㅍ), [m](ㅁ)이 여기에 속한다. [p, b, p˺]는 [pi](비), [sobi](소비), [ip˺](입) 등에 나타난다.

② 치음

혀끝을 윗니 뒷부분에 대어 내는 자음을 **치음**(齒音 dental)이라 한다. **설첨음**이라고도 한다. [t, d, t˺](ㄷ), [t'](ㄸ), [t^h](ㅌ), [n](ㄴ)이 여기에 속한다. [t, d, t˺]는 [tal](달), [paːndal](반달), [ot˺](옷) 등에 나타난다. 음성기호 [t, n] 등은 엄밀히 말하면 치조음을 나타내고 치음은 [t̪, n̪]과 같이 표기해야 하지만 국어의 치음은 편의상 보조기호(̪)를 생략하고 [t, n]과 같이 적는 것이 일반적이다.

③ 치조음

혀끝을 윗잇몸에 대어 내는 자음을 **치조음**(齒槽音 또는 **치경음** 齒莖音 alveolar)이라 한다. **설단음**이라고도 한다. [r, l](ㄹ), [s](ㅅ), [s'](ㅆ)이 여기에 속한다. [r, l]은 [nara](나라), [nal](날) 등에 나타난다.

④ 경구개음

전설을 경구개에 대어 내는 자음을 **경구개음**(硬口蓋音 또는 **구개음** palatal)이라 한다. 조음체를 기준으로 **전설음**이라 부를 수도 있다. [ɲ](ㄴ), [ʎ](ㄹ), [ʃ](ㅅ), [ʃ'](ㅆ), [ʧ, ʤ](ㅈ), [ʧ'](ㅉ), [ʧ^h](ㅊ)이 여기에 속한다. [ʧ, ʤ]은 [ʧa](자), [moʤa](모자) 등에 나타난다.

위에서 보았듯이 'ㄴ, ㄹ, ㅅ, ㅆ'은 치음이나 치조음으로 발음되는 경우도 있는데, [suɲə](수녀), [hɯlʎə](흘려), [ʃigan](시간), [ʃ'i](씨)와 같은 말의 'ㄴ, ㄹ, ㅅ, ㅆ'은 경구개음으로 발음된다. 이들은 엄밀히 말하면 경구개보다 조금 앞쪽에서 발음되는 **치조구개음**(齒槽口蓋音 alveolo-palatal, alveo-palatal 또는 **뒤치조음** post-alveolar)이지만 국어에서는 편의상 경구개음으로 처리하는 것이 일반적이다. '힘 [him]'의 'ㅎ'을 강하고 거칠게 발음할 때 나는 [ç]가 진정한 경구개음이다. 또 [ʧ], [ʧ'], [ʧʰ], [ʤ]는 표기의 편의상 [č], [č'], [čʰ], [ǰ]로 적기도 한다.

⑤ 연구개음

후설을 연구개에 대어 내는 자음을 **연구개음**(軟口蓋音 velar)이라 한다. 조음체를 기준으로 **후설음**이라 부를 수도 있다. [k, g, k˺](ㄱ), [k'](ㄲ), [kʰ](ㅋ), [ŋ](ㅇ)이 여기에 속한다. [k, g, k˺]은 [kaŋ](강), [aga](아가), [kak˺](각) 등에 나타난다.

⑥ 성문음

성문에서 만들어지는 자음을 **후음**(喉音 또는 **후두음** 喉頭音 laryngeal, laryngal) 또는 **성문음**(聲門音 glottal)이라 한다. [h](ㅎ)가 여기에 속한다. [h]는 무성음이다. 초성 'ㅎ'이 모음, 비음, 유음 뒤에서는 유성음 [ɦ]로 발음될 때가 많다. 아흔 [aɦɯn], 인하 [inɦa], 일흔 [irɦɯn].

2.2.2. 조음방식에 따른 분류

조음방식에 따른 자음의 주된 부류는 폐쇄음, 마찰음, 파찰음, 비음, 유음의 다섯 가지이다. 이들에 대해 우선 설명하고 나머지 부류를 모아 설명한다.

조음방식에 따른 다섯 종류의 자음

① 폐쇄음

폐쇄음의 뜻

자음 중 가장 큰 장애를 받는 소리는 기류가 완전히 막히며 나는 **폐쇄음**(閉鎖音 stop)이다. 양순음 [p, b, p˺](ㅂ), [p'](ㅃ), [pʰ](ㅍ)는 두 입술을 다

물어, 치음 [t, d, t˺](ㄷ), [t'](ㄸ), [t^h](ㅌ)는 혀끝을 윗니에 대어, 연구개음 [k, g, k˺](ㄱ), [k'](ㄲ), [k^h](ㅋ)는 후설을 연구개에 대어 기류를 막아서 내는 소리이다. 이들 대부분이 막힌 공기가 터지면서 소리가 나므로 **파열음**(破裂音 plosive)이라 부르기도 한다.

폐쇄음 조음의 세 단계

폐쇄음이 만들어지는 과정을 세 단계로 나눌 수 있다. 조음위치가 열려 있다가 막히는 **폐쇄 단계**, 폐쇄가 유지되면서 폐쇄된 공간 속의 공기 압력이 높아지는 **지속 단계**, 폐쇄가 열리면서 공기가 폭발음을 내며 방출되는 **개방 단계** 또는 **파열 단계**.

폐쇄음이 발음되는 세 단계

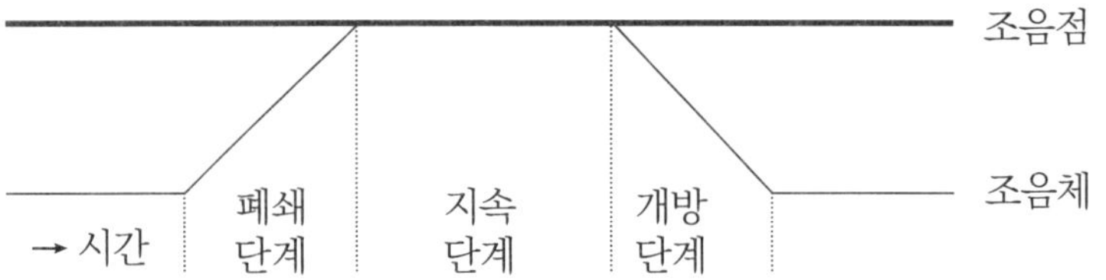

조음점

조음체

→ 시간

폐쇄 단계

지속 단계

개방 단계

폐쇄 단계가 실현되지 않는 폐쇄음

앞에 오는 자음 때문에 폐쇄음의 폐쇄 단계가 실현되지 않을 때가 있다. 다음 예와 같이 [kɯmbaŋ]에서 [m]을 발음하면서 두 입술을 맞대어 폐쇄가 이미 이루어졌으므로 [b]의 폐쇄 단계가 생략된다.

(1) 폐쇄 단계가 실현되지 않는 예

[kɯmbaŋ](금방)의 초성 [b]

[ant^ha](안타)의 초성 [t^h]

[saŋgɯm](상금)의 초성 [g]

폐쇄음의 개방 단계가 실현되지 않는 경우도 있다.

폐쇄음의 불파음과 외파음

(2) 개방 단계가 실현되지 않는 예

[ip˺](입)의 종성 [p˺]

[ot˺](옷)의 종성 [t˺]

[t'ʌk˺](떡)의 종성 [k˺]

개방 단계가 실현되지 않는 음성을 특별히 **불파음**(不破音 또는 **미파음** 未破音 unreleased sound)이라 부르고 [p˺, t˺, k˺]와 같이 보조기호 [˺]를 붙여 적는다. 이에 대하여 개방 단계가 실현되는 음성을 **외파음**(外破音 released sound)이라 부르고 [p˂, t˂, k˂]와 같이 보조기호 [˂]를 붙여 적는다. 그런데 폐쇄음의 대부분이 외파음이므로 외파음을 나타내는 보조기호를 생략하고 [p, t, k]와 같이 적는 것이 일반적이다.

② 마찰음

마찰음의 뜻

두 음성기관의 사이를 완전히 막지 않고 좁은 틈을 남겨 놓아 공기가 그 사이로 빠져나가게 하여 마찰을 일으켜 내는 소리가 **마찰음**(摩擦音 fricative, spirant)이다. 치조음 [s](ㅅ), [s'](ㅆ)는 혀끝과 치조 사이에서, 경구개음 [ʃ](ㅅ), [ʃ'](ㅆ)는 전설과 치조구개 사이에서, 성문음 [h](ㅎ)는 좁아진 성문에서 기류가 마찰을 일으키며 나는 소리이다.

특별한 경우에 발음되는 마찰음

'ㅎ'을 발음할 때 마찰이 성문이 아닌 구강에서 일어난다는 보고도 있다. 실제로 '힘, 흙'과 같은 말의 'ㅎ'을 강하게 발음하는 경우에 각각 경구개마찰음 [ç], 연구개마찰음 [x]로 나는 때가 있다. 또 [ʃigan](시간), [ilgop˺](일곱)에서와 같이 모음 사이의 'ㄱ'이나 'ㄹ'과 모음 사이의 'ㄱ'은 연구개폐쇄음 [g]보다 연구개마찰음 [ɣ]로 나는 경우가 많다([ʃiɣan], [ilɣop˺]).

③ 파찰음

파찰음의 뜻

폐쇄음처럼 기류를 완전히 막았다가, 터뜨릴 때는 폐쇄음과 달리 서서히 터뜨려서 마찰음처럼 마찰이 생기게 하여 내는 소리가 **파찰음**(破擦音 affricate)이다. 따라서 파찰음은 앞부분이 폐쇄음과 비슷하고 뒷부분이 마찰음과 비슷한 소리이다. 파찰음의 음성기호가 폐쇄음 기호와 마찰음 기호의 결합으로 이루어져 있는 것은 이 때문이다. 경구개음 [ʧ, ʤ](ㅈ), [ʧ’](ㅉ), [ʧʰ](ㅊ)는 전설을 치조구개에 대어 막았다가 서서히 열면서 마찰시켜 내는 소리이다.

④ 비음

비음의 뜻

목젖이 비강 쪽 통로를 막지 않아 기류가 비강을 통해 나오면서 나는 소리가 **비음**(鼻音 nasal)이다. 비음을 낼 때 구강의 음성기관의 상태는 폐쇄음을 낼 때와 같다. 예를 들어 양순음 [m](ㅁ)을 발음할 때의 입술의 상태는 양순음 [p, b, p˺], [p’], [pʰ]를 발음할 때와 같다. 치음 [n](ㄴ)과 [t, d, t˺], [t’], [tʰ], 경구개음 [ɲ](ㄴ)과 [ʧ, ʤ], [ʧ’], [ʧʰ], 연구개음 [ŋ](ㅇ)과 [k, g, k˺], [k’], [kʰ]도 혀의 상태가 각각 같다. 목젖이 비강 쪽 통로를 막느냐 막지 않느냐만 다르다. 그래서 비음을 **비강폐쇄음**(nasal stop)이라 부르기도 한다.

비음의 불파음

폐쇄음처럼 비음도 발음의 세 단계를 가진다. 다만 지속 단계에서 비강 쪽 통로가 열려 있으므로 공기 압력이 별로 높아지지 않아 개방 단계에서의 터짐이 세지 않다. 비음도 개방 단계가 없는 불파음이 있다. [mom˺](몸), [san˺](산), [kaŋ˺](강)의 종성 [m˺, n˺, ŋ˺]이 그 예이다. 그러나 외파음 [m, n, ŋ]과 청각상 차이가 뚜렷하지 않으므로 보조기호 없이 [m, n, ŋ]과 같이 적는 것이 보통이다.

모음을 발음할 때 목젖으로 비강 쪽 통로를 막지 않으면 **비모음**(鼻母音 nasal vowel)이 나는데 비음이라고 하면 흔히 비모음을 포함하지 않고 **비자음**(鼻子音 nasal consonant)만 가리킨다.

비모음과 비자음

⑤ 유음

유음(流音 liquid)은 혀나 목젖으로 기류를 변화시키되 자음으로 인식될 만큼만 최소한의 장애를 가해 내는 소리이다. 유음은 조음방식에 따라 설측음, 탄설음, 전동음으로 세분할 수 있다.

유음의 뜻과 종류

설측음(舌側音 lateral)은 혀의 중앙부가 윗잇몸이나 치조구개를 막은 채 혀의 옆으로 기류가 흘러나가면서 나는 소리이다. 치조음 [l](ㄹ)은 설단을 치조에 대고, 경구개음 [ʎ](ㄹ)은 전설을 치조구개에 대고 혀의 옆을 터 내는 소리이다. '달 [tal]', '달라 [talla]'의 세 'ㄹ'은 치조설측음 [l]로 발음되고 '달려 [taʎʎə]'의 두 'ㄹ'은 경구개설측음 [ʎ]로 발음된다.

설측음

탄설음과 설전음은 기류가 혀의 중앙부 위로 흘러나가면서 나는 소리인데 혀끝을 윗잇몸에 한 번만 살짝 대고 떼면 **탄설음**(彈舌音 flap, tap) [ɾ]이 되고 그런 동작을 반복하여 혀끝을 떨면 **혀끝 전동음**(顫動音 trill, rolled), 즉 **설전음**(舌顫音) [r]이 된다. '나라 [naɾa]'의 'ㄹ'은 탄설음으로 발음된다. 국어에는 설전음이 거의 나타나지 않으므로 탄설음을 편의상 설전음 기호 [r]로 표기하는 일이 많다.

탄설음과 설전음

⑥ 그 밖의 음성들

유성음과 무성음의 구분도 조음방식에 따른 분류의 한 가지로 볼 수 있다. 성대를 움직이는 방식에 따라 유성음과 무성음이 나누어지기 때문이다.

유성음과 무성음

비음과 유음은 일반적으로 모두 유성음이고, 폐쇄음 [b, d, g], 파찰음 [ʤ]가 유성음이다. 나머지 폐쇄음, 마찰음, 파찰음은 무성음이다. 모음과 반모음은 일반적으로 유성음이다. 일반적으로 유성음인 음성이 특별한 경우에 **무성음화**(無聲音化)하면 유성음 기호 밑에 작은 동그라미(◦)를 붙여 표시한다. 예를 들어 [m]이 무성음화한 소리는 [m̥]과 같이 적는다.

평음

평음, 경음, 유기음의 구분 역시 성대의 움직임에 따른 것이므로 조음방식에 따른 분류의 한 가지로 볼 수 있다. **평음**(平音 plain sound)은 폐쇄음, 마찰음, 파찰음을 발음할 때 성문에서 공기를 압축하는 일이 없이 나는 소리이다. 폐쇄음 [p, b, p˺](ㅂ), [t, d, t˺](ㄷ), [k, g, k˺](ㄱ), 마찰음 [s, ʃ](ㅅ), [h](ㅎ), 파찰음 [ʧ, ʤ](ㅈ)가 평음이다. 다만 [h]는 유기음으로 보기도 한다.

경음

경음(硬音 또는 **된소리**)은 폐쇄음, 마찰음, 파찰음을 발음할 때 성문 아래에서 공기를 압축했다가 조금만 방출하면서 내는 소리이다. [p'](ㅃ), [t'](ㄸ), [k'](ㄲ), [s', ʃ'](ㅆ), [ʧ'](ㅉ)가 경음이다. 성문 아래에서 공기가 압축되어 조금만 방출되는 것이 마치 **성문폐쇄음**(聲門閉鎖音 glottal stop)을 발음하는 것과 같으므로 경음을 표기할 때 성문폐쇄음 기호 [ʔ]를 위첨자로 덧붙여 나타내기도 한다. [p', t', k', s', ʃ', ʧ']를 각각 [$p^ʔ$, $t^ʔ$, $k^ʔ$, $s^ʔ$, $ʃ^ʔ$, $ʧ^ʔ$]로 표기하기도 하는 것이다.

유기음

격음(激音 또는 **유기음** 有氣音 aspirate)은 폐쇄음, 파찰음을 발음할 때 성문 아래에서 공기를 압축했다가 많이 방출하면서 내는 소리이다. [p^h](ㅍ), [t^h](ㅌ), [k^h](ㅋ), [$ʧ^h$](ㅊ)가 유기음이다. 이때 방출된 공기를 **기식**(氣息 aspiration)이라 한다. 성문 아래에서 압축된 공기가 많이 방출되는 것이 마치 [h]를 발음하는 것과 같으므로 유기음을 표기할 때 [h]를 위첨자로 덧붙여 [p^h, t^h, k^h, $ʧ^h$]와 같이 적는다.

긴장음과 이완음

경음과 유기음을 발음할 때는 성대와 그 주위의 근육이 긴장한다. 경음과 유기음처럼 음성기관이 긴장하면서 나는 소리를 **긴장음**(緊張音 tense)이라 하고 그 밖의 소리를 **이완음**(弛緩音 lax)이라 한다.

외파음과 불파음

앞에서 폐쇄음 발음의 세 단계를 살펴보았다. 그런데 폐쇄음뿐만 아니라 파찰음이나 비음, 설측음처럼 조음체가 조음점에 상당한 시간 동안 접촉해 있는 자음들에 대해서도 그러한 발음의 세 단계를 고려할 필요가 있다. 이러한 자음들은 모두 조음체가 조음점에 접촉하기 전과 접촉해 있는 순간과 접촉했다 떨어지는 순간의 세 단계를 거쳐 발음될 수 있다. 폐쇄음의 경우와 마찬가지로 개방 단계가 나타나는 소리를 외파음, 나타나지 않는 소리를 불파음이라 한다. [p]의 외파음은 아무 표시를 하지 않거나 [p˂]와 같이 표기하고 불파음은 [p˃, p˥, p°] 등으로 표기한다. 경음과 유기음과 파찰음은 개방 단계에서 성문 아래쪽의 압축된 공기가 조금만 방출되거나(경음) 많이 방출되거나(유기음) 조음체와 조음점 사이에서 마찰이 생기거나(파찰음) 하는 것을 특징으로 하는 소리들이므로 반드시 외파음으로 발음되어야 한다. 국어의 자음은 뒤따르는 모음이 없을 때 항상 불파음으로 발음되는 특성이 있다. 종성 'ㅂ, ㄷ, ㄱ, ㅁ, ㄴ, ㅇ, ㄹ'이 모두 그러한 불파음으로 발음된다.

장애음과 공명음

폐쇄음, 마찰음, 파찰음은 장애음이고, 비음과 유음은 공명음이다. 모음과 반모음도 공명음이다. **장애음**(障碍音 obstruent)은 공기가 조음위치에서 심한 장애를 받아 나는 폭발음 또는 소음으로서 그 자체로 충분히 음향적인 효과를 가진다. 반면에 **공명음**(共鳴音 sonorant)은 조음위치에서 발생하는 소리만으로는 음향적으로 너무 약하므로 성대를 진동시켜 생긴 소리를 음성기관이 형성한 공간(구강이나 비강)에서 울려 음향적인 효과를 얻는다. 따라서 장애음은 무성음이 흔하고 공명음은 유성음이 흔하다.

2.2.3. 자음 음성의 체계

이상에서 살펴본 주요 자음 음성들을 표로 나타내면 다음과 같다.

자음 음성의 체계

조음방식 \ 조음위치			양순음	치음	치조음	경구개음	연구개음	성문음
장애음	폐쇄음	유성음	b	d			g	
		불파음	$p^{>}$	$t^{>}$			$k^{>}$	
		평 음	p	t			k	
		경 음	p'	t'			k'	
		유기음	p^{h}	t^{h}			k^{h}	
	파찰음	유성음				ʤ		
		평 음				ʧ		
		경 음				ʧ'		
		유기음				ʧ^{h}		
	마찰음	유성음						ɦ
		평 음			s	ʃ		h
		경 음			s'	ʃ'		
공명음	비 음		m	n		ɲ	ŋ	
	음유	탄설음			r			
		설측음			l	ʎ		

자음의 방언 차이

위에 제시한 자음 도표는 중부방언을 기준으로 한 것이다. 지역에 따라 자음의 수와 음가가 조금 다르게 나타나기도 한다. 특히 평안방언에는 경구개음들이 나타나지 않아 'ㅈ, ㅉ, ㅊ'을 경구개파찰음 대신 치조파찰음 [ʦ, dz](ㅈ), [ʦ'](ㅉ), [ʦ^{h}](ㅊ)로 발음한다.

2.3. 모음과 반모음

2.3.1. 모음의 분류

모음 분류의 기준

모음은 자음과 달리 입안이 비교적 넓게 열린 상태에서 나는 소리이다. 따라서 모음은 정확히 어떤 조음체와 조음점의 작용으로 발음된다는 식으로 파악하기가 어렵다. 모음의 분류 기준이 되는 것은 혀의 가장 높은 부분의 위치와 입술의 모양이다. 혀의 위치는 높이와 앞뒤 위치로 나누어 이해한다. 결국 모음의 분류 기준은 **혀의 높이**와 **혀의 앞뒤 위치**와 **입술모양**의 세 가지가 된다.

혀의 높이에 따른 모음의 종류

혀의 높이를 네 단계로 나누면 혀가 가장 높은 고모음부터 가장 낮은 저모음까지 네 가지로 구분된다. 폐모음, 개모음 등은 **개구도**(開口度 aperture)를 기준으로 붙인 이름이다. 폐모음은 입을 가장 많이 다문 상태에서, 개모음은 입을 가장 많이 벌린 상태에서 발음한다. 개구도, 즉 입을 벌리는 정도는 혀의 높이와 비례하기 때문에 혀의 높이에 따른 구분과 개구도에 따른 구분은 결과가 동일하다.

(1) **고모음**(高母音 high vowel) = **폐모음**(閉母音 close vowel)

(2) **반고모음**(半高母音 half-high vowel) = **반폐모음**(半閉母音 half-close vowel, close-mid vowel)

(3) **반저모음**(半低母音 half-low vowel) = **반개모음**(半開母音 half-open vowel, open-mid vowel)

(4) **저모음**(低母音 low vowel) = **개모음**(開母音 open vowel)

혀의 높이 또는 개구도를 세 단계로만 나눌 때는 반고모음과 반저모음, 또는 반폐모음과 반개모음을 합쳐서 **중모음**(中母音 mid vowel)이라 부른다.

혀의 앞뒤 위치에 따른 모음의 종류

혀의 앞뒤 위치를 셋으로 나누면 다음 세 가지 모음이 구분된다. 혀의 앞뒤 위치를 둘로만 나눌 때는 전설모음과 후설모음으로 구분한다.

(1) **전설모음**(前舌母音 front vowel) : 혀가 가장 높은 부위가 전설인 모음.

(2) **중설모음**(中舌母音 central vowel) : 혀가 가장 높은 부위가 중설인 모음.

(3) **후설모음**(後舌母音 back vowel) : 혀가 가장 높은 부위가 후설인 모음.

입술모양에 따른 모음의 종류

입술모양은 대개 두 가지로 나눈다.

(1) **원순모음**(圓脣母音 rounded vowel) : 입술이 둥글게 오므라진 상태에서 발음하는 모음. 입술이 둥글게 오므라지는 동시에 앞으로 내밀어진다.

(2) **평순모음**(平脣母音 또는 **비원순모음** 非圓脣母音 unrounded vowel) : 입술이 가로로 펴진 상태에서 발음하는 모음.

모음의 유동성

모음을 발음할 때 혀의 높이와 앞뒤 위치가 항상 일정한 것은 아니다. 그래서 이상에서 설명한 혀의 위치는 기준점이고 실제로 발음할 때는 그 기준점 일대의 어느 한 지점에 혀가 놓인다고 할 수 있다. 그 지점은 사람마다 조금씩 다를 수 있고 같은 사람이라도 발음할 때마다 미세한 차이가 있을 수 있다. 자음에 비해 모음의 방언차가 크고 역사적으로 자음체계의 변화보다 모음체계의 변화가 심한 것이 이러한 혀의 위치의 유동성과 관계가 깊다.

모음의 무성음화와 비음화

모음은 일반적으로 유성음이면서 구강음이다. 모음이 경우에 따라 무성음화되거나 비음화될 수도 있다. 무성음화된 모음은 [ḁ]와 같이 적고 비음화된 모음(nasalized vowel)은 [ã]와 같이 적는다.

2.3.2. 모음 음성의 체계

국어에 나타나는 주요 모음 음성들을 표로 나타내면 다음과 같다.

모음 음성의 체계

혀의 앞뒤 위치	전설모음		중설모음		후설모음	
입술모양 / 혀의 높이	평순모음	원순모음	평순모음	원순모음	평순모음	원순모음
고모음	i (ㅣ)	y (ㅟ)			ɯ (ㅡ)	u (ㅜ)
반고모음	e (ㅔ)	ø (ㅚ)	ə (ㅓ)			o (ㅗ)
반저모음	ɛ (ㅐ)				ʌ (ㅓ)	
저모음			a (ㅏ)			

위에 제시한 모음 도표는 중부방언을 기준으로 한 것이다. 지역이나 세대에 따라 모음의 수와 음가가 다양한 차이를 보인다.

모음의 방언 차이

(1) 중부방언・전라방언의 노년층 외에는 [y](ㅟ)와 [ø](ㅚ)를 발음하지 않는다.

(2) 중부방언에서 [ə]는 어두음절의 'ㅓ'가 장음일 때와 비어두음절에 나타나고, [ʌ]는 어두음절의 'ㅓ'가 단음(短音)일 때 나타난다. 어른 [əːrɯn], 어머니[ʌməɲi], 얼음 [ʌrɯm].

(3) 전라방언과 경상방언에서는 [ʌ]를 잘 발음하지 않고 'ㅓ'를 [ə]로 발음하는 것이 보통이다.

(4) 평안방언에서는 'ㅓ'를 [ə]와 [ʌ] 대신에 후설원순의 반저모음 [ɔ]로 발

음한다.

(5) 제주방언의 노년층은 'ㆍ'를 [ɔ]에 가깝게 발음한다.

(6) 남한 지역에서 노년층의 일부를 제외하고는 [e]와 [ɛ] 대신 그 중간 높이의 [E]를 발음하여 [i], [E], [ɯ], [ʌ], [a], [u], [o]의 7모음만 발음한다.

(7) 경상방언에서는 대부분 [ɯ]를 발음하지 못하고 [i], [E], [ə], [a], [u], [o]의 6모음만 발음한다.

2.3.3. 반모음과 이중모음

반모음의 뜻

반모음(半母音 semivowel)은 모음과 비슷하지만 혀나 입술이 움직이는 과정에서 발음되는 것이 특징이다. 혀가 [i]의 위치에서 다른 위치로 옮아가면서 발음되는 반모음이 [j]('요드(yod)'라고 읽는다)이고, [u] 또는 [o]의 위치에서 다른 위치로 옮아가면서 발음되는 반모음이 [w]이다. 예를 들어 이중모음 [ja](ㅑ)를 발음할 때 [a](ㅏ) 부분은 분명하고도 오래 지속될 수 있는데 [j] 부분은 잠깐 동안만 나면서 뒤따르는 [a]에 녹아들어가는 듯한 인상을 준다. 반모음은 이처럼 미끄러지듯 발음되는 소리라는 의미로 **활음**(滑音 또는 **과도음** 過渡音 glide)이라 부르는 일도 있다. 한편 반모음 [j]를 [y]로 표기하는 학자들도 있다. 그렇게 할 때는 전설원순모음 [y, ø]를 각각 [ü, ö]로 표기한다.

반모음의 특징과 표기

반모음은 조음상 모음과 비슷하지만 기능상으로는 자음과 비슷하다. 반드시 다른 모음이 앞이나 뒤에 붙어 있어야 발음될 수 있다는 점에서 자음의 특성을 가지고 있다. 반모음은 모음과 결합하여 이중모음을 이루는 데 그 존재의의가 있는 것이다. 반모음을 모음의 음성기호에 보조기호를 붙여 표기하기도 하는 것은 이러한 특성을 표기에 반영한 것이다. 즉 [j]는 [i̯]로,

[w]는 [u̯]로 표기할 수 있다. 이 보조기호 [̯]는 스스로 음절을 만들지 못함, 즉 **성절성**(成節性 syllabicity)이 없음을 나타낸다. 이 기호는 [i, u] 이외의 모음과 비슷한 반모음을 적을 필요가 있을 때 유용하게 쓰인다(독일어 Laut [lau̯t], Heute [hɔy̯tə]).

단순모음과 이중모음

이중모음(二重母音 diphthong)은 자음이나 모음과 같이 한 단위로 취급되는 일이 많다. 그래서 이중모음을 모음의 일종으로 처리하기도 한다. 그때는 위에서 본 모음들을 **단순모음**(單純母音 또는 **단모음** 單母音 monophthong, simple vowel)이라 하여 이중모음과 구별하게 된다.

이중모음의 종류

국어의 모든 이중모음은 단순모음에 반모음이 덧붙어 이루어진다. 단순모음과 반모음의 순서에 따라 이중모음을 상승이중모음과 하강이중모음으로 나눈다.

(1) **상승이중모음**(上昇二重母音 또는 **상향이중모음** 上向二重母音 rising diphthong, ascending diphthong) : 반모음 뒤에 단순모음이 결합한 이중모음. [ja](ㅑ), [wa](ㅘ), [ɰi](ㅢ) 등.

(2) **하강이중모음**(下降二重母音 또는 **하향이중모음** 下向二重母音 falling diphthong, descending diphthong) : 단순모음 뒤에 반모음이 결합한 이중모음. 충남방언의 [uj](ㅟ), 중세국어의 [aj](ㅐ) 등.

참여한 반모음의 종류에 따라 이중모음을 나눌 수도 있다.

(1) **j계 이중모음** : 반모음 [j]가 결합한 이중모음. [ja](ㅑ) 등.

(2) **w계 이중모음** : 반모음 [w]가 결합한 이중모음. [wa](ㅘ) 등.

(3) **ɥ계 이중모음** : 반모음 [ɥ]가 결합한 이중모음. [ɥi](ㅟ).

(4) ɰ**계 이중모음** : 반모음 [ɰ]가 결합한 이중모음. [ɰi](ㅢ).

이중모음 음성의 체계

종류 \ 단순모음	i	e	ɛ	ɯ	ə	ʌ	a	u	o
w계 상승		we (ㅞ)	wɛ (ㅙ)		wə (ㅝ)	wʌ (ㅝ)	wa (ㅘ)		
j계 상승		je (ㅖ)	jɛ (ㅒ)		jə (ㅕ)	jʌ (ㅕ)	ja (ㅑ)	ju (ㅠ)	jo (ㅛ)
ɥ계 상승	ɥi (ㅟ)								
ɰ계 상승	ɰi (ㅢ)								

이중모음 분석의 다른 견해

이중모음 'ㅟ'의 음가를 [ɥi] 대신 [wi]로, 'ㅢ'의 음가를 [ɰi] 대신 [ɯj]로 보기도 한다.

(1) 'ㅟ'의 반모음은 전설원순의 반모음 [ɥ]이다. 즉 'ㅟ'를 발음할 때 처음부터 혀가 전설고모음 [i]의 위치에 놓여 있다. 그러나 [ɥi]는 음운론적으로 /wi/로 분석한다(§3.4. 참조). 그래서 편의상 'ㅟ'를 [wi]로 적는 연구자들이 많다.

(2) 'ㅢ'의 앞부분을 단순모음 [ɯ]로, 뒷부분을 반모음 [j]로 보아 하강이중모음 [ɯj]로 분석하는 견해도 있다.

이중모음의 방언 차이

위 표는 중부방언을 기준으로 한 것이다. 다른 방언에 나타나는 이중모음의 특징은 다음과 같다.

(1) 충청도 일부 지역의 방언에서는 'ㅟ'를 [wi] 또는 [uj]로 발음한다. 바위 [pawi]~[pauj], 귀 [kwi]~[kuj]. 이중모음의 중심은 단순모음에

있으므로 [wi]는 뒷부분이, [uj]는 앞부분이 중심이라는 차이가 있다. 그러나 이 방언의 'ㅟ'의 음가가 [wi]인지 [uj]인지는 명확하지 않다. 한편 [wi]와 [ɯj]는 앞부분을 발음할 때 혀의 위치가 후설이라는 점에서 [ɥi]와 다르다.

(2) 일부 중부방언의 노년층은 [jɯ]도 발음한다. 영감 [jɯːŋgam].

(3) 지역이나 세대에 따라 단순모음의 수와 음가가 달라지면 이중모음의 수와 음가도 달라진다. 예를 들어 [e]와 [ɛ]를 구별하지 못하여 [E]로 발음하는 방언에서는 [we, wɛ] 대신에 [wE]를, 그리고 [je, jɛ] 대신에 [jE]를 발음한다.

2.4. 운율적 요소

분절음과 초분절음

이제까지 살펴본 자음, 모음, 반모음과 같은 음성들은 **계기적**(繼起的)으로 연결되어 나타난다. 즉 둘 이상의 음성이 동시에 발음되지 않고 선후관계를 가지고 나타나게 된다. 그래서 발화를 더 이상 계기적으로 쪼갤 수 없을 때까지 쪼개 얻은 음성 단위가 자음, 모음, 반모음과 같은 **분절음**(分節音 segment)이다. 그런데 음성 중에는 분절음을 쪼개듯 계기적으로 쪼갤 수 없는 것들이 있다. 분절음과 동시에 실현되는 음장, 음고, 음강이 그것이다. 이러한 요소를 **초분절음**(超分節音 suprasegmental) 또는 **운율적 요소**(韻律的 要素 prosodic feature) 또는 **운소**(韻素 prosody)라 한다.

음장

음장(音長 length)은 소리의 길이로서 **장단**(長短)이라고도 한다. 실험기기로 측정할 때의 단위는 msec(밀리세컨드, 1천분의 1초)이다. 자음의 경우에는 경음과 유기음이 지속시간이 길다. 특히 모음 사이에서 폐쇄음과 파찰음을 발음할 때 폐쇄가 지속되는 지속 단계의 시간은 경음과 유기음이 유성음보다 2~3배 길다. 모음의 경우에는 고모음이 지속시간이 짧다. 말이 빠르거나 느리거나 하여 발화 전체의 지속시간이 짧아지고 길어지고 할 때 그 음장의 변화는 주로 모음에 나타난다.

음고

음고(音高 pitch)는 소리의 높이로서 **고저**(高低)라고도 한다. 실험기기로 측정할 때의 단위는 Hz(헤르츠, 초당 진동수)이다. 음성은 주파수가 각기 다른 여러 음파의 복합파로 분석되는데 그 중 가장 낮은 주파수인 **기본주파수**(fundamental frequency, 이것은 성대의 초당 진동수와 같다)가 높을수록 높은 소리가 된다.

음강

음강(音强 loudness)은 소리의 크기 또는 세기로서 **강약**(强弱)이라고도 한다. 음파의 진폭이 클수록 큰 소리가 된다.

운율적 요소의 특징

운율적 요소는 공통적으로 다음과 같은 특성을 가진다. 첫째, 분절음처럼 발화를 계기적으로 쪼개서 분석되는 단위가 아니다(**비분절성** 非分節性). 둘째, 반드시 분절음에 얹혀 나타난다(**의존성** 依存性 또는 **초분절성** 超分節性). 즉 운율적 요소만을 따로 발음하는 것은 불가능하다. 대개는 모음에 얹혀 나타난다. 셋째, 음성뿐만 아니라 다른 어떤 음향에도 항상 나타난다(**항존성** 恒存性). 웃음소리, 손뼉소리, 기차소리, 바람소리 등도 특정한 음장과 음고와 음강을 가지고 실현된다. 악기는 운율적 요소를 잘 표현하는 기구이다. 음성에 나타난 운율적 요소를 악기로 표현하는 것도 가능하다.

2.5. 국제음성기호

국제음성기호의 성격

국제음성기호(國際音聲記號 International Phonetic Alphabet = IPA)는 전 세계의 언어에 나타나는 다양한 음성들을 동일한 방식으로 적기 위해 국제음성학협회(International Phonetic Association)에서 만든 기호이다.

로마자를 기본으로 하고 특수한 문자나 보조기호를 추가한 것이다. 다음에 보이는 국제음성기호 도표는 2005년에 개정한 것을 번역한 것이다. 자음과 모음의 기본 도표는 그대로 옮겼으나 나머지 자잘한 음성기호들은 일부만 보였다. 국제음성기호에 대한 자세한 내용은 국제음성학협회의 인터넷 사이트를 참조. https://www.internationalphoneticassociation.org

① 자음(폐의 기류를 이용하는 것)

	양순음	순치음	치음	치조음	뒤치조음	권설음	경구개음	연구개음	목젖음	인두음	성문음
폐쇄음	p b			t d		ʈ ɖ	c ɟ	k g	q ɢ		ʔ
비음	m	ɱ		n		ɳ	ɲ	ŋ	ɴ		
전동음	ʙ			r					ʀ		
탄설음		ⱱ		ɾ		ɽ					
마찰음	ɸ β	f v	θ ð	s z	ʃ ʒ	ʂ ʐ	ç ʝ	x ɣ	χ ʁ	ħ ʕ	h ɦ
설측마찰음				ɬ ɮ							
접근음		ʋ		ɹ		ɻ	j	ɰ			
설측접근음				l		ɭ	ʎ	ʟ			

※한 칸에 둘이 있을 때 왼쪽이 무성음이고 오른쪽이 유성음이다.
※음영을 넣은 칸은 조음이 불가능함을 나타낸다.

② 자음(폐의 기류를 이용하지 않는 것)

흡착음	유성 내파음	방출음
ʘ 양순음 ǀ 치음 ǃ (뒤)치조음 ǂ 경구개치조음 ǁ 치조설측음	ɓ 양순음 ɗ 치음/치조음 ʄ 경구개음 ɠ 연구개음 ʛ 목젖음	' 예 : p' 양순음 t' 치음/치조음 k' 연구개음 s' 치조마찰음

③ 모음

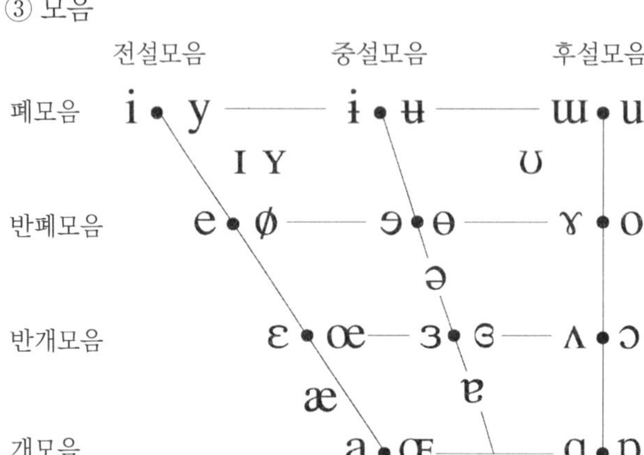

④ 보조기호

̥ 무성음 예 : n̥ d̥	̟ 설근 전진 예 : e̟
h 유기음 예 : tʰ dʰ	̠ 설근 후퇴 예 : e̠
̪ 치음 예 : t̪ d̪	̝ 상승(개구도가 작아짐)
~ 비음 예 : ẽ	예 : e̝ ɹ̝(=유성 치조 마찰음)
̚ 불파음 예 : d̚	̞ 하강(개구도가 커짐)
j 구개화음 예 : tʲ dʲ	예 : e̞ β̞(=성 양순 접근음)
̩ 성절음 예 : ɹ̩	ː 장음 예 : eː
̯ 비성절음 예 : e̯	

⑤ 기타

ʍ 무성 양순연구개 마찰음	※ 파찰음과 동시조음은 필요하다면 음성기호 두 개를 줄로 이어 표시할 수 있다.
w 유성 양순연구개 접근음	예 : t͡s k͡p
ɥ 유성 양순경구개 접근음	
ɕ ʑ 치조경구개 마찰음	

참 고

음운론 개론서들은 대개 앞부분에서 음성학을 간략히 소개하고 있다. 국어음성학 전반에 대해서는 이호영(1996) 『국어음성학』, 신지영(2000/2014) 『말소리의 이해』를 참조. 국어의 자음과 모음의 발음을 자세히 설명한 송철의(1993) 「자음의 발음」, 이승재(1993) 「모음의 발음」도 참조. 일반음성학에 대해서는 Ladefoged (1975/2014) *A Course in Phonetics*, Catford (1988/2002) *A Practical Introduction to Phonetics*, Ladefoged & Maddieson (1996) *The Sounds of the World's Languages*, Roach (2001) *Phonetics* 참조. 음성학 전반에 대한 깊이 있고 상세한 해설은 Laver (1994) *Principles of phonetics* 참조. 영어 음성학을 자세히 소개한 전상범(1995/2005) 『영어음성학개론』도 음성학을 이해하는 데 도움이 된다. 고도흥(2013/2017) 『언어기관의 해부와 생리』는 조음음성학과 청음음성학을 해부학, 생리학, 뇌과학, 청각학 등의 관점에서 깊이 있게 서술하고 있다.

국어의 자음 음성들을 조음위치에 따라 분류할 때 치음과 치조음을 구별하지 않고 치조음으로 처리하는 것이 일반적이나 본문에서는 더 세밀한 분류를 제시했다.

국어의 'ㅡ'를 [ɯ](후설평순고모음)로 적지 않고 [ɨ](중설평순고모음)로 적는 일도 있다. 그런데 'ㅡ'는 실제로 중설과 후설의 중간쯤에서 발음되는 것으로 보이므로 둘 중 어느쪽도 정확한 표기는 아니라고 할 수 있다. 본문에서는 편의상 후설모음 [ɯ]로 처리했다.

활음은 반모음 외에 성문음 [h], [ʔ]을 포함한다. 현재의 국제음성기호 도표에서 [j, w]는 자음 중에서 **접근음**(接近音 approximant)에 속한다. 그러므로 국어의 반모음을 [j, w]로 적는 것은 국제음성기호의 용법과 다른, 국어학의 관례라고

할 수 있다.

이중모음 'ㅟ [ɥi]'를 음운론적 해석에 따라 [wi]로 적는 문제는 본문에서 설명했다. 그런데 'ㅞ, ㅙ'의 음성전사 [we, wɛ]도 사실 음성학적으로 정밀한 것은 아니다. 반모음 부분이 [w]라면 혀가 후설의 위치에서 출발해야 하지만 전설에 가까운 위치에서 발음되는 것으로 볼 수도 있다. 이러한 관점의 'ㅟ, ㅞ, ㅙ'의 음성전사는 Martin (1992) *A Reference Grammar of Korean*의 p.24에서 볼 수 있다.

본문에서 언급하지 않은 이중모음 'ㆊ [ɥʌ]'가 현대국어에 나타난다. 이에 대해서는 배주채(2003/2013)『한국어의 발음』의 2.2.1.(4) 참조.

하강이중모음은 상승이중모음보다 언어보편적으로 드물게 나타난다. 중세국어에는 j계 하강이중모음이 광범위하게 존재했다. 'ㅐ, ㅔ, ㅚ, ㅟ, ㅢ, ㆎ' 등은 각각 'ㅏ, ㅓ, ㅗ, ㅜ, ㅡ, ㆍ'에 'ㅣ'가 결합한 글자임에서 알 수 있듯이 모두 j계하강이중모음이었다. 그러나 중세국어에도 w계 하강이중모음은 존재하지 않았다.

3 음소

3.1. 음소와 변이음

음소의 뜻

둘 이상의 음성이 조음적으로나 음향적으로 다른데도 개별 언어(또는 방언)에서 그것들을 구별하지 않고 한 소리인 것처럼 쓰는 일이 있다. 설측음 [l]과 탄설음 [r]은 서로 다른 음이지만 '라면'의 첫소리를 [l]로 발음하든 [r]로 발음하든 상관없다. 또 [e]와 [ɛ]도 서로 다른 음성이지만 노년층 외에는 [pe](베)와 [pɛ](배)를 듣고 서로 다른 소리로 인식하지 못하며 그 둘을 구분해서 발음하지도 못한다. 이렇듯 화자가 서로 다른 소리로 인식하지 않는 음성들, 즉 [l]과 [r], 또는 [e]와 [ɛ] 등을 각각 묶어서 **음소**(音素 phoneme)라는 단위로 파악한다.

변이음의 뜻

한편 영어에서는 설측음 [l]과 접근음 [ɹ]을 분명히 다른 소리로 간주하고 있어 [laɪt](light)와 [ɹaɪt](right)가 완전히 다른 단어가 된다. 또 경상도를 제외한 거의 전국의 노년층은 [pe]와 [pɛ]를 구별해 발음하고 알아듣는다. 이런 경우에는 [l]과 [ɹ], [e]와 [ɛ]를 같은 음소에 속한다고 할 수 없다. 따라서 음소는 서로 구별되어 쓰이지 않는 음성들의 집합이라고 말할 수 있다. 한 음소를 이루는 음성들을 **변이음**(變異音 또는 **이음** 異音 allophone)이라 한다. 윗문단의 예에서 [l]과 [r]은 음소 /ㄹ/의 변이음들이고 [e]와 [ɛ]는 음소 /E/의 변이음들이다. 이상의 예들을 정리하면 다음과 같다.

국어 : 변이음 [l]과 [r] ⇒ 음소 /ㄹ/

장년층 이하 : 변이음 [e]와 [ɛ] ⇒ 음소 /E/

영어 : 음성 [l] ⇒ 음소 /l/

영어 : 음성 [ɹ] ⇒ 음소 /ɹ/

노년층 : 음성 [e] ⇒ 음소 /e/

노년층 : 음성 [ɛ] ⇒ 음소 /ɛ/

음소와 변이음의 표기

음소는 음성기호를 빗금으로 감싸 적는다. 국어의 경우 한글 자모로 /ㄹ/과 같이 적을 수 있다. 한글 자모 대신 음성기호로 적을 때는 변이음 중에서 하나를 대표로 삼아 /l/ 또는 /r/과 같이 적을 수 있다. /E/도 /e/ 또는 /ɛ/로 적는 것이 가능하다. 다만 이렇게 **대표이음**(代表異音)으로 음소를 적을 때는 그 음성기호가 음소를 나타내는지 변이음을 나타내는지 명확히 해야 한다. 예를 들어 /e/는 음소이고 [e]는 변이음이다. 또 /e/는 [e]와 [ɛ]를 다 포함하지만 [e]는 표기 그대로 [e]만 나타낸다.

3.2. 음소분석

음소분석의 뜻

한 언어(또는 방언)에 나타나는 음성들을 조사하고 분석하여 음소목록을 작성하는 작업이 **음소분석**(音素分析 phonemic analysis)이다. 음소분석은 실제 발화를 음성기호로 적은 자료를 대상으로 한다. 그러나 한 언어나 방언에 나타날 수 있는 발화의 수는 엄청나게 많아서 모두 다루기 힘들고 모든 발화는 단어(국어의 경우 어절)로 이루어져 있으므로 단어의 발음만 관찰해서 음소분석을 끝내는 일이 많다.

대립과 최소대립쌍

음소를 분석하는 가장 손쉬운 방법은 **대립**(對立 opposition, contrast)을 이용하는 것이다. 소리의 차이로 발화와 발화가 구별될 때, 차이 나는 그 두 소리가 대립한다고 말한다. [mul](물)이라는 단어와 [pal](발)이라는 단어는 처음 두 소리 [mu]와 [pa]의 차이로 서로 구별되므로 [mu]와 [pa]는 대립한다. 또 [mul](물)이라는 단어와 [pul](불)이라는 단어가 구별되는 것은 첫소리 [m]과 [p]가 대립하기 때문이다. 이때 [m]과 [p]의 관계를 '대립한다', '대립적이다', '변별적이다', '변별된다'와 같이 여러가지로 표현할 수 있다. 이때 한 분절음만 대립하는 '물, 불'과 같은 단어의 쌍을 **최소대립쌍**(最小對立雙 또는 **최소대립어** 最小對立語 minimal pair)라 한다. 최소대립쌍의 예는 다음과 같다.

[mul](물) ↔ [pul](불) ↔ [p'ul](뿔) ↔ [p^{h}ul](풀)

[ʧada](자다) ↔ [ʧ'ada](짜다) ↔ [ʧ^{h}ada](차다)

[pal](발) ↔ [pam](밤) ↔ [pap˺](밥)

[ilʎək˺](인력) ↔ [ilʎən](일년, 일련) ↔ [ilʎəm](일념)

[jʌn](연) ↔ [wʌn](원)

[ʧigap˺](지갑) ↔ [ʧigəp˺](직업)

치환시험

어떤 두 음성이 대립하면 그 둘은 서로 다른 음소에 속하는 것이 틀림없다. [mul](물)과 [pul](불)에서 [m]과 [p]는 서로 다른 음소에 속한다.

[tʃada](자다)와 [tʃ'ada](짜다)와 [tʃ^{h}ada](차다)에서 [tʃ]와 [tʃ']와 [tʃ^{h}]도 마찬가지이다. 만약에 [n]과 [d]가 서로 다른 음소에 속하는지 알아보려면 어떤 단어 속의 [n]을 [d]로 바꿔서 그 단어가 다른 단어가 되는지 조사하면 된다. [tʃaŋnan](장난)에서 첫 번째 [n]을 [d]로 바꿔 보면 [tʃaŋdan](장단)처럼 다른 단어가 된다. 그러므로 [n]과 [d]는 서로 다른 음소에 속한다. 이러한 시험을 **치환시험**(置換試驗 commutation test)이라 한다. 치환시험을 했을 때 존재하지 않는 말이 만들어지는 경우도 있는데 그때도 원래의 음성과 치환된 음성이 서로 다른 음소에 속한다는 점은 변함이 없다. 예를 들어 [s'araŋnun](싸락눈)에서 첫 번째 [n]을 [d]로 바꿔보면 [s'araŋdun]과 같이 존재하지 않는 말이 되지만 이 사실 자체가 [n]과 [d]가 다른 음소에 속한다는 증거가 되기에는 충분하다.

치환시험의 한계

대립을 이용한, 즉 치환시험에 의한 분석방법이 가장 확실한 음소분석 방법이긴 하지만 서로 다른 위치의 음성들끼리의 관계를 알아보는 데는 유효하지 않다. 예를 들어 최소대립쌍 [pap˺](밥), [pat˺](밭), [pak˺](박)을 통해서 말음 [p˺], [t˺], [k˺]가 서로 다른 음소에 속함을 알 수 있다. 그런데 [p]와 [p˺]가 같은 음소인지는 대립을 이용해서 알아낼 수 없다. [pap˺]과 같은 단어에서 첫소리 [p] 자리에 [p˺]를 치환하여 발음해 볼 수가 없기 때문이다. 이것은 [p]가 어두초성으로만 나타나고 [p˺]가 종성으로만 나타나 분포가 서로 배타적이기 때문에 생기는 문제이다.

상보적 분포

이런 경우에는 두 음성이 음성적으로 유사하면 한 음소에 속하는 것으로 처리한다. [p]와 [p˺]는 조음위치상 양순음이고 조음방식상 폐쇄음, 무기음, 이완음이므로 음성적인 유사성을 가지고 있다고 말할 수 있다. 한편 [b]도 이 두 음성과 음성적 유사성을 공유하는데 나타나는 자리가 비어두초성으로서 이 두 음성과 겹치지 않는다. [poribap˺](보리밥). 결국

[p], [b], [p˺] 세 음성이 모두 음소 /ㅂ/에 속하는 변이음으로서, 쓰이는 자리가 서로 겹치지 않는다. 이것을 변이음들이 **상보적 분포**(相補的 分布 complementary distribution) 또는 **배타적 분포**(排他的 分布 exclusive distribution)를 가진다고 말한다.

자유변이음과 조건변이음

변이음들이 항상 상보적 분포를 가지는 것은 아니다. [r]과 [l]은 둘 다 어두초성으로 쓰일 수 있으나 대립하지 않으므로 같은 음소에 속함을 앞에서 보았다. 즉 어두초성으로서의 [r]과 [l]은 자유롭게 교체하므로 두 변이음을 **자유변이음**(自由變異音)이라 한다. 그러나 종성 [l]은 [r]로 대치될 수 없다. 예를 들어 [pall]을 [par]로 바꿔 발음할 수 없다. [par]은 국어에서 사용하지 않는 발음이기 때문이다. 이 경우에는 변이음 [l]을 **조건변이음**(條件變異音 또는 **결합변이음** 結合變異音)이라 한다. 상보적 분포를 가지는 변이음들이 조건변이음이다. 위에서 본 [p], [b], [p˺]도 조건변이음이다.

중화

종성에만 나타나는 [p˺]가 [p], [b]와 상보적 분포를 보인다는 것을 앞에서 언급했다. 그런데 [p˺]는 [p']와도 상보적 분포를 보이고 [pʰ]와도 상보적 분포를 보인다. [p']와 [pʰ]는 종성에 나타나지 않고 [p˺]는 초성에 나타나지 않기 때문이다. 상보적 분포를 보이는 점만 중시하면 [p˺]는 종성에서 /ㅂ, ㅃ, ㅍ/이 공통으로 가지는 변이음이라고 해야 할 것이다. 이와 같이 둘 이상의 음소가 특정한 위치에서 같은 음성을 변이음으로 가지는 현상을 **중화**(中和 neutralization)라 한다. 즉 중화란 둘 이상의 음소가 특정한 위치에서 변별되지 않는(대립이 없어지는) 현상이다. 종성에서 /ㅂ, ㅃ, ㅍ/이 공통의 변이음 [p˺]를 가진다는 것은 종성에서 이 세 음소가 변별되지 않음을 뜻하는 것이다.

불완전분포

그런데 위에서 음성적 유사성을 기준으로 삼아 [p˺]를 무기성과 이완성을 가진 [p], [b]와 함께 음소 /ㅂ/에 속하는 것으로 처리했다. 이렇게 처리하면 /ㅂ, ㅃ, ㅍ/이 종성에서 중화된다고 할 수 없다. [p˺]는 /ㅂ, ㅃ, ㅍ/의 공통의 변이음이 아니라 /ㅂ/만의 변이음이기 때문이다. 그 결과 /ㅃ, ㅍ/은 종성에 나타나지 않는다. 이와 같이 어떤 음소가 일부 환경에 나타나지 않는 현상을 **불완전분포**(不完全分包 defective distribution)라 한다. 그러므로 /ㅂ, ㅃ, ㅍ/과 종성 변이음 [p˺]는 중화 대신 불완전분포로 기술한다.

중화로 기술한 예

※/ㅂ/, /ㅃ/, /ㅍ/은 종성에서 [p˺]로 중화된다.

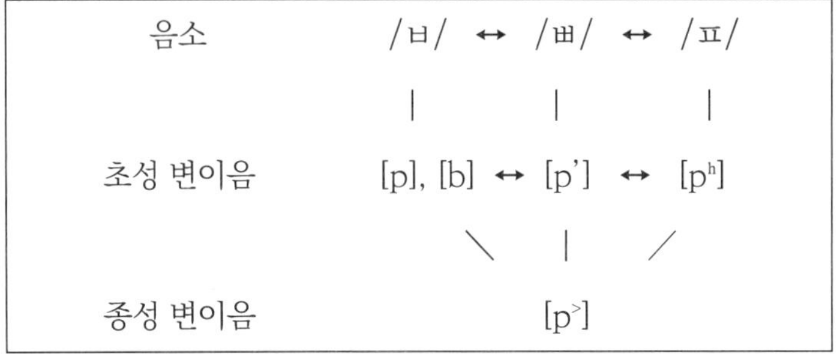

불완전분포로 기술한 예

※/ㅂ/은 종성에서 [p˺]로 실현되고, /ㅃ/, /ㅍ/은 종성에 나타나지 않는다.

음소	/ㅂ/ ↔	/ㅃ/ ↔	/ㅍ/
	|	|	|
초성 변이음	[p], [b] ↔	[p'] ↔	[pʰ]
	|	|	|
종성 변이음	[p˺]	×	×

재음소화

한 음성을 두 음소의 연결로 처리해야 하는 경우가 있다. [ɲa](냐), [ʃa](샤)에서 [ɲ], [ʃ]를 각각 /nj/, /sj/로 분석하는 것이 그것이다. 예를 들어

[na]와 [ɲa]가 대립하므로 [n]과 [ɲ]을 대립하는 것으로 보아 /n/, /ɲ/을 각각 음소로 볼 가능성이 있다. 그런데 그렇게 하면 /nja/, /ɲja/, /ɲa/가 모두 똑같이 [ɲa]로 실현되는 점이 문제가 될 것이고, '니 [ni]~[ɲi]'를 /ni/로 분석할 것인가 /ɲi/로 분석할 것인가 결정하기 어려운 점도 부담스럽다. 그래서 음성적으로는 [na]와 [ɲa]의 차이가 자음의 차이인 것이 맞지만 음운론적으로는 모음의 차이로 보아 /na/, /nja/로 분석한다. 한글 표기에서도 이들을 '나'와 '냐'로 적어 모음의 차이로 반영하고 있다. [sa](사)와 [ʃa](샤)의 경우도 마찬가지이다. 이와 같이 한 음소로 분석될 수 있을 법한 음성을 두 음소의 연결로 분석하는 것을 **재음소화**(再音素化 rephonemicization)라 한다.

두 음성의 연결을 한 음소로 분석하기

재음소화와 반대로 두 음성의 연결을 한 음소로 처리하는 경우도 있다. [pʰ]를 음성학적으로 [ph]로 본다면 /ㅂㅎ/과 같은 음소 연결로 분석할 가능성이 있다. 그런데 그렇게 하면 '파, 남파'가 각각 /ㅃㅏ/, /남ㅃㅏ/가 되어 초성에 자음군(子音群 consonant cluster)이 나타나는 문제가 생긴다. 또 [ʧ]를 /ㅈ/으로 보지 않고 /ㄷㅅ/으로 보는 경우에도 '진짜'가 /tsintsʼa/가 되어 초성에 자음군 /ㄷㅅ/이 놓이는 문제가 생긴다. 국어에서 초성에 자음군을 허용하는 분석은 화자의 직관에도 맞지 않고 음절구조제약의 기술을 복잡하게 한다(음절구조제약은 §5.2. 참조).

3.3. 이음론

이음론의 뜻

각 음소가 어떤 변이음들로 실현되는지를 다루는 것이 **이음론**(異音論 allophonics)이다. 국어의 음소들이 각각 어떤 변이음들로 실현되는지 살펴보자.

/ㅂ, ㄷ, ㄱ/의 변이음

우선 자음 중에서 평폐쇄음 /ㅂ/은 [b, p, p˺]로, /ㄷ/은 [d, t, t˺]로, /ㄱ/은 [g, k, k˺]로 실현된다. 이 변이는 조음방식에 따른 것인데 각 변이의 조건이 똑같으므로 이를 한꺼번에 표시하면 다음과 같다.

/ㅂ, ㄷ, ㄱ/	초성	어두	→ [p, t, k]
		비어두 공명음 뒤	→ [b, d, g]
	종성		→ [p˺, t˺, k˺]

초성, 종성과 자음 변이음 분포의 기술

자음 변이음의 분포를 기술하는 데에는 초성, 종성과 같은 개념이 필요하다. 국어의 음절은 '초성+중성+종성'으로 이루어지는데 초성과 종성 자리에는 자음만, 중성 자리에는 모음만 올 수 있다(자세한 내용은 §5.2. 참조). 초성 자리에 있는 자음은 자연히 모음 앞에 있게 되고 종성 자리에 있는 자음은 모음 뒤에 있게 된다. 따라서 /ㅂ, ㄷ, ㄱ/이 비어두 공명음 뒤의 초성 자리에 놓이면 자연히 공명음과 모음 사이에 오게 된다. 공명음과 모음은 음성적으로 모두 유성음이므로 '/ㅂ, ㄷ, ㄱ/은 유성음 사이에서 각각 유성음 [b, d, g]로 실현된다'고 표현할 수도 있다. 한편 이 위치에서 모음 사이 또는 /ㄹ/과 모음 사이의 /ㅂ, ㄱ/은 각각 [b, g] 대신 양순마찰음 [β], 연구개마찰음 [ɣ]로 실현되기도 한다.

/ㅈ/의 변이음

평파찰음 /ㅈ/은 [ʤ, ʧ]로 실현되는데 종성에 나타나지 못하는 점을 빼면 /ㅂ, ㄷ, ㄱ/과 변이의 양상이 똑같다.

/ㅈ/	어두	→ [ʧ]
	비어두 공명음 뒤	→ [ʤ]

/ㅃ, ㄸ, ㄲ, ㅉ, ㅍ, ㅌ, ㅋ, ㅊ/의 변이음

경음 /ㅃ, ㄸ, ㄲ, ㅉ/과 유기음 /ㅍ, ㅌ, ㅋ, ㅊ/도 초성에만 나타나는

데 각각 한 가지 변이음으로만 실현된다.

/ㅃ/→[p'] /ㄸ/→[t'] /ㄲ/→[k'] /ㅉ/→[ʧ']

/ㅍ/→[pʰ] /ㅌ/→[tʰ] /ㅋ/→[kʰ] /ㅊ/→[ʧʰ]

/ㅅ, ㅆ/의 변이음

마찰음은 초성에만 나타나는데 고모음이나 반모음 앞에서 조음위치에 따른 변이를 가진다. /ㅅ, ㅆ/은 단순모음 /i/, 반모음 /j/, 이중모음 /wi/ 앞에서 각각 [ʃ, ʃ']로 실현되고 /j/는 탈락하며(시 [ʃi], 샤 [ʃa], 쉬 [ʃɥi]), 그 밖의 모음 앞에서는 각각 [s, s']로 실현된다.

/ㅅ, ㅆ/ ┌ /i/, /j/, /wi/ 앞 → [ʃ, ʃ']
└ 그 밖 → [s, s']

/ㅎ/의 변이음

/ㅎ/은 어느 위치에서나 [h]로 실현되지만 특정한 환경에서 수의적(隨意的)인 변이음을 가지기도 한다. 어두에서 강하게 발음할 때는 /i, j/ 앞에서 무성경구개마찰음 [ç]로 실현되고 /j/는 탈락하며(히 [çi], 혀 [çʌ]), /ɯ/ 앞에서 무성연구개마찰음 [x]로 실현될 수 있다(흙 [xɯk˺]). 비어두 공명음과 모음 사이, 즉 유성음 사이에서는 유성성문마찰음 [ɦ]로 조음방식의 변이를 보이는 일이 많다(아흔 [aɦɯn], 일흔 [irɦɯn]).

/ㅎ/ ┌ 모든 위치 → [h]
├ /i, j/ 앞 → [h] ~ [ç]
└ /ɯ/ 앞 → [h] ~ [x]

/ㅁ, ㄴ, ㅇ/의 변이음

비음 중에서 /ㅁ/은 [m]으로만 실현되고 /ㅇ/은 [ŋ]으로만 실현된다.

/ㄴ/은 조음위치에 따른 변이를 보인다. 초성 /ㄴ/은 대개 [n]으로 실현되는데 /i/ 앞에서는 경구개음 [ɲ]으로 실현되기도 하고(아니 [aɲi]) /j/ 앞에서는 일반적으로 [ɲ]으로 실현되고 /j/는 탈락한다(수녀 [suɲə], 인용 [iɲoŋ]). 종성 /ㄴ/은 경구개음 [ʤ, ʧ', ʧʰ, ʃ, ʃ', ɲ] 앞에서 [ɲ]로 실현되나(앉아 [aɲʤal]) 청각적으로 [n]과 거의 구별되지 않아 그냥 [n]으로만 적는 것이 일반적이다. 비음, 유음도 평폐쇄음처럼 종성에서 불파음으로 실현되므로 이를 [m˺, n˺, ŋ˺, l˺]과 같이 정밀표기할 수 있으나 대개 [m, n, ŋ, l]로만 적고 있다.

/ㅁ/→[m]

/ㅇ/→[ŋ]

/ㄴ/ ┌ /i/ 앞 → [n] ~ [ɲ]
├ /j/ 앞 → [ɲ]
└ 그 밖 → [n]

/ㄹ/의 변이음

/ㄹ/은 조음위치와 조음방식의 변이를 모두 보인다. 초성 /ㄹ/은 대개 탄설음 [r]로 실현된다. 어두초성 /ㄹ/은 수의적으로 [l]로 실현되기도 한다. 비어두초성 /ㄹ/은 앞음절의 종성 /ㄹ/ 뒤에서 [l]로 실현되는데(빨라 [p'alla]) 뒤에 /i, j/가 올 때는 경구개음 [ʎ]로 실현되고 /j/는 탈락한다(빨리 [p'alʎi], 일류 [ilʎu]). 종성 /ㄹ/도 경구개음 [ʤ, ʧ', ʧʰ, ʃ, ʃ', ʎ] 앞에서 [ʎ]로 실현되는 경향이 있으나(술잔 [suʎʧ'an], 불씨 [puʎʃ'i], 빨리 [p'aʎʎi]) 청각적으로 [l]과 거의 구별되지 않아 그냥 [l]로만 적을 수도 있다. 나머지 경우에 종성 /ㄹ/은 대개 [l]로 실현되는데 /ㅎ/ 앞에서는 [r]로 실현될 때가 많다(일흔 [irɦɯn]).

/ㄹ/	초성	어두		→ [r] ~ [l]
		비어두 /ㄹ/ 뒤	/i, j/ 앞	→ [ʎ]
			그 밖	→ [l]
		비어두 모음 뒤		→ [r]
	종성	/ㅎ/ 앞		→ [r] ~ [l]
		그 밖		→ [l]

모음의 변이음

모음의 변이음은 두드러지지 않는다. 다만 중부방언의 노년층에서 /ㅓ/는 장음일 때나 비어두에서 [ə]로, 어두에서 단음일 때 [ʌ]로 실현된다. 다른 모음들도 장음일 때는 단음일 때보다 혀의 위치가 고모음, 중모음은 높아지고 저모음은 낮아지지만 그렇게 두드러진 것은 아니다. 또 고모음 /ㅣ, ㅡ, ㅜ/는 단음일 때 /ㅍ, ㅌ, ㅋ, ㅊ, ㅅ, ㅆ, ㅎ/ 뒤에서 무성음으로 실현되는 경우가 있다(특징 [tʰɯ̥k˺ʧ’iŋ], 추진 [ʧʰu̥ʤin], 시간 [ʃi̥gan], 습도 [sɯ̥p˺t’o]).

반모음의 변이음

반모음 중 /w/는 /i/ 앞에서 [ɥ]로 실현된다(위 [ɥi]). 또 고모음처럼 반모음 /j, w/도 /ㅍ, ㅌ, ㅋ, ㅊ, ㅅ, ㅆ, ㅎ/ 뒤에서 무성음으로 실현되는 경우가 있다.

나열식 기술

이상에서 본 이음변이들을 기술하는 방법으로는 나열식 기술과 생성식 기술이 있다. **나열식 기술**(羅列式 記述)은 변이음의 분포를 공식으로 제시하는 것이다. 위에서 각 음소에 대해 제시한 도식들이 그 예이다. 이에 따르면 한 음소의 각 변이음은 동등한 지위를 가진다. 예를 들어 /ㄱ/의 변이음들 [g], [ɣ], [k], [k˺]는 각각 주어진 환경에서 /ㄱ/으로부터 직접 실현된다.

생성식 기술

그러나 [ɣ]는 [g]가 더 약화된 실현형이 틀림없다. 격식적인 말보다 비격식적인 말에 [ɣ]가 잘 나타난다는 사실이 그것을 뒷받침한다. 그러면 [ɣ]는 이 환경에서 [g]→[ɣ]와 같은 수의적인 이음규칙으로 도출된다고 기술할 수 있다. 또 유성음 [g]가 유성음 사이에 우연히 나타난 것이 아니라 무성음 [k]가 유성음 [g]로 동화된다고 보는 것이 자연스러울 것이다. 이를 확대하여 어떤 음소에 대해 **기본이음**(基本異音 basic allophone)을 설정하고 그것으로부터 **이음규칙**(異音規則 allophonic rule)을 적용하여 각 변이음을 도출할 수 있다. 이러한 기술방식이 **생성식 기술**(生成式 記述)이다. 이 책에서는 생성식 기술방식을 따른다(그에 따른 이음과정은 §8.4.를 참조). 덧붙여서, 음소를 /　/ 안에 대표이음으로 표기할 때 기본이음을 대표이음으로 잡는 것이 좋을 것이다. 예를 들면 /ㅂ/의 기본이음을 [p]로 본다면 /ㅂ/을 /b/, /p˺/보다 /p/로 적는 것이 낫다.

3.4. 음소체계

자음체계

자음 음소 19개가 이루는 체계, 즉 **자음체계**(consonant system)는 다음과 같은 표로 나타낼 수 있다.

자음체계

조음방식 \ 조음위치			양순음	전설음	후설음	성문음
장애음	폐쇄음	평음	ㅂ p	ㄷ t	ㄱ k	
		경음	ㅃ p'	ㄸ t'	ㄲ k'	
		유기음	ㅍ pʰ	ㅌ tʰ	ㅋ kʰ	
	파찰음	평음		ㅈ c		
		경음		ㅉ c'		
		유기음		ㅊ cʰ		
	마찰음	평음		ㅅ s		ㅎ h
		경음		ㅆ s'		
공명음	비음		ㅁ m	ㄴ n	ㅇ ŋ	
	유음			ㄹ r		

위의 자음 음소체계는 §2.2.3.에서 본 자음 음성의 체계와 대체로 같지만 다음 두 가지 점에서 차이가 있다. 첫째, 서로 대립하지 않는 음성들, 즉 변이음들은 한 음소로 합쳤다. 예를 들어 [b, p, p˺]는 /ㅂ/으로, [s]와 [ʃ]는 /ㅅ/으로, [r, l, ʎ]은 /ㄹ/로 합쳤다. 둘째, 음소들을 변별하는 데 중요하게 작용하지 않는 구분은 없앴다. 폐쇄음, 파찰음에서 유성음과 불파음과 평음의 구분을 없앴고 유음에서 탄설음과 설측음의 구분도 없앴다. 치음과 치조음, 치조음과 경구개음, 치음과 경구개음은 조음위치만으로 변별되는 예가 없다. 예를 들어 /ㄷ/과 /ㅈ/은 조음위치의 차이로 변별되는 것이 아니라 폐쇄음과 파찰음이라는 조음방식의 차이로 변별된다. 즉 이 치음, 치조음, 경구개음의 세 조음위치는 음운론적으로 구분할 필요가 없다. 그래서 이 셋을 전설이라는 하나의 조음위치로 합친 것이다. 이에 발맞추어 연구개는 후설이라고 부른다.

자음체계 구성의 근거

국어의 자음체계는 /ㅎ/을 제외하면 아주 균형잡힌 모습을 보인다. 조음위치의 관점에서 폐쇄음과 비음은 양순, 전설, 후설에 고르게 분포해 있고 파찰음, 마찰음, 유음은 전설에만 분포해 있다. 가장 움직임이 자유로운 혀의 앞부분을 이용한 자음이 많은 것은 자연스러운 일이다. 조음방식의 관점에서도 역시 장애음들은 평음, 경음, 유기음에 고르게 분포해 있다.

자음체계의 특징

이러한 자음체계는 국어의 모든 방언에 공통된다. 다만 /ㅅ/과 /ㅆ/이 변별되지 않는 지역이 경상방언에 존재한다. 대체로 낙동강을 경계로 하여 그 동부의 경남북 지역에 전설마찰음으로 /ㅆ/이 없고 /ㅅ/만 존재한다. 그래서 '살(피부)'과 '쌀(곡식)'을 모두 /살/로 발음한다.

자음체계의 방언 차이

단순모음 음소 10개가 이루는 체계, 즉 **단순모음체계**(또는 **모음체계** vowel system)는 다음과 같은 표로 나타낼 수 있다.

단순모음체계

혀의 앞뒤 위치	전설모음		후설모음	
입술모양 / 혀의 높이	평순모음	원순모음	평순모음	원순모음
고모음	ㅣ i	ㅟ y	ㅡ ɯ	ㅜ u
중모음	ㅔ e	ㅚ ø	ㅓ ʌ	ㅗ o
저모음	ㅐ ɛ		ㅏ a	

단순모음체계 구성의 근거와 후설모음

위의 모음체계는 §2.3.2.에서 본 모음 음성의 체계와 기본적으로 같지만 혀의 앞뒤 위치를 전설과 후설의 대립으로만 처리한 것이 중요한 차이이다. /ㅓ/의 두 변이음 [ə]와 [ʌ]가 대립하지 않으며 /ㅡ/를 중설모음 [ɨ]로 발음하거나 후설모음 [ɯ]로 발음하거나 상관이 없다는 것은 중설과 후설의 구분이 음운론적으로 의미가 없음을 뜻한다. 따라서 음성학적인 중설과 후설은 음운론적으로 **비전설(非前舌)**로 합칠 수 있는 것이다. 비전설은 편의상 후설이라 부를 수 있다. 음운론적인 후설은 음성학적인 중설과 후설을 합친 위치가 되는 셈이다.

단순모음체계 구성의 근거와 중모음

[ə]와 [ʌ]가 대립하지 않는다는 것은 또 비전설(후설)에서 반고모음과 반저모음의 구분이 음운론적으로 의미가 없음을 뜻한다. 혀의 높이가 고, 중, 저 세 단계면 충분한 것이다. 이러한 조정을 거친 것이 위의 모음체계이다.

단순모음체계의 방언 차이

위의 모음체계를 흔히 **10모음체계**라 부른다. 이것이 국어에서 모음 수가 가장 많은 최대 모음체계이다. 남한 지역 방언의 대표적인 모음체계는 이 10모음체계에서 /ㅟ/, /ㅚ/, /ㅐ/가 빠진 **7모음체계**이다. /ㅟ/와 /ㅚ/는 중부방언과 전라방언의 노년층에만 존재한다. /ㅐ/는 중부방언과 전라방언의 노년층과 북한 지역의 방언에 나타난다. 경상방언에서는 일부 지역을 제외하면 /ㅡ/와 /ㅓ/의 대립도 없어 국어에서 모음 수가 가장

적은 **6모음체계**가 사용된다. /ㅣ, ㅔ(E), ㅓ(ヨ), ㅏ, ㅜ, ㅗ/.

/ㅟ/의 음성분석과 음소분석

/ㅟ/는 음성학적으로 [ɥi]이지만 음운론적으로는 /wi/로 분석한다. /ㅟ/ 하나만을 위해 반모음 /ɥ/를 설정하는 것은 반모음체계나 이중모음체계를 구성할 때 비효율적이다. 또 [wi]와 [ɥi]를 들은 화자는 둘 다 /ㅟ/를 들은 것으로 생각한다. 국어 화자의 인식으로는 [ɥi]와 [wi]가 모두 /ㅟ/로 음소분석된다는 것이다. 그렇다면 /ㅟ/의 반모음을 /ɥ/보다 보편성이 큰 /w/로 분석하는 것이 합리적이다. 한편 프랑스어에서는 /ɥi/와 /wi/가 대립한다. lui /lɥi/, Louis /lwi/.

이중모음체계

반모음 음소 /j/, /w/, /ɰ/는 독립된 체계를 이루고 있기보다 이중모음체계 안에서 대립관계를 유지한다. **이중모음체계**는 다음과 같은 표로 나타낼 수 있다. (단순모음 /ㅟ, ㅚ/는 어떤 반모음과도 결합하지 못하고 이중모음을 형성하지 못하므로 생략한다.)

이중모음체계

구분			전설평순	후설평순	후설원순
상승	j계	고모음			ㅠ ju
		중모음	ㅖ je	ㅕ jʌ	ㅛ jo
		저모음	ㅒ jɛ	ㅑ ja	
	w계	고모음	ㅟ wi		
		중모음	ㅞ we	ㅝ wʌ	
		저모음	ㅙ wɛ	ㅘ wa	
	ɰ계	고모음	ㅢ ɰi		

이중모음체계의 빈칸

위의 이중모음체계에 /ji/, /jɯ/, /wɯ/, /wu/, /wo/, /ɰɯ/, /ɰu/의 자리가 비어 있다. 이러한 빈칸이 존재하는 이유는 다음과 같이 설명할 수 있을 것이다.

(1) 반모음 /j/가 가진 전설성과 고설성이 /i/에 이미 들어 있는 특성이므로 /j/와 /i/의 결합이 새로운 단위 /ji/를 만들기 어렵다.
(2) 반모음 /w/가 가진 원순성이 /u/, /o/에 이미 들어 있는 특성이므로 /w/와 /u/, /o/의 결합이 새로운 단위 /wu/, /wo/를 만들기 어렵다.
(3) /jɯ/, /wɯ/는 /ɯ/가 음운론적 강도(§8.1. 참조)가 가장 약한 모음이라서 반모음을 거느릴 만한 힘을 가지기 어렵다. 다만 /jɯ/는 일부 중부방언에서 장음을 수반하여 나타난다.
(4) 반모음 /ɰ/가 가진 후설성과 고설성이 /ɯ/, /u/에 이미 들어 있으므로 /ɰ/와 /ɯ/, /u/의 결합이 새로운 단위 /ɰɯ/, /ɰu/를 만들기 어렵다.

단순모음체계와 이중모음체계의 관계

단순모음체계가 다르면 그에 따라 이중모음체계도 달라진다. 예를 들어 [e]와 [ɛ]의 대립이 없는 방언에는 [je]와 [jɛ]의 대립, [we]와 [wɛ]의 대립도 없다. 그러한 방언에 대해서는 /ㅔ/와 /ㅐ/ 중에서 /ㅔ/만, /ㅖ/와 /ㅒ/ 중에서 /ㅖ/만, /ㅞ/와 /ㅙ/ 중에서 /ㅞ/만 인정한다.

참 고

음소의 개념과 음소분석의 방법은 학파와 학자에 따라 다르다. Hyman (1975) *Phonology* (고병암 역『음운론의 이론과 분석』)의 3장에서 주요 견해들을 참조할 수 있다. 엄격한 음소분석의 방법을 개발하려 했던 미국의 기술음운론의 분석방법에 대해서는 Sommerstein (1977) *Modern Phonology*의 §2.1.1.,

Lass (1984) *Phonology*의 2장을 참조.

중화는 유럽 구조언어학의 하나인 프라하학파(Praha學派)의 음운이론에서 생겨난 것이다. Lass (1984)의 3장 참조. 국어학계에서는 '낫, 낮, 낯' 등이 /낟/으로 실현되는 것을 한동안 종성 자음의 중화라고 기술해 왔다. 이에 대한 다른 견해는 배주채(1992) 「음절말 평폐쇄음화에 대하여」 참조. 본문에서는 후자를 따랐다.

국어의 음소분석 전반에 대해서는 허웅(1985) 『국어 음운학』의 2장 1절 참조.

이음론의 두 가지 기술방식에 대한 명칭은 저자 자신이 붙인 것이다. 국어의 이음론적 기술은 허웅(1985)의 2장 1절 (5)항 「음소의 대립과 그 변이음들」, 김차균(1986) 「현대 국어의 음소 체계와 변이음의 기술」, 이호영(1996) 『국어 음성학』, 신지영(2000/2014) 『말소리의 이해』 참조. 영어의 이음론을 다룬 Kreidler (1989) *The Pronunciation of English* (김숙희 역 『영어의 발음』)의 6장, Giegerich (1992) *English phonology*의 8장도 변이음의 이해에 도움이 된다.

음소체계에 대한 일반이론은 Lass (1984)의 7장 참조. 음소체계를 음운체계라고 부르기도 하는데 둘을 구별하는 관점에서는 음운체계를 더 넓은 뜻으로 쓴다.

국어의 자음체계에서 전설음 중 /ㅈ, ㅉ, ㅊ/을 경구개음, 나머지 /ㄷ, ㄸ, ㅌ, ㅅ, ㅆ, ㄴ, ㄹ/을 치조음으로 보고 경구개음과 치조음을 서로 다른 조음위치로 인정하는 견해가 일반적으로 받아들여지고 있다. 본문에서는 이 자음들을 음운론적으로 전설음으로 한데 묶는 배주채(1992)를 따라 서술했다. 또 본문에서 /ㅎ/을 평음으로 분류했지만 유기음으로 분류하는 견해도 있다.

국어의 자음체계와 모음체계에 대해서는 그 역사적 변화에 연구가 집중되어 왔다. 이에 대해서는 이승재(1990) 「자음체계 및 중화」, 김영진(1990) 「모음체계」, 정승철(1997) 「자음의 변화」, 한영균(1997) 「모음의 변화」를 참조. 한편 여러 방언의 모음체계에 대해서는 곽충구(2003) 「현대국어의 모음체계와 그 변화의 방향」, 배주채(2003/2013) 『한국어의 발음』의 2장 참조.

반모음 [ɰ]를 /ɰ/로 분석하는 문제는 배주채(2013)『한국어의 발음』의 2.2.2. 참조.

4 형태음소

4.1. 형태소

언어는 의미를 전달하기 위한 기호체계이다. 언어기호는 음성이라는 기호형식에 의미라는 기호내용이 결합하여 이루어진다. 그러한 최소의 언어기호를 **형태소**(形態素 morpheme)라 한다. '아침(朝)'이라는 의미와 /ac^{h}im/이라는 음성이 결합된 '아침'이라는 단어는 의미를 가진 언어기호들로 더 이상 분해할 수 없으므로 하나의 형태소이다. 선어말어미 '-으시-'도 '주체존대'라는 의미와 /si/ 또는 /ɯsi/라는 음성이 결합된 하나의 형태소이다. 남에게 말을 전달하고 남의 말을 이해하기 위해서는 형태소라는 기호로써 의미를 음성으로, 음성을 의미로 변환하는 과정을 거친다. 어떤 말이 형태소임를 표시할 때는 { }를 사용한다. 형태소 '아침'과 '-으시-'는 각각 {아침}, {-으시-}로 표기할 수 있다.

언어기호로서의 형태소

어떤 기호체계가 효율적으로 쓰이려면 기호형식과 기호내용이 일대일로 대응하는 것이 가장 좋다. 언어기호도 대체로 음성과 의미 사이의 일대일대응을 지키고 있다. 예를 들어 '아침'이라는 의미는 /ac^{h}im/이라는 음성으로

기호형식과 기호내용의 대응

만 표현되며 /acʰim/이라는 음성은 '아침'이라는 의미만 표현한다. 그러나 한 형태소가 두 가지 이상의 의미를 가지거나 두 가지 이상의 음성으로 표현되는 경우에는 일대일대응이 지켜지지 못한다. 특히 한 형태소가 두 가지 이상의 음성으로 표현되는 현상은 음성이 가지고 있는 속성 때문에 생기는 일이 많다. 그러한 일이 어떻게 일어나고 왜 일어나는가 하는 것을 음운론에서 다룰 필요가 있다.

4.2. 교체와 이형태

형태소의
음운론적 교체

한 형태소의 음성적 모양이 경우에 따라 다르게 나타나는 현상을 **형태소의 음운론적 교체**(phonological alternation) 또는 **형태음운론적 교체**(morphophonological alternation, morphonological alternation)라 한다. 예를 들어 {집}이라는 형태소는 /cip/으로만 실현되는 것이 아니라 다음과 같이 경우에 따라 여러가지 형태로 실현된다.

/cip/ : 우리 집이 /uricipi/
/cim/ : 우리 집만 /uricimman/
/c'ip/ : 앞집이 /apc'ipi/
/c'im/ : 앞집만 /apc'imman/

교체형과
이형태

이때 /cip/, /cim/, /c'ip/, /c'im/과 같은 **교체형**(交替形 alternant, alternate) 각각을 형태소 {집}의 **이형태**(異形態 allomorph)라 한다. 이형태는 특정한 형태소의 각 실현형이다. 특정한 형태소에 속해 있다는 점을 강조하지 않고 형태소의 실현형을 일반적으로 말할 때는 **형태**(形態

morph)라고 한다. 위의 예들에서 {집}의 네 이형태도 형태이고 /uri/, /cip/, /i/, /ap/, /man/ 등도 형태이다. 형태소를 그 음성적인 모양으로 써 표기할 때 { } 안에 이형태 중의 대표형(代表形) 하나만 써 넣는다. 어느 이형태를 대표형으로 잡느냐 하는 것은 임의적이다.

형태분석과 형태소분석

발화의 실현형(구체적으로는 음소표상)을 형태(morph)들로 분해하는 것을 **형태분석**(形態分析 morph analysis)이라 한다. 형태분석은 주어진 형태소의 실현형을 찾아내는 일이므로 당연히 **형태소분석**(形態素分析 morphemic analysis)보다 나중에 이루어진다. 형태분석이 음성 차원의 분석이라면 형태소분석은 의미와 문법 차원의 분석이다. 발화에 대해 형태소분석과 형태분석을 한 예를 들어 보면 다음과 같다(주격조사는 이형태 /이/와 /가/ 중 /이/를 대표형으로 잡아 {이}로 표기하기로 한다).

발화 : 비가 와서 잎이 졌다.

형태소분석 : {비} {이} {오-} {-어서} {잎} {이} {지-} {-었-} {-다}

음소표상 : /비가/ /와서/ /이피/ /전따/

형태분석 : /비-가/ /오-아서/ /잎-이/ /ㅈ-언-따/

4.3. 교체의 유형

조건교체와 무조건교체

교체에는 여러 유형이 있다. 우선 교체의 조건에 따라, 조건교체와 무조건교체로 나눌 수 있다. 각 이형태가 나타날 수 있는 환경이 다르면 **조건교체**(conditioned alternation) 또는 **조건변이**(conditioned variation)라 하고, 각 이형태가 같은 환경에서 자유로이 나타나면 **무조건교체**(unconditoned alternation) 또는 **자유교체** 또는 **자유변이**(free variation)라 한다.

조건교체의 예

주격조사는 /이/와 /가/ 두 가지 이형태가 서로 다른 환경에서 나타난다. 이 교체는 앞 음소가 자음이냐 모음이냐에 따라 이형태가 달리 나타나는 조건교체이다.

/이/ (자음 뒤) : /집-이/, /구름-이/, /강물-이/, /덤불숲-이/
/가/ (모음 뒤) : /소-가/, /참새-가/, /기차-가/, /컴퓨터-가/

무조건교체의 예

한편 '가지고 있다', '갖고 있다'에서처럼 /가지-/와 /갇-/은 둘 다 어미 {-고} 앞에 나타난다. 또 어떤 화자들은 /흐르-/와 /흘르-/를 어미 {-고} 앞에서 자유로이 바꿔 쓰기도 한다. 이러한 교체는 무조건교체이다.

/가지-/~/갇-/ ({-고} 앞) : /가지-고/, /갇-꼬/
/흐르-/~/흘르-/ ({-고} 앞) : /흐르-고/, /흘르-고/

빗금과 물결표의 용법

이형태를 나열할 때 그 사이에 빗금(/)이나 물결표(~)를 쓰는데 이 책에서는 둘의 용법을 구별하여 빗금을 조건교체일 때 쓰고 물결표를 무조건교체일 때 쓴다. /이/가/, /흐르-~흘르-/.

음운적 조건에 따른 교체

조건교체는 그 조건이 어떤 종류의 조건인가에 따라 더 나눌 수 있다. 특정한 음소부류와 같은 음운론적인 요소가 조건이 되면 **음운적**(또는 **음소적**) **조건에 따른 교체**(phonemically conditioned alternation, phonologically conditioned alternation)라 한다. 위에서 본 주격조사의 출현조건이 자음, 모음과 같은 음소부류로 기술되는 것이 그 예이다. 또다른 예로 종결어미 {-는다}가 동사에 붙을 때의 교체를 들 수 있다.

/-ㄴ다/ (모음 뒤) : /가-ㄴ다/, /내리-ㄴ다/, /바꾸-ㄴ다/, /흔드-ㄴ다/

/-는다/ (/ㄹ/ 이외의 자음 뒤) : /숨ː-는다/, /잉-는다/(읽는다),

/깨단-는다/(깨닫-는다)

/-른다/ (/ㄹ/ 뒤) : /훌-른다/(훑는다), /알-른다/(앓는다)

문법적 조건에 따른 교체

특정한 형태론적 단위, 품사, 문장성분, 문장구조, 문법기능과 같은 문법적 요소가 출현조건이 되면 **문법적 조건에 따른 교체**(grammatically conditioned alternation)라 한다. 예를 들어 지정사 {이-} 바로 뒤의 종결어미 {-는다}는 간접인용절에서 /-라/로 나타나고 그 밖의 환경에서는 /-다/로 나타난다. 간접인용절이냐 아니냐 하는 문장구조에 관한 조건에 따라 형태소 {-는다}가 /-라/와 /-다/로 교체한다.

/-라/ (간접인용절에서) : /집-이-라/(집이라 한다),

/집-이-라-고/(집이라고 한다)

/집-이-라-는/(집이라는 사실)

/-다/ (그 밖의 경우) : /집-이-다/(집이다)

어휘적 조건에 따른 교체

특정한 단어나 형태소가 조건이 되면 **어휘적 조건에 따른 교체**(lexically conditioned alternation)라 한다. 충청방언에 나타나는 {밭}과 같은 단어의 교체가 좋은 예이다. {밭}은 모음조사 앞에서 /밭/ 또는 /밧/으로 나타난다. 그 모음조사가 처격조사이면 /밭/으로, 나머지 조사이면 /밧/으로 나타난다. 처격조사와 주격조사의 형태가 똑같이 /이/이지만 그 앞에 연결되는 형태소 {밭}은 각각 /밭/과 /밧/으로 달리 나타난다. 처격조사라는 특정한 형태소가 이형태 /밭/이 출현하는 조건으로 작용하고 있는 것이다.

/밭/ (처격조사 앞) : /밭-이/(밭에) ※발음은 /바티/
/밧/ (다른 모음조사 앞) : /밧-이/(밭이), /밧-을/(밭을),
/밧-은/(밭은), /밧-으로/(밭으로)

무조건교체와 화용적 조건에 따른 교체

무조건교체는 **화용적 조건에 따른 교체**(pragmatically conditioned alternation)로 볼 수 있는 경우가 많다. 앞뒤에 놓인 언어적 요소에 따라 교체가 일어나는 것이 아니라 발화상황이나 화자의 태도, 말투 등 화용적 요소에 따라 교체가 일어나기 때문이다. 위에서 본 /가지-/와 /간-/의 교체는 격식적인 말투에서는 /가지고/가, 비격식적인 말투에서는 /간꼬/가 잘 쓰이므로 화용적 조건에 따른 교체라 할 수 있을 것이다.

자동적 교체와 비자동적 교체

교체의 동기에 따라 교체를 **자동적 교체**(自動的 交替 automatic alternation)와 **비자동적 교체**(非自動的 交替 non-automatic alternation)로 나눌 수 있다. **음소배열제약**(音素配列制約 phonotactic constraint, §5.3. 참조)을 어기지 않기 위해 일어나면 자동적 교체라 하고 음소배열제약과 관련없이 일어나면 비자동적 교체라 한다. {집}의 교체형 중에서 조사 /만/ 앞에 나타나는 /짐/은 /집/으로 나타나면 */집만/('*'는 틀린 형태임을 표시한다)과 같이 발음할 수 없는 형태가 된다. 즉 /짐/은 /ㅁ/ 앞에 폐쇄음이 올 수 없다는 음소배열제약을 어기지 않기 위해 생긴 교체형이다. 따라서 /집/과 /짐/의 교체는 자동적 교체이다. 그러나 주격조사 /이/와 /가/의 교체는 /구름-가/, /암소-이/가 발음가능한 데서 알 수 있는 것처럼 /이/나 /가/가 음소배열제약을 어기지 않기 위해 생긴 것이 아니므로 비자동적 교체이다.

자동적 교체와 비자동적 교체가 함께 나타나는 경우

같은 형태소의 교체가 경우에 따라 자동적 교체이기도 하고 비자동적 교체이기도 한 것이 있다. 어미 {-고}의 교체가 그러한 예이다. 폐쇄음 뒤에서 교체형 /-고/ 대신 /-꼬/가 나타나는 것은 음소배열제약을 어기지 않기 위해서이므로 자동적 교체이다(*/잡고/, */깨닫고/, */막고/). 비음 뒤에서 교체형 /-고/ 대신 /-꼬/가 나타나는 것은 /신ː고/, /다듬고/가 발음이 불가능해서가 아니므로 비자동적 교체이다.

/-고/ (모음이나 /ㄹ/ 뒤) : /가-고/, /시들-고/
/-꼬/ (폐쇄음 뒤) : /잡-꼬/, /깨닫-꼬/, /막-꼬/
(비음 뒤) : /신ː-꼬/, /다듬-꼬/

규칙적 교체와 불규칙적 교체

교체는 같은 방식으로 교체하는 형태소부류의 정의 가능성에 따라 종류를 나눌 수 있다. 같은 방식으로 교체하는 형태소부류를 음운론적으로나 문법적으로 정의할 수 있으면 **규칙적 교체**(規則的 交替 regular alternation)이고 정의할 수 없으면 **불규칙적 교체**(不規則的 交替 irregular alternation)이다. 이를 바꿔 말하면 각 형태소에 대해 특정한 교체가 일어나는지를 음운론적으로나 문법적으로 예측할 수 있으면 그 교체는 규칙적 교체이고 예측할 수 없으면 불규칙적 교체이다.

규칙적 교체의 예

어미 {-고}의 교체는 평음과 경음의 교체인데 이런 방식의 교체는 어미 {-게}, {-지}, {-도록}에도 똑같이 나타난다(/가-게/, /잡-께/, /신ː-께/, /가-지/, /잡-찌/, /신ː-찌/, /가-도록/, /잡-또록/, /신ː-또록/). 그런데 이런 방식으로 교체하는 형태소부류 {-고}, {-게}, {-지}, {-도록} 등은 '평음으로 시작하는 어미'로 정의할 수 있다. 또 어미 {-자}는 평음으로 시작하는 어미이므로 역시 이들과 같은 방식으로 교체한다는 것을 예측할 수 있다. 따라서 이들 어미의 교체는 규칙적 교체이다.

불규칙적 교체의 예

한편 동사 {듣-}(소리를 듣다)이 /듣-/과 /들-/로 교체한다는 것을 (/듣-꼬/, /들-어/) 음운론적으로나 문법적으로 예측할 수 있는 방법은 없다. 다시 말하면 말음이 이처럼 /ㄷ/과 /ㄹ/로 교체하는 형태소부류, 즉 {묻-}(길을 묻다), {싣-}, {걷-}(걸음을 걷다), {깨닫-}, {일컫-} 등을 음운론적으로나 문법적으로 정의할 수 없다. 이들 형태소가 같은 방식으로 교체하는 것은 순전히 우연이라는 것이다. 따라서 이 교체는 불규칙적 교체이다. **불규칙용언**(不規則用言) 또는 **변칙용언**(變則用言)이라고 부르는 형태소들의 교체가 모두 불규칙적 교체이다.

교체의 유형 종합

이상에서 본 교체의 유형을 정리하면 다음과 같다.

교체의 유형

분류의 기준	유형		예
교체의 조건	무조건 교체		{가지-} : /가지-~갇-/ {흐르-} : /흐르-~흘르-/
	조건 교체	음운적 조건	주격조사 {이} : /이/가/ 종결어미 {-는다}가 동사에 붙을 때 : /-ㄴ다/-는다/-른다/
		문법적 조건	종결어미 {-는다}가 지정사 {이-} 뒤에 바로 붙을 때 : /-라/-다/
		어휘적 조건	충청방언 {밭}이 모음조사 앞에 쓰일 때 : /밭/밧/
		화용적 조건	{가지-} : /가지-~갇-/ {흐르-} : /흐르-~흘르-/
교체의 동기	자동적 교체		{집} : /집/짐/ 어미 {-고} : /-고/-꼬/ (폐쇄음 뒤에서 /-꼬/로 나타나는 경우)
	비자동적 교체		주격조사 {이} : /이/가/ 어미 {-고} : /-고/-꼬/ (비음 뒤에서 /-꼬/로 나타나는 경우)
형태소부류의 정의 가능성	규칙적 교체		어미 {-고} : /-고/-꼬/
	불규칙적 교체		{듣-} : /듣-/들-/

4.4. 교체의 기술

형태소의 음운론적 교체의 기술방식에는 나열식 기술, 대치식 기술, 생성식 기술이 있다. **나열식 기술**(羅列式 記述)은 형태소마다 이형태를 나열하고 각 이형태의 출현조건을 한꺼번에 기술하는 방식이다. 예를 들어 /집/짐/과 같은 말음 /ㅂ/과 /ㅁ/의 교체는 다음과 같이 기술할 수 있다. 형태소 {집}은 음운론적인 모양을 (1)과 같이 표시한다. 그리고 이형태의 출현조건을 (2)와 같은 공식으로 한꺼번에 표시한다. X는 임의의 분절음 또는 분절음연쇄이다. (공식의 형식은 §9.1. 참조.)

나열식 기술

(1) /지 $\left\{ \begin{matrix} ㅁ \\ ㅂ \end{matrix} \right\}$ /　　또는　　/지{ㅁ/ㅂ}/

(2) /X $\left\{ \begin{matrix} ㅁ \\ ㅂ \end{matrix} \right\}$ / → $\left\{ \begin{matrix} \text{/Xㅁ/ (비음 앞)} \\ \text{/Xㅂ/ (그 밖의 경우)} \end{matrix} \right.$

(말음이 /ㅁ/과 /ㅂ/으로 교체한다고 표시된 형태소들은 비음 앞에서 말음이 /ㅁ/인 이형태로, 그 밖의 경우에는 /ㅂ/인 이형태로 실현된다.)

나열식 기술은 왜 교체가 일어나는지 전혀 설명하지 않는다. 위의 공식에 나타난 규칙성은 우연한 사실로 처리하게 된다. 이러한 태도는 바람직하지 않다.

나열식 기술의 한계

대치식 기술(代置式 記述)은 기본형을 이용한다. **기본형**(基本形 base form)은 **기본이형태**(基本異形態 basic allomorph)의 준말로 생각할 수 있다. 이형태 중에서 하나를 기본형으로 잡고 기본형이 아닌 이형태는 기본형이 특정한 환경에서 바뀐 것으로 설명한다. 따라서 이 변화를 설명하기 쉽도록 기본형을 정해야 한다. 교체가 없어 이형태를 하나만 가진 형

대치식 기술

태소는 그 이형태가 기본형이 된다.

대치식 기술의 예

이형태 /집/과 /짐/이 있을 때 /집/→/짐/이 설명하기 쉽다. 비음 앞에서 /ㅂ/이 /ㅁ/으로 바뀌는 것은 비음 앞에 폐쇄음이 올 수 없다는 **자음 연결제약**(§5.3. 참조)에 의한 것으로서 예외가 없으며 다른 곳에서도 흔히 발견되는 변화이기 때문이다. 반면에 /짐/→/집/은 설명하기가 곤란하다. /ㅁ/이 비음이 아닌 소리 앞에서 왜 /ㅂ/으로 바뀌는 동기를 찾기 어렵고 {잠}의 이형태 /잠/과 같은 것은 결코 /잡/으로 바뀌지 않기 때문이다. 따라서 /집/과 /짐/ 중에서 /집/을 기본형으로 잡는 것이 옳다. 이제 /집/과 /짐/의 교체는 다음과 같이 기술된다.

(1) {집}의 기본형 : /집/

(2) /ㅂ/→/ㅁ/ (비음 앞)

(음소 /ㅂ/은 비음 앞에서 음소 /ㅁ/으로 바뀐다.)

이론기본형

기본형이 이형태 중의 하나가 아닌 경우도 있다. 동사 {앓-}은 교체가 없는 형태소이다. /알-코, 알-치, 알-터라, 알-른다, 알-아, 알-으면/ 등에서 보듯이 형태가 항상 /알-/인 것이다. 그러나 기본형을 /알-/로 잡으면 /알-코, 알-치, 알-터라/에서 어미의 교체를 설명하기 어렵다. 기본형을 /앓-/로 잡아야 어미 /-코, -치, -터라/의 두음이 유기음인 사실을 쉽게 설명할 수 있다. '앓-아→아라', '앓-으면→아르면' 등에서의 ㅎ탈락은 '실험→시럼', '서늘하다→서느라다' 등과 비슷한 현상으로 처리할 수 있다. 기본형 /앓-/과 같이 어느 이형태와도 일치하지 않는 기본형을 **이론기본형**(理論基本形 theoretical base form)이라 한다. 이론기본형을 기본형으로 잡으면 기본형과 기본이형태는 같지 않게 된다.

비자동적 교체에서

기본형 정하기

비자동적 교체에서는 기본형을 정하는 일이 쉽지 않다. 주격조사의 이형태 /이/와 /가/ 중에서 어느것을 기본형으로 잡아도 다른 이형태를 설명할 수가 없다. 만약 /이/를 기본형으로 잡는다면 모음 뒤에서 /이/가 왜 /가/로 바뀌는지 설명할 수 없다. /가/를 기본형으로 잡아도 마찬가지다. 이런 경우에는 아무쪽이나 임의로 기본형을 정하는 것이 보통이다. 흔히 /이/를 기본형으로 정해 둔다. 주격조사의 교체는 다음 규칙으로 기술된다.

/이/→/가/ (모음 뒤)

(모음 뒤에서 기본형 /이/가 /가/로 바뀐다.)

생성식 기술

생성식 기술(生成式 記述)은 대치식 기술을 음운론적으로 다듬은 것이다. 기본형 대신 **기저형**(基底形 underlying form)을 설정하여 교체를 설명한다. 이형태들을 음운론적으로 도출(생성)해 낼 수 있는 형태를 기저형으로 정한다. 기저형은 이형태와 일치하지 않아도 좋다. 즉 이론기본형과 같은 것이 기저형으로 정해질 수도 있다. 또 기저형에서 이형태들이 도출되는 과정을 음운론적으로 설명할 수 있도록 해야 하기 때문에 /이/→/가/와 같은 기술은 허용되지 않는다. 따라서 이형태의 도출을 음운론적으로 기술할 수 없는 경우에는 기저형을 둘 이상 설정해야 한다. 기본형은 반드시 하나여야 하는 점에서 기저형과 다르다(위에서 주격조사의 기본형을 /이/ 하나로 잡았다). 이제 /집/과 /짐/의 교체는 다음과 같이 기술된다.

(1) {집}의 기저형 : //집//

(2) //ㅂ// → /ㅁ/ (비음 앞)

(기저의 //ㅂ//은 비음 앞에서 /ㅁ/으로 실현된다.)

대치식 기술과 생성식 기술의 차이

생성식 기술이 대치식 기술과 표기상 다른 점은 기저형의 표기에 // //와 같은 괄호를 사용한 점이다. 그리고 기저형이 이형태와 전혀 다른 층위에 존재하는 것으로 보는 것도 큰 차이다. 기저형이 존재하는 층위를 **기저**(基底)라 하고 이형태가 존재하는 층위를 **표면**(表面)이라 한다. 대치식 기술과 생성식 기술을 도식으로 비교하면 다음과 같다. 이 책에서는 음운론적으로 정밀화된 생성식 기술을 따른다.

대치식 기술		생성식 기술
/집/ → /짐/	표면층위	/집/ /짐/
		↖ ↗
(없음)	기저층위	//집//

4.5. 기저형

기저형과 표면형

기저형이란 이형태의 교체를 설명하기 위해 가정한 형태(form)이므로 실제로 발화에 나타나는 형태는 아니다. 실제로 발화에 나타난 형태는 **표면형**(表面形 surface form)이라 하는데 이형태도 표면형의 하나이다. 형태소의 표면형을 특별히 형태(morph) 또는 이형태라 하는 것이다.

음소전사와 음성전사, 음소표상과 음성표상

표면형은 **음소전사**(音素轉寫 phonemic transcription)할 수도 있고 **음성전사**(音聲轉寫 phonetic transcription)할 수도 있다. '먹었니'의 표면형을 음소전사한 **음소표상**(音素表象 phonemic representation)은 /머

건니/와 같고, 음성전사한 **음성표상**(音聲表象 phonetic representation)은 [mʌgənɲi]와 같다.

형태음소와 표면음소

기저형을 구성하는 분절음을 **형태음소**(形態音素 morphophoneme, morphoneme) 또는 **기저음소**(基底音素 underlying phoneme)라 한다. 기저형 ∥먹-∥을 구성하는 ∥ㅁ∥, ∥ㅓ∥, ∥ㄱ∥과 같은 것들이 형태음소이다. 이들은 음소전사된 표면형을 구성하는 분절음인 음소와 구별된다. 형태음소와의 차이를 강조하기 위해 음소를 **표면음소**(表面音素 surface phoneme)라 부르는 일도 있다.

형태소와 기저형의 구별

형태소와 기저형은 명확히 구별해야 한다. 형태소는 문법적 단위이고 기저형은 음운적 단위이다. 기저형은 형태소가 가진 음운론적인 정보이다. 형태소를 음성과 의미를 가진 최소의 언어기호로 정의할 때 형태소가 가진 음성이라는 것이 바로 기저형이다. **어휘부**(語彙部 lexicon, 언어학적인 의미의 사전)에 형태소마다 음운론적인 정보가 기저형이라는 형태로 들어 있다고 할 수 있다. 형태소는 음운론적인 단위가 아니므로 형태소를 표기할 때 { } 속에 적는 대표형이 꼭 기저형이나 기본형과 같은 음운론적인 형태일 필요는 없다. 형태소가 가진 의미를 이용해 표기할 수도 있고 다른 임의의 기호를 써서 표기할 수도 있다. 예를 들어 형태소 {집}은 그 의미를 나타내는 한자를 이용하여 {家}로 표기할 수도 있다. 또 국어의 형태소목록에 들어 있는 97번째 형태소가 '집'이라면 {97}과 같이 표기하는 것도 가능하다.

기저형 설정의 첫째 조건

기저형을 설정할 때 몇 가지 점을 주의해야 한다. 첫째, 형태소의 교체 없는 부분은 기저형과 표면형이 같아야 한다. {믿-}의 이형태 /믿-/(믿-꼬)과 /민-/(민-는)을 가지고 기저형을 설정할 때 교체하지 않는 /미/ 부분은 기저형에서도 똑같이 ∥미∥로 잡아야 한다.

기저형 설정의 둘째 조건

둘째, 다른 형태소와 공시적으로 결합할 수 있는 형태소에 대해서만 기저형을 설정할 수 있다. 예를 들어 '앞집이'라는 어절에서 {앞}, {집}, {이} 셋이 모두 다른 형태소와 자유롭게 결합할 수 있는 형태소이다. 따라서 이 셋에 대해서 기저형을 설정할 수 있다.

명사화접미사 '-이'의 비생산성

흔히 동사 '놀-'에 접미사 '-이'가 결합한 파생어로 분석하는 명사 '놀이'는 공시적으로 '놀-'과 '-이'의 결합으로 만들어진 단어가 아니다. 동사에 붙어 명사를 만드는 접미사 '-이'는 **생산성**(生産性)을 가지지 못한다. 즉 '-이'가 동사에 붙는다고 해도 '쏘-이, 만들-이, 낚-이, 맡-이'와 같이 다양한 동사에 두루 붙어 명사를 만들어내는 능력은 없다. '놀이'는 '-이'가 생산성을 가지고 있던 시기에 만들어져 굳어진 단어를 이어받아 쓰는 것이지, 현대국어 화자가 어휘부에 들어 있는 '놀-'과 '-이'를 꺼내서 만드는 단어는 아닌 것이다. 따라서 '놀이' 전체가 결합 단위로서의 형태소이다. 형태소 '놀이'는 다양한 단어와 결합하여 새 단어를 만들어 낼 수 있다(단풍-놀이, 말-놀이, 물-놀이, 불꽃-놀이, 사물-놀이, 소꿉-놀이, 윷-놀이, 카드-놀이, 놀이-공원, 놀이-방, 놀이-터). 그러므로 '놀이'의 기저형은 //놀-이//가 아닌 //노리//로 설정해야 한다.

피사동접미사 '-이-'의 비생산성

피동접미사 '-이-'와 사동접미사 '-이-'도 결합 단위로서의 형태소로 보기 어렵다. '팔-'에 대한 피동사 '팔리-'는 가능하지만 '알-'에 대한 피동사 '알리-'는 불가능하다('알리-'는 사동사로만 쓰인다). '(힘으로) 누르-'에 대한 피동사 '눌리-'는 가능하지만 '(물건을) 고르-'에 대한 피동사 '골리-'는 불가능하다. 또 '(일을) 맡-'에 대한 사동사 '맡기-'는 가능하지만 '(냄새를) 맡-'에 대한 사동사 '맡기-'는 불가능하다. 형용사 '좁-'에 대한 사동사 '좁히-'는 가능하지만 '작-'에 대한 사동사 '작히-'는 불가능하다. 따라서 피동접미사 '-이-'와 사동접미사 '-이-'가 생산성을 가지고 있던 시기에 만들어진 피동사와 사동사들이 그 자체로 형태소로 굳어져 지금도 쓰이고 있다고 보아야 할 것이다.

기저형 설정의 셋째 조건

셋째, 기저형에서 표면형을 도출하는 과정이 음운론적으로 자연스럽고 규칙화할 수 있어야 한다. 예를 들어 /집, 찝, 짐, 찜/과 같은 네 가지 표면형을 가지는 {집}에 대해 기저형을 //집//으로 설정할 수 있다. 기저형을 //집//으로 잡으면 폐쇄음 뒤에서 /ㅈ/이 /ㅉ/으로 경음화하는 규칙적인 음운현상에 의거해 /찝, 찜/의 두음 /ㅉ/을 설명할 수 있고, 비음 앞에서 /ㅂ/이 /ㅁ/으로 비음화하는 규칙적인 음운현상에 의거해 /짐, 찜/의 말음 /ㅁ/을 설명할 수 있다. 반면에 /-ㄴ다, -는다, -른다/와 같은 표면형들을 가지는 어미 {-는다}에 대해 기저형을 //-ㄴ다// 또는 //-는다// 하나로 잡으면 표면형을 도출할 수 없는 경우가 생긴다. //-ㄴ다//로 잡으면 자음 뒤에서 /느/, /르/를 첨가시켜 /-는다/, /-른다/를 도출해야 하고 //-는다//로 잡으면 모음 뒤에서 /느/를 탈락시켜 /-ㄴ다/를 도출해야 한다. 그러나 그러한 음운과정들은 자연스럽지도 않고 규칙적이지도 않다. 한편 /ㄹ/ 뒤에 나타나는 이형태 /-른다/는 /ㄹ/ 뒤에서 /ㄴ/이 /ㄹ/로 바뀌는 것이 규칙적인 현상(유음화)이므로 기저형 //-는다//에서 도출할 수 있다. 따라서 기저형을 모음 뒤에서 //-ㄴ다//로, 자음 뒤에서 //-는다//로 설정해야 한다.

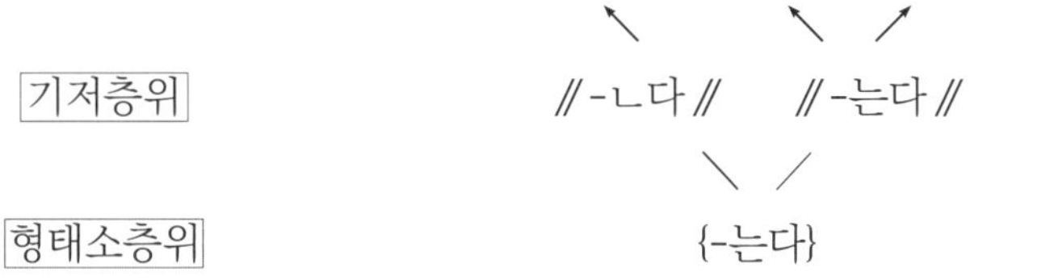

표면층위	/-ㄴ다/	/-는다/	/-른다/
	↖	↖	↗
기저층위	//-ㄴ다//	//-는다//	
	＼	／	
형태소층위	{-는다}		

추상음소

표면형을 도출하는 과정이 음운론적으로 부자연스러울 때 그 기저형을 추상적인(abstract) 기저형이라 한다. 위의 예에서 기저형을 //-ㄴ다// 나 //-는다// 중의 하나로 잡았다면 그것은 추상적인 기저형이라 할 것이다. 또 **추상분절음**(抽象分節音 abstract segment) 또는 **추상음소**(抽象音素 abstract phoneme)를 형태음소로 설정하는 경우에는 기저형이 추상적일 수밖에 없다. 추상분절음은 음소목록에 없는 분절음이다. 예를 들어 {무겁-}의 교체 /무겁-꼬, 무거우-니, 무거w-어/를 설명하기 위해 음소목록에 없는 'ㅸ'을 이용하여 추상적인 기저형 //무-겋//을 설정한다면 'ㅸ→ㅂ', 'ㅸ→ㅜ'와 같은 추상적인 음운과정을 설정해야 하므로 바람직하지 않다.

단일기저형과 다중기저형

형태소와 기저형의 관계에 따라 기저형의 종류를 나눌 수 있다. 형태소와 일대일로 대응하는 기저형을 **단일기저형**(單一基底形 또는 **단수기저형** 單數基底形 unique underlying form)이라 한다. //집//, //무척//, //무지개//, //가-//, //기다리-//와 조사 //도// 등 대부분의 기저형이 단일기저형이다. 어떤 형태소는 기저형을 둘 이상 가지고 있다. 주격조사 //이/가//나 평서형어미 //-는다/-ㄴ다//가 그 예이다. 이것을 **다중기저형**(多重基底形 또는 **복수기저형** 複數基底形 multiple underlying form)이라 한다. 또 충청방언의 {밭}의 교체 /바시(주격형), 바슬, 바티(처격형), 받또, 반만/을 설명하기 위해서는 다중기저형 //밧/밭//을 설정할 수밖에 없다. 그 밖에 {무겁-}과 같은 **불규칙용언**이 다중기저형을 가진 대표적인 예이다.

화합기저형

둘 이상의 형태소가 음운론적으로 분석되지 않는 하나의 형태로 녹아 붙은 경우에는 **화합기저형**(化合基底形 portmanteau underlying form)을 설정하게 된다. 중세국어의 선어말어미 {-더-}와 {-오-}가 연결되면 항상 /-다-/로 나타나는데 두 형태소에 대해 각각 설정된 기저형을 결합하여 음운론적으로 이 표면형 /-다-/를 도출하는 것은 부자연스럽다. {-더-+-오-}가 화합기저형 //-다-//를 가지고 있다고 해야 할 것이다.

4.6. 형태음운론

음운론의 하위분야

음운론은 **순수음운론**(純粹音韻論 pure phonology)과 **형태음운론**(形態音韻論 morphophonology, morphonology)으로 구성되어 있다. 순수음운론은 음소와 변이음의 관계를 다루는 **이음론**(allophonics), 음소의 계열관계를 다루는 **음소체계론**, 음소의 통합관계를 다루는 **음소배열론**(phonotactics)으로 나눌 수 있고, 형태음운론은 **단어음운론**(word phonology)과 **발화음운론**(utterance phonology)으로 나눌 수 있다. 단어음운론은 각 형태소가 모여 **음운론적 단어** 또는 **어절**(語節)를 형성하는 과정을 다루고, 발화음운론은 어절이 모여 **발화**(發話 utterance)를 형성하는 과정을 다룬다.

음운론의 하위분야

음운론	
순수음운론	형태음운론
이음론, 음소체계론, 음소배열론	단어음운론, 발화음운론

형태소층위에서 발화층위에 이르는 과정

형태음운론과 순수음운론은 화자가 발음을 하는 과정의 각 단계를 맡아서 기술한다. 형태소층위로부터 발화층위에 이르는 과정을 예시하면 다음과 같다.

발화 "비가 와서 잎이 졌다."의 도출과정

형태소층위 : {비} {이} {오-} {-어서} {잎} {이} {지-} {-었-} {-는다}
기저표상 : //비// //가// //오-// //-어서// //잎// //이// //지-// //-었-// //-다//
↓ 단어음운론
어절의 음소표상 : /비가/ /와서/ /이피/ /젇따/
↓ 발화음운론
발화의 음소표상 : /비가와서#이피젇따/
↓ 순수음운론
발화의 음성표상 : [piɤawasə#ipʰiʤʌt˺t'a]

단어음운론의 내용

단어음운론에서는 **곡용**(曲用 declension), **활용**(活用 conjugation), **조어**(造語 또는 **단어형성** 單語形成 word-formation)와 같은 형태론적 과정에 나타나는 음운현상을 주로 다루게 된다. 곡용과 활용의 음운론적 양상에 대해 간단히 살펴본다.

곡용, 곡용형

곡용은 **체언**(體言)이 **단독형**(單獨形)으로, 또는 그 뒤에 조사(助詞)가 붙어 어절을 형성하는 형태론적 과정이다. 체언에 조사가 붙은 형태와 체언의 단독형을 **곡용형**(曲用形)이라 한다.

명사 {앞}의 곡용

명사	조사	곡용형
{앞}	-	앞 /압/ (단독형)
{앞}	{이}	앞이 /아피/
{앞}	{도}	앞도 /압또/
{앞}	{만}	앞만 /암만/
{앞}	{에}+{은}	앞에는 /아페는/
……	……	……

체언의 음운론적 분류

체언은 자음으로 끝난 **자음체언**과 모음으로 끝난 **모음체언**으로 나눌 수 있다. 자음체언과 모음체언에 붙는 조사의 형태가 서로 다른 경우가 많다.

조사의 음운론적 분류

조사 가운데 단일기저형을 가진 것들은 자음으로 시작하는 **자음조사**와 모음으로 시작하는 **모음조사**로 나눌 수 있다. 한편 다음 조사들은 다중기저형을 가지고 있다. 이들은 대부분 자음으로 시작하는 기저형과 모음으로 시작하는 기저형을 모두 가지고 있다. 자음 뒤에 모음기저형이 나타나고 모음 뒤에 자음기저형이 나타나는 것이 보통이다.

자음 뒤/모음 뒤

주격조사 {이} //이/가// : 말이/소가

호격조사 {아} //아/야// : 말아/소야

부사격조사 {과} //과/와// : 말과/소와

목적격조사 {을} //을/를~ㄹ// : 말을/소를~솔

보조사(한정) {은} //은/는~ㄴ// : 말은/소는~손

보조사(선택) {이나} //이나/나// : 말이나/소나

/ㄹ/ 이외의 자음 뒤/ /ㄹ/이나 모음 뒤

부사격조사 {으로} //으로/로// : 손으로/발로, 코로

활용, 활용형, 활용계열

활용은 **용언**(用言) 뒤에 **어미**(語尾)가 붙어 어절을 형성하는 형태론적 과정이다. 용언에 어미가 붙은 형태를 **활용형**(活用形)이라 한다. 한 용언의 활용형들의 집합을 **활용계열**(活用系列 conjugational paradigm)이라 한다. 다음 예에서 '믿고, 믿는, 믿으면……'을 모두 합친 것이 동사 {믿-}의 활용계열이다.

동사 {믿-}의 활용

동사	어미	활용형
{믿-}	{-고}	믿고 /믿꼬/
{믿-}	{-는}	믿는 /민는/
{믿-}	{-으면}	믿으면 /미드면/
{믿-}	{-어}	믿어 /미더/
{믿-}	{-으시-}+{-으면}	믿으시면 /미드시면/
{믿-}	{-으시-}+{-었-}+{-으면}	믿으셨으면 /미드셔쓰면/
……	……	……

용언의 음운론적 분류

용언 가운데 단일기저형을 가진 것은 대부분 **규칙용언**(規則用言)이고, 다중기저형을 가진 것은 대부분 **불규칙용언**(不規則用言)이다. 규칙용언은 자음으로 끝난 **자음용언**과 모음으로 끝난 **모음용언**으로 나눌 수 있다.

불규칙용언

불규칙용언은 여러 유형으로 나누어진다. ㅂ불규칙, ㅅ불규칙, ㄷ불규칙, 르불규칙, ㅜ불규칙, ㅏ불규칙, ㅓ불규칙, ㅎ불규칙, ㅣ불규칙의 용언들이 그 예이다. 몇 예를 들면 다음과 같다.

(1) ㅂ불규칙용언

//무겁-// (자음어미 앞) : 무겁-고→무겁꼬

//무거우-// (그 밖) : 무거우-으면→무거우면, 무거우-어→무거워

(2) 르불규칙용언

//흘르-// (모음어미 앞) : 흘르-어→흘러

//흐르-// (그 밖) : 흐르-고→흐르고, 흐르-으면→흐르면

(3) ㅏ불규칙용언

//해-// (모음어미 앞) : 해 -어→해

//하-// (그 밖) : 하-고→하고, 하-으면→하면

(4) ㅎ불규칙용언

//노랗-// (자음어미 앞) : 노랗-고→노라코

//노라-// (매개모음어미 앞) : 노라-으면→노라면

//노래-// (모음어미 앞) : 노래-어→노래

어미의 음운론적 분류

어미에는 자음으로 시작하는 자음어미, 모음 //ㅓ//로 시작하는 모음어미, 모음 //ㅡ//로 시작하는 매개모음어미가 있다.

자음어미

자음어미는 첫자음의 종류에 따라 ㄱ어미(-겠-, -고, -게, -기), ㄷ어미(-도록, -든지), ㅈ어미(-지, -자), ㄴ어미(-네) 등으로 나눌 수 있다. 자음어미 중에는 다중기저형을 가진 어미도 있다. 기저형이 //-슴니다/-ㅁ니다//인 종결어미 {-습니다}가 그 예이다. {-습디다} //-습띠다/-ㅂ띠다//, {-소} //-소/-오//도 이와 마찬가지의 교체조건을 가지고 있다.

//-슴니다// (/ㄹ/ 이외의 자음 뒤) : 신ː-, 믿-, 읽-

//-ㅁ니다// (/ㄹ/이나 모음 뒤) : 가-, 내리-, 바꾸-, 들-, 기울-

모음어미

모음어미는 모두 두음이 //ㅓ//인 단일기저형을 가진다. 모음어미에는 '-어, -어도, -어서, -어야, -었-' 등이 있다. 두음 //ㅓ//는 **모음조화**에 따라 /ㅏ/로 바뀌기도 하고(§8.3.1.의 ① 참조), 다른 모음 뒤에서 탈락하기도 한다(§8.3.2.의 ⑨ 참조).

좁-어→조바 집-어→지버 가-어→가아→가 서-어→서 크-어→커

매개모음어미

매개모음어미는 모두 두음이 //ㅡ//인 단일기저형을 가진다. 이 //ㅡ//

를 전통적으로 매개모음이라 불러 왔다. 매개모음어미에는 선어말어미 '-으리-, -으시-, -으옵-', 어말어미 '-으나, -으니(까), -으마, -으며, -으면, -으므로, -으라, -으러, -으려, -으소서, -으오, -은, -은데, -을, -을까, -을망정, -을수록, -음, -음세, -읍시다' 등이 있다. 두음 //ㅡ//는 모음이나 /ㄹ/ 뒤에서 탈락한다(§8.3.2.의 ⑧ㅡ탈락 참조).

가-으면→가면 들-으면→들면 믿-으면→미드면

가-을→갈 들-을→들 믿-을→미들

가-음→감 들-음→듬(맞춤법에 따른 표기는 '듦') 믿-음→미듬

다중기저형 용언과 다중기저형 어미의 연결 양상

다중기저형 용언과 다중기저형 어미가 연결되면 용언의 기저형이 먼저 선택되고 나서 어미의 기저형이 선택된다.

{무겁-}+{-습니다} →/무겁씁니다/의 도출

//무겁-//	(자음어미 앞)	} + {	//-습니다//	(/ㄹ/ 이외의 자음 뒤)
//무거우-//	(그 밖)		//-ㅂ니다//	(/ㄹ/이나 모음 뒤)

⇓

//무겁-// (자음어미 앞) + //-습니다// (/ㄹ/ 이외의 자음 뒤)

⇓

/무겁씁니다/

종결어미 {-습니다}가 자음어미이므로 용언의 기저형은 //무겁-//이 선택된다. 그 다음에 //무겁-//이 /ㄹ/ 이외의 자음으로 끝나므로 어미의 기저형은 //-습니다//가 선택된다.

{흐르-}+{-는다}→/흐른다/의 도출

//흘르-//	(모음어미 앞)	} + {	//-는다//	(/ㄹ/ 이외의 자음 뒤)
//흐르-//	(그 밖)		//-ㄴ다//	(/ㄹ/이나 모음 뒤)
		⇓		
//흐르-//	(그 밖)	+	//-ㄴ다//	(/ㄹ/이나 모음 뒤)
		⇓		
		/흐른다/		

어미 {-는다}가 동사 뒤에 바로 붙는 경우의 기저형은 //-는다/-ㄴ다//이다. {-는다}는 모음어미가 아니므로 용언의 기저형 두 가지 가운데 //흐르-//가 선택된다. 그 다음에 //흐르-//가 모음으로 끝나므로 어미의 기저형은 //-ㄴ다//가 선택된다.

발화음운론의 단위

발화음운론에서는 어절이 발화와 같은 더 큰 음운론적인 단위를 형성하는 과정에 나타나는 음운현상을 다룬다. 음운론에서 분석하고 기술해야 하는 구체적인 대상은 발화이다. 발화의 한 단위로 **기식군**(氣息群 breath group)이 있다. 기식군은 화자가 중간에 **휴지**(休止 pause, '#'로 나타낸다)를 두지 않고 말한, 언어적 요소의 연쇄이다. 화자의 태도에 따라서 기식군의 크기는 달라질 수 있으나 일반적으로 가장 작은 것은 어절에 해당하고 가장 큰 것은 문장에 해당한다. 모든 어절은 기식군으로 나타날 가능성이 있으므로 잠재적인 기식군이라 할 수 있다.

발화의 형성에서의 음운현상

어절이 발화를 형성하는 과정에 나타나는 음운현상은 대부분이 형태소가 어절을 형성할 때도 나타나는 것들이다.

/무척#만:타/ [mutʃʰək̚#maːntʰa]

~ /무청만타/ [mutʃʰəŋmantʰa]

두 번째 발화에서 발견되는 비음화(척→청)나 단음화(만:→만)는 어절의 형성에서도 나타나는 것들이다(책-만→챙만, 알:-밤:→알:밤). 발화에서의 변이음의 실현도 어절의 형성에서 나타나는 것과 같다. 그런데 휴지가 있는 첫 번째 발화와 휴지가 없는 두 번째 발화가 각각 어떤 경우에 나타나는지는 발화음운론에서 비로소 다루게 된다.

발화음운론과 초분절음

발화음운론에서만 다루게 되는 현상에는 초분절음과 관련된 것들이 많다. 표현적 장음, 강조강세, 억양 등이 그런 예이다(6장 참조). 이들에는 흔히 통사적, 의미적, 화용적 요소들이 깊이 관계하고 있다.

참 고

형태소의 개념에 대한 논의는 고영근(1993) 『우리말의 총체서술과 문법체계』의 §2.4., 최형용(2016) 『한국어 형태론』의 3장, 이선웅・오규환(2017) 「형태소의 식별과 분류」 참조.

형태소의 음운론적 교체에 대해서는 민현식(1996) 「중세국어의 교체 현상 기술에 대한 재검토」, 송철의(2000) 「형태론과 음운론」, 김경아(2003) 「형태음운론적 교체에 대하여」, 김현(2003) 「음운규칙과 형태음운규칙의 구분에 대하여」, 고영근(2005) 「형태소의 교체와 형태론의 범위」, 박재연(2010) 「이형태 교체와 관련한 몇 문제」, 이진호(2014) 「형태소 교체의 규칙성에 대하여」, 이진호(2015) 「형태소의 교체 조건」, 배주채(2017) 「교체의 개념과 조건」 참조. 극단적인 불규칙적 교체로 **보충법**(補充法 suppletion) 또는 **보충법적 교체**(suppletive alternation)가 있는데 이에 대해서는 고영근(1987) 「보충법과 불완전계열의 문제」, 배주채(2009) 「'달라, 다오'의 어휘론」 참조.

교체의 세 가지 기술방식에 대한 명칭은 저자 자신이 붙인 것이다. 나열식 기술과 대치식 기술은 구조언어학에서, 생성식 기술은 생성음운론에서 주로 사용했다.

표면층위와 기저층위의 구별, 기저형의 설정 등은 생성음운론의 특징이다. 생성음운론에서는 형태음소를 음소라고 부르고 표면음소를 설정하지 않는다. 형태음소와 음소를 엄격히 구별하는 것은 저자의 견해이다. 아울러 형태음소와 표면음소와 표면음성을 철저히 구별하여 각각 // //, / /, [ ]로 표기했는데 형태음소임을 표시하는 쌍빗금 (//)의 사용도 일반적이 아니다. 이와 관련하여 최근 국어학계에서는 구조언어학과 생성음운론의 개념을 뒤섞어 형태음소를 / /으로, 표면음소를 [ ]로 표기하는 경향이 있으므로 주의해서 이해할 필요가 있다.

본문에서 기저형 설정에서 주의할 세 가지 사항으로 제시한 것은 기저형의 추상성을 막기 위한 것이다. 기저형의 추상성에 대한 문제는 Sommerstein (1977) *Modern Phonology*의 9장, Kenstowics & Kisseberth (1979) *Generative Phonology*의 6장, Lass (1984) *Phonology*의 9장 참조. 국어음운론에서 추상적인 분석을 비판한 구체음운론적 연구가 1970년대 말 이후 일반화되었다. 초기의 연구인 김수곤(1978) 「현대국어의 움라우트 현상」, 강창석(1982) 「현대 국어의 형태소 분석과 음운 현상」, 최명옥(1985) 「변칙동사의 음운현상」, 한영균(1985) 「음운변화와 어휘부의 재구조화」, 김성규(1988) 「비자동적 교체의 공시적 기술」, 최명옥(1988) 「변칙동사의 음운현상」, 최명옥(1989) 「국어 UMLAUT의 연구사적 검토」, 최명옥(1991) 「어미의 재구조화에 대하여」 등을 보면 추상음운론과 구체음운론의 차이를 이해할 수 있다.

형태소와 기저형의 관계에 따라 기저형을 단일기저형, 다중기저형, 화합기저형과 같이 분류하고 명칭을 붙인 것은 저자의 개인적인 견해에 따른 것이다.

형태소가 조어규칙의 적용을 받아 단어를 만들어 낸다고 기술하는 **생성형태론**(Generative Morphology)에서는 형태소의 생산성이 중요한 문제가 된다. 생산성이 있는 형태소만이 다른 형태소와 결합해 단어를 만든다고 보기 때문이다. 본문에서는 기저형도 생산성이 있는 형태소에 대해서만 설정할 수 있다는 엄격한 태도를 취해 서술했다. 이 문제에 대해서는 김성규(1987) 「어휘소 설정과 음운현상」, 고영근(1993) 『우리말의 총체서술과 문법체계』의 §2.4. 참조.

음운론을 순수음운론과 형태음운론으로 나누고, 형태음운론을 단어음운론과 발화음운론으로 나누는 것도 일반화된 견해는 아니다. 형태음운론이라는 분야에 대해서는 Hockett (1958) *A Course in Modern Linguistics*의 §32, Lass (1984)의 4장 참조. 배주채(2003/2013) 『한국어의 발음』은 순수음운론을 1장~4장, 형태음운론을 5장~10장에서 기술했는데 후자가 전자의 3배 가까운 분량을 차지한다. 그만큼 국어음운론에서 형태음운론이 비중이 크다고 할 수 있다. 한편 김경아(2000) 『국어의 음운표시와 음운과정』은 단어음운론에서의 도출과정에 관한 이론적 문제들을 깊이 논의했다.

국어학 초기의 형태음운론적 성과는 「한글맞춤법통일안」(1933)에 반영되어 있다. '꼬치, 꼰만'이라고 쓰지 않고 '꽃이, 꽃만'이라고 쓰는 오늘날의 맞춤법을 흔히 **형태음소적 표기법**이라 부른다. 그 원리에 대해서는 이익섭(1992) 『국어표기법연구』의 8장, 9장 참조.

곡용과 활용의 음운론적 양상은 배주채(2003/2013)의 6장, 7장에서 상세히 기술했다. 곡용과 활용의 음운론적 차이는 송철의(1991) 「국어 음운론에 있어서 체언과 용언」 참조. 불규칙활용에 대한 종합적이고 상세한 설명은 배주채(2003/2013)의 6장(개정판에서는 7장) 참조. 특히 어미를 자음어미, 모음어미, 매개모음어미의 세 유형으로 나누어야 용언의 불규칙활용을 간결하고 체계적으로 기술할 수 있음을 확인할 수 있다. 그 밖에 한영균(1990) 「불규칙활용」, 송철의(1995) 「곡용과 활용의 불규칙성에 대하여」, 김성규(2000) 「불규칙 활용에 대한 몇 가지 논의」, 배주채(2000) 「불규칙활용」, 송철의(2004) 「'ㅎ'변칙과 '어'변칙에 관련된 몇 문제」도 참고할 만하다. 국어학에서 불규칙활용을 체계적으로 기술한 것은 최현배(1937/1971) 『우리말본』이 처음이지만 그 이후에 중요한 연구 성과가 많이 쌓였다. 학교문법과 어문규범에서는 아직도 80여 년 전의 기술을 따르고 있으므로 주의할 필요가 있다. 그 밖에 국어사전에서 활용의 형태음운론적인 양상 전체를 표로 보이는 문제를 다룬 배주채(2010) 「국어사전 용언활용표의 음운론적 연구」도 활용의 음운론적인 면을 이해하는 데 도움이 될 것이다.

조어법(단어형성법)에서의 형태음운론적인 사실은 본문에서 거의 언급하지 않았다. '책-방→책빵', '첫-눈→천눈', '달-나라→달라라'와 같은 자동적인 교체 이외에는 곡용이나 활용에서만큼 체계적인 현상이 드물기 때문이다. 그것은 일단 형성된 파생어나 합성어가 체계적인 통시적 변화에 따르지 않고 이전 시기의 음운론적 사실을 여전히 유지하는 보수성을 가지고 있는 점과 관련이 있다. 이 문제에 대해서는 이병근(1975) 「음운규칙과 비음운론적 제약」, 송철의(1977) 「파생어형성과 음운현상」, 송철의(1983) 「파생어형성과 통시성의 문제」, 김성규(1989) 「활용에 있어서의 화석형」, 송철의(1993) 「언어 변화와 언어의 화석」, 이진호(2002) 「화석화된 활용형에 대하여」 등을 참고할 만하다. 한편 이진호(2008) 『통시적 음운 변화의 공시적 기술』은 음운론적 보수성이 곡용형이나 활용형에서 나타나는 것을 공시적으로 기술하는 문제를 논의했고, 김현(2006) 『활용의 형태음운론적 변화』는 형태음운론의 개념을 통시음운론에 적용해 논의했으며, 정경재(2015) 「한국어 용언 활용 체계의 통시적 변화」는 용언 활용계열 전반이 15세기로부터 현대까지 변화해 온 과정을 상세히 논의했다.

한자어는 음운론적으로 특별한 면이 있지만 이 책에서는 다루지 않았다. 한자의 음절구조와 한자어에 나타나는 음운과정을 기술한 배주채(2003/2013)의 9장이 도움이 될 것이다. 그 밖에 한자와 한자어에 대한 음운론적 논의인 이돈주(1995) 『한자음운학의 이해』, 권인한(1997) 「현대국어 한자어의 음운론적 고찰」, 배주채(2003) 「한자어의 구조와 두음법칙」 참조.

발화음운론의 연구는 아직 체계화할 만한 단계에 이르지 못하고 있다. 우선 Lass (1984)의 12장, 이병근(1986) 「발화에 있어서의 음장」, 유필재(1994) 「발화의 음운론적 분석에 대한 연구」, 배주채(1998) 『고흥방언 음운론』의 6장, 이문규(2005) 「형태・통사적 구성체의 운율론적 결합도 분석」을 참조. 이호영(1997) 『국어 운율론』에서 초분절음을 문장의 구조와 관련지어 다룬 부분들도 참고할 만하다.

5 음절

5.1. 음절의 개념과 특성

음절의 뜻

자음, 모음, 반모음과 같은 분절음이 계기적으로 결합하면 분절음보다 큰 음성학적 · 음운론적 단위인 **음절**(音節 syllable)이 된다. 또 음절이 계기적으로 결합하면 단어나 문장과 같은 더 큰 단위가 만들어지는데 이들은 의미를 지니고 있으므로 음절과는 달리 어휘, 문법, 의미, 화용 등 다른 부문에서 적극적으로 다루게 된다.

음절과 음절자의 구별

일상적인 문맥에서는 음절을 표기의 단위로 생각할 때가 많다. 즉 '맑다'라는 표기를 놓고 '맑'이 한 음절, '다'가 한 음절이라는 식으로 표현하는 것이 그 예이다. 그러나 음운론에서 음절은 소리의 단위이므로 위와 같이 표현하는 것은 불합리하다. '맑다'의 음소표상 /막따/에서 /막/이 한 음절, /따/가 한 음절, 또는 음성표상 [mak˺t'a]에서 [mak˺]이 한 음절, [t'a]가 한 음절이라는 식으로 표현하는 것이 정확하다. 한편 표기단위로서의 음절도 유용한 개념이므로 이것을 **음절자**(音節字)라 불러 음절과 구별한다. 이 책에서는 당연히 음절자가 아닌 음절을 다룬다.

음절과 분절음

음절은 다음과 같은 특성을 가진다. 첫째, 음절은 하나 이상의 분절음으로 구성된다. /아/(a)는 한 분절음이, /야/(ja)는 두 분절음이, /딸/(t'ar)은 세 분절음이, /관/(kwan)은 네 분절음이 한 음절을 구성한 예이다.

음절과 발음가능성

둘째, 음절은 더 이상 쪼갤 수 없는 최소의 발음가능한(pronounceable) 단위이다. 음절을 둘 이상으로 쪼개면 쪼개진 조각 중 적어도 하나는 자연스럽게 발음할 수는 없는 조각이 된다. 예를 들어 음절 /순/은 그 자체로 발음가능한 단위인데 /ㅅ/과 /ㅜ/으로 쪼개든 /수/와 /ㄴ/으로 쪼개든 발음할 수 없는 /ㅅ/, /ㄴ/과 같은 조각이 생겨난다. 이것은 음절을 발음가능한 단위로 만들어 주는 성절음이 한 음절에 하나씩만 들어 있기 때문에 생기는 특성이다.

음절의 구조와 성절음

셋째, 음절은 '(초성)+중성+(종성)'의 구조를 가진다. 중성은 필수적인 성분이고 초성과 종성은 수의적인 성분이다. 중성에는 반드시 **성절음**(成節音)이 하나가 들어 있다(§5.2. 참조).

음절과 공명도

넷째, 음절은 음성학적으로 **공명도**(共鳴度)가 큰 분절음(즉 성절음)을 중심으로 하여 그 앞에서는 성절음에 가까워질수록 공명도가 커지고 그 뒤에서는 성절음에서 멀어질수록 공명도가 작아진다(§5.2. 참조).

음절과 운율적 요소

다섯째, 음절은 운율적 요소가 걸리는 가장 일반적인 단위이다. 음장이나 성조는 모음에 걸린다기보다 음절에 걸린다고 보는 일이 많다. 영어의 강세도 대체로 음절에 걸린다고 본다. 그래서 한 음절에는 운율적 요소가 하나만 얹히는 것이 일반적이다. 예를 들어 중국어의 성조는 한 음절에 한 가지만 얹히며, 영어의 음절들은 강세음절과 비강세음절로 나누어진다.

5.2. 음절구조

음절성분과
음절구조

음절은 분절음으로 이루어져 있다. 그러나 음절을 구성하는 직접구성성분(immediate constituent)은 분절음이 아니라 **음절성분**(音節成分)이다. 분절음은 음절성분을 매개로 하여 음절을 구성한다. 음절성분에는 **초성**(初聲), **중성**(中聲), **종성**(終聲)이 있다. 필수적인 음절성분은 중성이고 초성과 종성은 수의적이다. 국어의 초성과 종성은 각각 자음 하나씩으로 구성된다. 중성은 단순모음이나 이중모음으로 구성된다. 이러한 관계를 다음과 같은 **음절구조**(音節構造 syllable structure) 그림으로 나타낼 수 있다. (C는 자음, V는 단순모음, S는 반모음을 나타낸다. 소괄호는 생략 가능함을 나타낸다.)

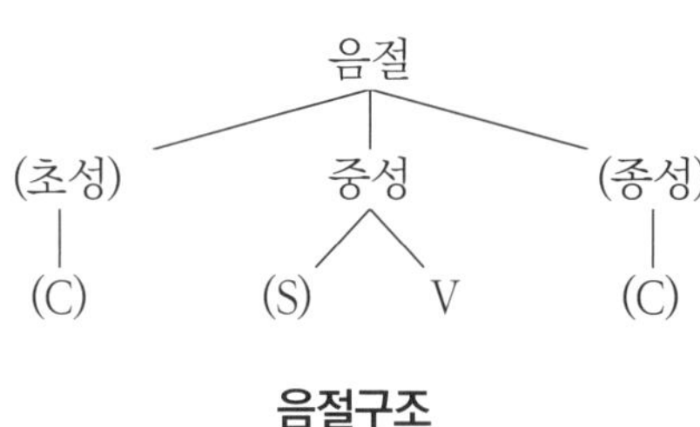

음절구조

음절구조의
유형

음절구조는 음절성분의 층위에서 4가지이고 분절음의 층위에서는 8가지이다. 한편 종성이 있느냐 없느냐에 따라 2가지로 나눌 수도 있다. 즉 종성이 없는 음절을 **개음절**(開音節 open syllable)이라 하고 종성이 있는 음절을 **폐음절**(閉音節 closed syllable)이라 한다.

음절구조의 유형

음절성분의 층위	분절음의 층위	예	개음절과 폐음절
중성	V	어 /ʌ/	개음절
	SV	여 /jʌ/	
초성 + 중성	CV	거 /kʌ/	
	CSV	겨 /kjʌ/	
중성 + 종성	VC	언 /ʌn/	폐음절
	SVC	연 /jʌn/	
초성 + 중성 + 종성	CVC	건 /kʌn/	
	CSVC	견 /kjʌn/	

평판적 음절구조와 계층적 음절구조

음절구조가 **평판적**(平板的)이라는 견해가 있고 **계층적**(階層的)이라는 견해가 있다. 초성, 중성, 종성이 대등하게 음절을 구성할 때 음절구조가 평판적이라고 하고, 초성과 중성이 한 단위를 이루거나 중성과 종성이 한 단위를 이룰 때 음절구조가 계층적이라고 한다. 위에 보인 음절구조는 평판적인 것이다. 계층적인 음절구조는 다음 두 가지가 가능하다.

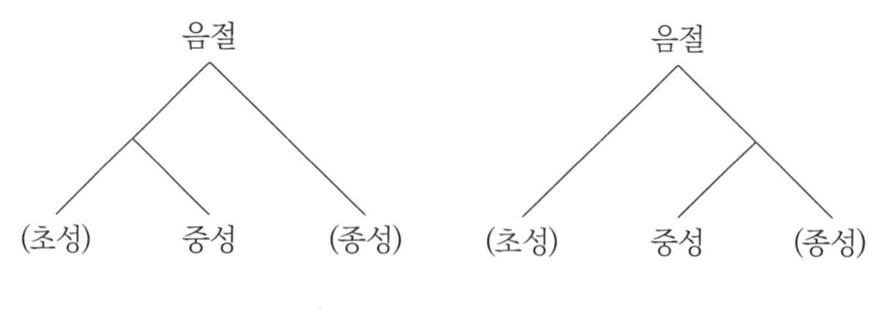

좌분지 음절구조 **우분지 음절구조**

국어의 평판적 음절구조

낮은 단계의 분지가 왼쪽에 있느냐 오른쪽에 있느냐에 따라 **좌분지**(左分枝 left-branching) 음절구조와 **우분지**(友分枝 right-branching) 음절구조로 나눈다. 국어의 음절구조가 좌분지 구조라거나 우분지 구조라 할 수 있는 결정적인 증거는 없다. 예를 들어 의성의태어에 나타나는 동음반복을 보면 '후디닥, 두둥실' 같은 예는 초성과 중성의 결합(다, 두)이 한 단위로 행동한다는 증거가 될 수 있고, '울퉁불퉁, 옹기종기' 같은 예는 중성과 종성의 결합(ㅜㄹ, ㅜㅇ)이 한 단위로 행동한다는 증거가 될 수 있다. 그러므로 국어의 음절구조는 이 둘 중 어느 한쪽이라기보다 평판적이라고 보는 것이 좋을 것이다.

성절음과 음절구조

음절의 구성에 필수적인 분절음을 **성절음**(成節音 syllabic segment)이라 한다. 국어에서는 단순모음만이 성절음이 될 수 있다. 그래서 모든 음절은 성절음으로서의 단순모음을 반드시 하나씩 포함하고 있다.

공명도와 음절구조

음성학적으로 음절은 공명도가 큰 분절음에 공명도가 작은 분절음들이 양쪽에 달려 있는 모습을 하고 있다. **공명도**(共鳴度 sonority)는 같은 조건에서 발음했을 때 더 멀리 들리는 정도인데 **가청도**(可聽度)라고도 한다. 공명도의 대소관계는 대체로 '장애음<공명자음<반모음<고모음<중모음<저모음'이다. 음절의 최대구조 CSVC에서 공명도가 가장 큰 성절음 V가 봉우리를 형성하고, 공명도가 그 다음으로 큰 S가 V에 기대고 있으며, 공명도가 작은 C가 양쪽에서 중성에 기대고 있다.

음절구조제약

분절음이 음절성분을 구성하는 데는 제약이 존재한다. 즉 분절음이 초성, 중성, 종성을 구성할 때 각각 초성제약, 중성제약, 종성제약이 작용한다. 또 음절성분끼리 연결될 때 분절음에 가해지는 제약으로 음절성분 연결의 제약이 있다. 이러한 제약들은 모두 음절구조에 관한 제약이므로 **음절구조제약**(音節構造制約 syllable structure constraint)이라 한다.

초성제약

초성을 구성할 수 있는 분절음은 /ㅇ/을 제외한 18자음이다(**초성제약** 初聲制約). 비음 /ㅇ/으로 시작하는 단어가 없으므로 /ㅇ/은 어두음절의 초성을 구성하지 못한다고 할 수 있다. 또 '강아지, 방울' 등에서도 비음 /ㅇ/은 표기와 마찬가지로 첫 음절의 종성으로 분석되므로 비어두음절의 초성도 구성하지 못한다. 고유어와 한자어에서는 /ㄹ/도 어두음절의 초성을 구성하기 어렵다고 할 수 있지만 외래어에는 그러한 제약이 없다(라면, 런던, 롤러, 룩셈부르크, 리본).

중성제약

중성을 구성할 수 있는 것은 단순모음과 이중모음뿐이다(**중성제약** 中聲制約). 이중모음은 반모음과 단순모음의 연결인데 §3.4.에서 본 바와 같이 그러한 연결의 일부는 이중모음을 형성하지 못한다. 반모음 /j/와 고모음 /ㅣ, ㅡ/가 연결될 수 없고, 반모음 /w/와 원순모음 /ㅜ, ㅗ/나 고모음 /ㅡ/가 연결될 수 없으며, 반모음 /ɰ/는 /ㅣ/ 이외의 단순모음과 연결될 수 없다. 분절음이 이중모음을 형성하는 데 대한 이러한 제약도 중성제약의 일부라고 할 수 있다.

종성제약

종성에는 /ㄱ, ㄴ, ㄷ, ㄹ, ㅁ, ㅂ, ㅇ/의 7자음 중의 하나만 놓일 수 있다(**종성제약** 終聲制約). 종성제약 때문에 /낫, 낮, 낯, 낱, 낳/ 등 7자음 이외의 자음이 종성에 놓인 음절은 불가능하다. 또 /낛, 낡, 낧, 낣/ 등 종성에 자음 둘이 놓인 음절도 불가능하다.

음절성분 연결의 제약

음절성분 연결의 제약으로는 초성과 중성이 연결될 때 작용하는 초중성 연결의 제약이 있다. **초중성 연결의 제약**은 파찰음 초성과 j계 이중모음 중성이 연결될 수 없다는 제약이다. 이 제약 때문에 /쟈, 져, 죠, 쥬, 졔, 쟤, 쨔, 쪄, 쬬, 쮸, 쪠, 쨰, 챠, 쳐, 쵸, 츄, 쳬, 챼/로 시작하는 음절은 없다. 즉 /쟈/뿐만 아니라 /쟉, 쟌, 쟏, 쟐, 쟘, 쟙, 쟝/ 등의 음절도 불가능하다.

5.3. 음절연결

어절과 음절경계

자립적으로 의미 있는 발화를 형성할 수 있는 최소의 언어단위는 어절이다. 어절은 하나 이상의 음절이 한 줄로 이어져 이루어져 있다. 예를 들어 '요즘 통 만나지 못했어요.'(음절의 연결로 표기하면 /요즘 통ː 만나지 모ː태써요/)라는 발화에서 '통'은 단음절 어절이고 '요즘'은 2음절 어절, '만나지'는 3음절 어절, '못했어요'는 4음절 어절이다. 다음절 어절에서 음절과 음절 사이를 **음절경계**(音節境界 syllable boundary)라 하고 $로 표기한다.

음절경계 찾기

음절구조가 복잡한 언어, 특히 초성과 종성에 여러가지 자음군을 허용하는 언어에서는 분절음의 연쇄로부터 음절경계의 위치를 찾는 일이 쉽지 않다. 국어는 음절구조가 단순하므로 음절경계를 쉽게 찾을 수 있다. 음절구조제약 때문에 모음과 모음 사이, 자음과 자음 사이에 음절경계가 놓일 수밖에 없다.

VV → V $ V

/ai/ → /a/ $ /i/ (아$이)

CC → C $ C

/insa/ → /in/ $ /sa/ (인$사)

/anmjʌn/ → /an/ $ /mjʌn/ (안$면)

모음과 모음 사이에 자음이나 반모음이나 '자음+반모음'이 있으면 그 앞에 음절경계가 있다.

VCV → V $ CV

/aki/ → /a/ $ /ki/ (아$기)

VSV → V $ SV

/aja/ → /a/ $ /ja/ (아$야)

VCSV → V $ CSV

/akjo/ → /a/ $ /kjo/ (아$교)

다만 /ㅇ/은 음성학적으로 초성보다 종성에 적합한 소리라서 /ㅇ/은 항상 종성으로 처리된다. 이 때문에 /ㅇ/은 초성을 구성하지 못하는 유일한 자음이 된다(§5.2.의 초성제약 참조).

VŋV → Vŋ $ V

/kaŋaci/ → /kaŋ/ $ /a/ $ /ci/ (강$아$지)

VŋSV → Vŋ $ SV

/toːŋjo/ → /toːŋ/ $ /jo/ (동ː$요)

자음연결의 양상

음절들이 연결될 때 제약이 존재한다. 올바른 음절구조를 가진 음절이라도 종성을 가진 음절과 초성을 가진 음절이 연결될 때 자음연결이 금지되는 경우가 있는 것이다. 자음연결에 가해지는 이러한 제약을 **자음연결 제약**(子音連結制弱)이라 한다. 종성 자음은 7가지이고 초성 자음은 18가지이다. 그러므로 자음연결의 가짓수는 7×18=126이다. 126가지 자음연결이 허용되고 금지되는 양상을 표로 나타내면 다음과 같다.

자음연결의 양상

종성＼초성	평음	경음	유기음	ㅎ	ㅁ	ㄴ	유음
폐쇄음	×	○/×	○	×	×	×	×
비음	○	○	○	○	○	○	×
유음	○	○	○	○	○	×	○

※폐쇄음과 경음의 연결 중 /ㄷㅆ/만 ×이고 나머지는 ○임.

폐쇄음 종성으로 시작하는 자음연결

첫째, 앞음절 종성이 폐쇄음(/ㅂ, ㄷ, ㄱ/)이면 뒤음절 초성으로는 경음과 유기음만 가능한데 종성이 /ㄷ/일 때는 초성으로 /ㅆ/이 올 수 없다.

허용되는 자음연결의 예

/압빠/, /압따/, /압까/, /압짜/, /압싸/

/앋빠/, /앋따/, /앋까/, /앋짜/

/악빠/, /악따/, /악까/, /악짜/, /악싸/

/압파/, /압타/, /압카/, /압차/

/앋파/, /앋타/, /앋카/, /앋차/

/악파/, /악타/, /악카/, /악차/

금지되는 자음연결의 예

/압바/, /압다/, /압가/, /압자/, /압사/

/앋바/, /앋다/, /앋가/, /앋자/, /앋사/, /앋싸/

/악바/, /악다/, /악가/, /악자/, /악사/

/압하/, /압마/, /압나/, /압라/

/앋하/, /앋마/, /앋나/, /앋라/

/악하/, /악마/, /악나/, /악라/

비음 종성으로 시작하는 자음연결

둘째, 앞음절 종성이 비음(/ㅁ/, /ㄴ/, /ㅇ/)이면 뒤음절 초성 /ㄹ/이 불가능하다.

허용되는 자음연결의 예

/암바/, /암다/, /암가/, /암자/, /암사/
/안바/, /안다/, /안가/, /안자/, /안사/
/앙바/, /앙다/, /앙가/, /앙자/, /앙사/
/암빠/, /암따/, /암까/, /암짜/, /암싸/
/안빠/, /안따/, /안까/, /안짜/, /안싸/
/앙빠/, /앙따/, /앙까/, /앙짜/, /앙싸/
/암파/, /암타/, /암카/, /암차/
/안파/, /안타/, /안카/, /안차/
/앙파/, /앙타/, /앙카/, /앙차/
/암하/, /암마/, /암나/
/안하/, /안마/, /안나/
/앙하/, /앙마/, /앙나/

금지되는 자음연결의 예

/암라/, /안라/, /앙라/

유음 종성으로 시작하는 자음연결

앞음절 종성이 /ㄹ/이면 뒤음절 초성으로 /ㄴ/이 올 수 없다.

허용되는 자음연결의 예

/알바/, /알다/, /알가/, /알자/, /알사/
/알빠/, /알따/, /알까/, /알짜/, /알싸/

/알파/, /알타/, /알카/, /알차/

/알하/, /알마/, /알라/

금지되는 자음연결의 예

/알나/

자음연결제약은 음절과 음절이 연결될 때 작용하므로 **음절연결제약**(音節連結制約)에 속한다. 음절구조제약과 음절연결제약은 음절이라는 단위를 무시하고 분절음을 중심으로 기술할 수도 있다. 분절음의 관점에서는 이들을 **음소배열제약**(音素配列制約 phonotactic constraint)이라 한다.

음절연결제약과
음소배열제약

5.4. 음절과 음운현상

몇몇 **음운과정**(音韻過程)에는 음절이 관여한다(음운과정은 8장 참조). 음절구조제약 가운데 종성제약은 평폐쇄음화와 자음군단순화의 동기가 된다.

음절구조제약과
음운과정

종성제약이 동기가 되어 일어나는 음운과정

평폐쇄음화(앞→압)

자음군단순화(앉-고→안꼬)

자음연결을 금지하는 음절연결제약, 즉 자음연결제약도 음운과정을 일으킨다.

음절연결제약과
음운과정

자음연결제약이 동기가 되어 일어나는 음운과정

폐쇄음 — 평음 : 경음화(잡-던→잡떤)

폐쇄음 — ㅎ : 유기음화(시작-한다→시자칸다)

폐쇄음 — 비음 : 비음화(믿-는→민는)

유음 — ㄴ : 유음화(달-님→달림)

ㄹ탈락(들-는→드는)

ㄷ — ㅆ : ㄷ탈락(갓 써→갇써→가써)

어두음절의 j반모음화

똑같은 분절음 연결이라도 **어두음절**(語頭音節)과 **비어두음절**(非語頭音節)에서 음운과정이 달리 일어나는 경우가 있다. 예를 들어 ㅣ용언(/ㅣ/로 끝난 용언)에 어미 {-어}가 연결될 때 j첨가가 일어날 수도 있고 j반모음화가 일어날 수 있다. 단음절 ㅣ용언의 경우에는 이 두 음운과정이 수의적으로 일어난다. 그래서 '비-어'는 j첨가가 일어난 /비여/나 j반모음화가 일어난 /벼:/로 발음될 수도 있고 두 음운과정이 모두 일어나지 않은 원래 형태 /비어/로 발음될 수도 있다.

단음절 ㅣ용언과 어미 {-어}의 연결

j첨가가 일어나는 경우 : 비-어→비여

j반모음화가 일어나는 경우 : 비-어→벼:

음운과정이 일어나지 않는 경우 : 비-어→비어

비어두음절의 j반모음화

그러나 다음절 ㅣ용언의 경우에는 j반모음화가 필수적으로 일어난다. 그래서 '누비-어'는 /누벼/로만 발음된다. (/누비어/, /누비여/도 표준발음으로 인정하나 현실에서는 쓰지 않는다.)

다음절 | 용언과 어미 {-어}의 연결

j반모음화 : 누비-어→누벼

용언말모음(用言末母音) /ㅣ/가 어두음절에 있을 때와 비어두음절에 있을 때 서로 다른 음운과정이 일어나는 것이다.

모음조화와 관련하여, 용언말모음 /ㅡ/가 어두음절에 있을 때는 음성모음으로, 비어두음절에 있을 때는 중성모음으로 작용한다. 예를 들어 '쓰-어→써'에서는 어두음절의 /ㅡ/가 음성모음으로 작용하여 어미두음이 음성모음 /ㅓ/로 나타난다. 반면에 '담그-어→담그-아→담가'에서는 비어두음절의 /ㅡ가 중성모음이 되고 그 앞음절의 모음 /ㅏ/가 어미두음을 양성모음 /ㅏ/로 결정한다. 관련 내용은 §8.3.1.의 ① 참조.

용언말모음 /ㅡ/와 모음조화

그 밖에 장음이 어두음절에서는 유지되고(/말ː/) 비어두음절에서는 **단음화**(短音化)되는 현상(/참/+/말ː/→/참말/)도 어두음절과 비어두음절의 차이가 음운현상에 관여하는 예가 된다.

단음화와 음절

음절구조가 음운과정의 필수성과 수의성을 결정하는 경우도 있다. ㅜ용언 뒤에 어미 {-어}가 연결되면 용언말음 /ㅜ/가 /w/로 반모음화할 수 있다(§8.3.1.의 w반모음화 참조). 이때 다음절 ㅜ용언의 말음절이 초성 자음을 가지지 않은 /ㅜ/이면 w반모음화가 필수적으로 일어나고 그 밖의 경우에는 w반모음화가 수의적으로 일어난다.

w반모음화와 음절구조

w반모음화가 수의적인 경우

두-어→두어~둬ː

가두-어→가두어~가둬

바꾸-어→바꾸어~바꿔

w반모음화가 필수적인 경우

배우-어→*배우어~배워

싸우-어→*싸우어~싸워

초성 자음이 있는 음절구조인가(두-, 가두-, 바꾸-) 초성 자음이 없는 음절구조인가(배우-, 싸우-)에 따라 w반모음화 적용의 수의성과 필수성이 갈리는 것이다.

발화실수와 음절

발화실수(發話失手 speech error, slip of the tongue)에서도 음절이 중요한 기능을 한다. 서로 떨어져 있는 분절음끼리 도치가 일어나는 발화실수에서는 같은 음절성분끼리 도치되는 일이 많다. '마른 버짐'을 /바른머짐/이라고 잘못 발화한 예는 초성끼리 도치가 일어난 것이고(/ㅁ/⇆/ㅂ/), '광견병'을 /관경뼝/이라고 잘못 발음한 예는 종성끼리 도치가 일어난 것이다(/ㅇ/⇆/ㄴ/). 'OK목장의 결투'를 /오케이결짱에 목투/라고 말하는 것처럼 서로 떨어져 있는 음절끼리 도치가 일어나는 발화실수도 있는데 도치되는 것이 음절이라는 점에서(/목/⇆/결/) 음절이 한 단위로 작용하고 있음을 이해할 수 있다.

변이음의 출현조건과 음절

변이음이 나타나는 조건으로 음절성분을 고려해야 하는 경우가 많다. 예를 들어 폐쇄음 /ㅂ, ㄷ, ㄱ/이 불파음 [p˺, t˺, k˺]로 실현되는 것은 종성에서이다. /ㄹ/이 불파음 [l]로 실현되는 것도 종성에서이다.

참 고

음절에 관한 여러 이론은 문양수(1988) 「음운론에서의 음절」, 김종훈(1990) 『음절음운론』 참조.

우리나라의 음절이론은 훈민정음 창제 당시인 15세기에 처음 제시되었다. 15세기의 음운이론에서는 국어의 음운론적 분석을 음절이라는 단위로부터 시작했다. 자세한 내용은 이승재(1991) 「훈민정음의 언어학적 이해」, 강창석(1991) 「15세기의 음운이론에 대하여」, 강창석(1992) 「15세기 음운이론의 연구」 참조.

음절성분인 초성, 중성, 종성을 각각 **음절두음**(音節頭音 onset), **음절핵음**(音節核音 peak, neucleus), **음절말음**(音節末音 coda)으로 부르기도 한다.

국어의 음절에 관한 실제적인 문제들을 다룬 배주채(2003/2013) 『한국어의 발음』의 4장을 참고할 만하다. 음절에 대한 개별적인 연구로는 김차균(1981) 「음절 이론과 국어의 음운 규칙」, 송철의(1982) 「국어의 음절문제와 자음의 분포제약에 대하여」, 강창석(1984) 「국어의 음절구조와 음운현상」, 박창원(1987) 「표면음성제약과 음운현상」, 배주채(1989) 「음절말자음과 어간말자음의 음운론」, 강창석(1990) 「음절」, 김주필(1999) 「국어의 음절 내부 구조와 음운 현상」, 배주채(2010) 「현대국어 음절의 가짓수 연구」 참조. 국어보다는 영어와 같이 음절구조가 복잡한 언어의 음절에 대한 연구가 더 활발히 이루어졌다. 영어의 음절 구조에 대해서는 Giegerich (1992) *English phonology*의 6장 참조.

6.1. 음장

소리의 길고 짧은 특성, 즉 **음장**(音長 length, quantity)이 변별적으로 쓰이는 것은 모음에서이다. 다음과 같은 예에서 **장모음**(長母音 long vowel)과 **단모음**(短母音 short vowel)이 변별적이다. 음장은 장음 뒤에만 장음부호(ː)를 붙여 표기하고 단음은 따로 표시하지 않는다(/밤ː/).

음장의 뜻

/말/(馬 : 동물), /말/(斗 : 측정 도구) — /말ː/(言 : 언어)

/밤/(시간) — /밤ː/(열매)

/난말/(낮말) — /난ː말/(낱말)

/몯/(못 : 도구) — /몯ː/(못 : 부정부사)

/업꼬/(업고) — /업ː꼬/(없고)

/문찌/(땅에 묻지), /문찌/(흙이 묻지) — /문ː찌/(길을 묻지)

/인는/(있는), /인는/(잊는) — /인ː는/(잇는)

/버리면/(휴지를 버리면) — /버ː리면/(일을 벌이면), /버ː리면/(벌이면 : 곤충)

/병/(甁 : 그릇) — /병ː/(病 : 질병)

/사기/(詐欺 : 속임) — /사ː기/(士氣 : 씩씩한 기운)

/장사/(상업) — /장ː사/(壯士 : 힘 센 사람)

/정씨/(丁氏 : 성씨) — /정ː씨/(鄭氏 : 성씨)

음장의 기원과 방언 분포

모음의 음장은 낭림산맥과 태백산맥과 소백산맥을 잇는 선을 경계로 한반도 서쪽 지역의 방언, 즉 평안방언, 중부방언, 전라방언에 나타난다. 그런데 젊은 세대로 올수록 음장의 변별성이 약해져서 대체로 전라방언을 제외하고는 음장이 소멸 직전에 있다. 음장은 중세국어 성조의 흔적이다. 상성은 상승조여서 평성이나 거성보다 음성적으로 조금 길게 발음되었기 때문에 장음으로 계승되고 평성이나 거성은 단음으로 계승된 것이다.

음장과 어두음절

음장은 어두음절에서만 변별적(辨別的)이다. 비어두음절에는 단모음만 나타난다. 원래 장모음을 가졌던 음절이 비어두에 놓이면 단모음을 가지게 된다. 이것을 **비어두 단음화**라 한다.

/밤ː/(열매) — /군ː밤/

/말ː/(언어) — /참말/

/업ː씨/(없이) — /소리업씨/(소리없이)

음장과 기식군

기식군의 첫음절이 아닌 곳의 장모음도 단모음으로 나타나는 일이 많다.

/성ː질/ (性質)

/사ː나운/ (사납다)

/호ː랑이/

/성ː지리사나운호랑이/ (성질이 사나운 호랑이)

/성ː지리사나운#호ː랑이가이썬는데/ (성질이 사나운 호랑이가 있었는데)

/듣끼#조ː은말/ (듣기 좋은 말)

/듣끼조은말/

음장의 형태음운론적 교체는 활용에서 풍부하게 나타난다. 장음이 어두음절에만 나타날 수 있으므로 1음절용언의 활용에서만 음장의 교체를 볼 수 있다. 1음절용언은 음장교체의 면에서 세 종류로 나눌 수 있다. (2)에 속한 용언의 수는 아주 적다. '굵-, 끌-, 떫-, 많-, 벌-, 썰-, 얻-, 없-, 엷-, 웃-, 작-, 적-'이 거의 전부이다.

활용에서의 음장의 교체

(1) 항상 단음(短音)을 가지는 용언의 예

보- : /보-고/, /보-면/, /보-아/

녹- : /녹-꼬/, /녹-으면/, /녹-아/

들- : /들-고/, /들-면/, /들-어/

(2) 항상 장음을 가지는 용언의 예

얻- : /얻ː-꼬/, /얻ː-으면/, /얻ː-어/

작- : /작ː-꼬/, /작ː-으면/, /작ː-아/

끌- : /끌ː-고/, /끌ː-면/, /끌ː-어/

(3) 자음 앞에서 장음을, 모음 앞에서 단음을 가지는 용언의 예

비- : /비ː-고/, /비ː-면/, /비-어/

얇- : /얄ː-꼬/, /얇-으면/, /얇-아/

놀- : /놀ː-고/, /놀ː-면/, /놀-아/

반모음화와 보상적 장음화

ㅣ용언이나 ㅗ, ㅜ용언에 {-어}와 같은 모음어미가 연결될 때 'i→j'나 'o, u→w'와 같은 **반모음화**(半母音化)가 수의적으로 일어나는데(§8.3.1.의 ③, ④ 참조) 그와 동시에 **장음화**(長音化)가 일어난다.

j반모음화 : 기-어→겨ː (kiʌ→kjʌː)
w반모음화 : 두-어→둬ː (tuʌ→twʌː)
보-아→봐ː (poa→pwaː)

이러한 장음화는 음절 수가 줄어든 데 대한 보상으로 일어난다고 하여 **보상적 장음화**(報償的 長音化 compensatory lengthening)라 부른다.

어휘적 장음

이상에서 본 장음은 각 단어의 기저형 첫음절이 가진 장음이 그대로 실현된 것이거나(/밤ː/, /얻ː꼬/), 반모음화와 같은 음운과정에 수반된 장음화로 생겨난 것이다(/봐ː/). 어느쪽이든 음장이 단어를 구별하는 기능, 즉 변별적 기능을 가지고 있다. 이러한 장음을 **어휘적 장음**이라 한다.

표현적 장음

한편 기저에서는 단음(短音)이지만 화자의 감정 표현 때문에 일시적으로 표면에서 장음으로 나타나는 것들이 있다. 이러한 장음을 어휘적 장음과 구별하여 **표현적 장음**(表現的 長音)이라 부른다.

/저ː기/ /훨ː씬/ /놉ː따/(높다)
/따뜨ː타다/(따뜻하다) /둥그스름ː하다/
/조용ː하다/ /조용ː히/ /조용ː조용/

표현적 기능

표현적 장음은 어휘적 장음과 달리 비어두음절에도 나타난다. 어두음절이든 비어두음절이든 표현적 장음의 기능은 어감의 차이를 나타내는

표현적 기능(expressive function)이다. 표현적 장음은 각 단어에 고정된 것이 아니라 화자의 의도나 말투에 따라 나타나거나 나타나지 않을 수 있는 요소이므로 사전에 표시되지 않는다.

6.2. 성조

성조의 뜻

음고(音高 pitch)가 단어 차원에서 변별성을 가질 때 **성조**(聲調 tone)라 한다. 경남방언에 나타나는 다음 예는 성조의 존재를 알려준다.

경남방언의 명령형 '갈아라'의 발음

<table>
<tr><td colspan="2">단어(뜻)</td><td>갈다1(교체)</td><td>갈다2(경작)</td><td>갈다3(마찰)</td></tr>
<tr><td colspan="2">예</td><td>전등을 갈아라</td><td>밭을 갈아라</td><td>칼을 갈아라</td></tr>
<tr><td rowspan="2">발음</td><td>분절음</td><td colspan="3">/가라라/</td></tr>
<tr><td>초분절음
분절음</td><td colspan="2">가
라 라</td><td>라
가 라</td></tr>
</table>

성조의 변별성

위 표의 세 '갈아라'의 음소표상은 /가라라/로 똑같다. 그러나 초분절음의 관점에서 '갈다1', '갈다2'의 /가라라/는 첫음절이 높고 둘째, 셋째 음절이 낮으며, '갈다3'의 /가라라/는 둘째 음절이 높고 첫음절과 셋째 음절이 낮다. 이와 같이 높은 음조(**고조** 高調)와 낮은 음조(**저조** 低調)가 단어를 구별해 주므로 음고가 변별적 기능을 가지고 있음을 알 수 있다. 따라서 이 방언에는 성조가 있다.

고조와 저조의 판정

그런데 경남방언의 다음 예에서 /자리/(자리1)의 성조는 고조 - 저조임이 분명하지만 '자리2'와 '자리3'의 발음 /자리/에서는 /자/와 /리/의 성조가 같다는 것만 알 수 있을 뿐 어떤 성조를 가졌는지 판단하기 쉽지 않다.

경남방언의 명사 '자리'의 발음

<table>
<tr><td colspan="2">단어
(뜻)</td><td>자리1
(좌석)</td><td>자리2
(자루, 포대)</td><td>자리3
(연필 한 자루)</td></tr>
<tr><td rowspan="2">발음</td><td>분절음</td><td colspan="3">/자리/</td></tr>
<tr><td>초분절음
분절음</td><td>자
리</td><td colspan="2">자 리 또는 자 리</td></tr>
</table>

성조의 상대성

성조는 기본주파수 측정값과 같은 절대적인 음조로는 확인할 수 없고 앞뒤 음절과의 비교를 통해서만 확인할 수 있다. 그래서 한 옥타브 안의 음정으로 비유하자면, '라솔라'에서의 '솔'이 '레미레'의 '미'보다 절대적인 음조가 높지만 '솔'이 저조가 되고 '미'가 고조가 된다. 그렇기 때문에 한 음절로 이루어진 단어를 독립적으로 발화했을 때도 성조를 판단하기 어렵다. 성조를 확인할 때는 이웃 음절과의 비교에서 발견되는 상대적(相對的)인 음고가 변별적으로 쓰이는지 조사해야 하는 것이다.

성조와 억양의 차이

음고가 단어와 단어를 구별하지 못하고 발화 차원에서 변별성을 가질 때는 **억양**(抑揚)이라 한다. 예를 들어 다음 두 발화에 나타나는 음조는 억양이다. 두 발화에서의 음조의 차이는 이들이 서로 다른 단어라는 것을 알려 주는 것이 아니라 이 발화가 질문인지 진술인지를 나타낸다.

'갔어'의 발음

발화 (뜻)		갔어 (질문)	갔어 (진술)
발음	분절음	/가써/	
	초분절음		

단어 차원에서 변별적인 기능을 가진 음조를 음소에 발맞추어 **성조소**(聲調素 toneme)라 부르기도 한다. 성조소에는 **평판성조**(平板聲調 또는 **수평성조** 水平聲調 level tone, register tone)와 **승강성조**(昇降聲調 또는 **굴곡성조** 屈曲聲調 contour tone)가 있다. 승강성조는 음조가 높아지거나 낮아지거나 하는 성조소를 말하고 평판성조는 음조가 처음부터 끝까지 일정한 성조소를 말한다. 평판성조에는 **저조**(low tone, L), **중조**(mid tone, M), **고조**(high tone, H) 등이 있는데 음조가 몇 개로 구분되느냐에 따라 그 수가 달라진다. 승강성조로서 가장 단순한 것에는 **상승조**(上昇調 rising tone, R)와 **하강조**(下降調 falling tone, F)가 있다.

성조소의 종류

성조소는 한 음절에 하나씩 주어지는 것이 일반적인데 한 음절에 두 성조소의 연쇄가 주어지는 경우도 있다. 경상방언의 피동사 '재핀다'(LHLL, 잡힌다)의 둘째 음절 '핀'에 걸린 HL이 그런 예인데 이러한 성조소를 **복합성조**(複合聲調 complex tone)라 한다. 복합성조 LH나 HL은 상승조(R)나 하강조(F)와 구별하기 어려울 때도 많다.

복합성조

국어에는 경상방언, 함경방언, 강원도의 영동방언(嶺東方言)에 성조가 있다. 이 방언들을 **성조방언**(聲調方言)이라 한다. 성조방언들의 성조는 모두 중세국어의 성조가 계승된 것이므로 상당한 유사성을 가지고 있지만 차이도 적지 않다. 군 단위 정도의 소방언권(小方言圈) 사이에도 차이가

성조의 방언 분포

경북방언의 성조

있어 그 내용을 일률적으로 말하기 어렵다.

경북방언에는 대체로 L, H, R의 세 성조소가 있다. 경북 김천방언을 중심으로 경북방언 성조의 양상을 자세히 살펴보면 다음과 같다.

단어에 따른 성조표상의 차이

"말이 많다."라는 문장은 '말'이 어떤 단어이냐에 따라 다음과 같이 여러 **성조표상**(聲調表象 tonal representation)으로 발음된다.

경북방언의 성조의 예

'말'의 뜻	말(馬) : 동물	말(斗) : 측정 도구	말(言) : 언어
음소표상	/마리 만타/	/마리 만타/	/마리 만타/
음조표상	3 1 1-2 3	3 3 1-2 3	1-2 3 1-2 3
성조표상	H L R H	H H R H	R H R H

성조의 음성적 실현

음조를 3등분하여 낮은 소리를 1로, 높은 소리를 3으로 표기하면 대체로 고조는 3으로, 저조는 1로, 상승조는 1-2로 나타난다. 상승조는 두 음조의 결합이므로 고조나 저조보다 더 길게 발음된다. 즉 상승조는 항상 장음을 수반한다. 그러나 상승조를 고조, 저조와 변별하는 요소는 음고이고 음장은 잉여적(剩餘的)인 것이다.

성조배열제약과 성조형

또 이 방언에서 각 어절에 실현되는 성조의 연결은 상당한 제약을 받는다. 예를 들어 이 세 성조소가 3음절 어절에 실현되는 방식은 논리적으로 27가지(=3×3×3)가 있을 수 있다. 그러나 실제로는 LHL, HHL, HLL, RHL의 네 가지 성조표상만 나타난다. 즉 3음절 어절에는 다음과 같은 **성조배열제약**(聲調配列制約)이 존재하는 것이다. 마지막 음절은 항상 L이다. 둘째 음절이 H이면 첫음절에 L, H, R이 자유로이 올 수 있다. 둘째 음절이 L이면 첫음절은 항상 H이다. R은 첫음절에만 올 수 있다. 이러한 제약에 따른 가능한 성조배열의 유형을 **성조형**(聲調型 tone pattern)이라 한다. 3음절 어절은 위와 같은 네 가지 성조형을 가지는 것이다.

음절 수별로 가능한 성조표상들을 조사하면 모두 음절 수를 초월한 다음 네 성조형으로 묶인다.

음절 수를 초월한 성조형

① L로 시작하는 성조형 (L형) : L, LH, LHL, LLHL, LLLHL, ……

② H(H)로 시작하는 성조형 (HH형) : H, HH, HHL, HHLL, HHLLL, ……

③ H(L)로 시작하는 성조형 (HL형) : H, HL, HLL, HLLL, HLLLL, ……

④ R로 시작하는 성조형 (R형) : R, RH, RHL, RHLL, RHLLL, ……

둘째 음절까지의 성조만 알면 셋째 음절 이하의 성조는 모두 예측할 수 있으므로 셋째 음절 이하의 성조는 비변별적임을 알 수 있다.

성조의 예측성

각 어절이 어떤 성조형을 가지는가 하는 것은 어절의 앞부분에 놓이게 되는 단어에 달려 있다. 예를 들어 '눈(인체)'은 HH형, '눈(날씨)'은 R형을 가지며, '가지(채소)'는 L형, '가지(나뭇가지)'는 HH형을 가진다. 이러한 사실은 각 단어의 기저형에 표시되어야 한다.

성조형을 결정하는 요소

'눈(인체)'과 '눈(날씨)'의 성조

단어	단독형 /눈/	+이 /누니/	+도 /눈도/	+어로 /누너로/	+까지 /눙까지/
눈(인체)	H	HH	HH	HHL	HHL
눈(날씨)	R	RH	RH	RHL	RHL

'가지(채소)'와 '가지(나뭇가지)'의 성조

단어	단독형 /가지/	+가 /가지가/	+도 /가지도/	+까지 /가지까지/
가지(채소)	LH	LHL	LHL	LHLL
가지(나뭇가지)	HH	HHL	HHL	HHLL

한 단어의 두 성조형

한 단어가 뒤에 오는 조사나 어미에 따라 둘 이상의 성조형을 가진 경우도 있다. 명사 '땀'은 처격조사 '에'나 '에서'와 결합할 때 HL형을 가지고 그 밖의 경우에는 HH형을 가진다. 또 동사 '신-'은 자음어미와 결합할 때 R형을 가지고 그 밖의 경우에는 HL형을 가진다. 즉 이들은 성조의 관점에서 다중기저형을 가지고 있다고 할 수 있다.

'땀'의 성조

성조형	음소표상과 성조표상
HH형	땀이 /따미/(HH), 땀을 /따믈/(HH), 땀까지 /땀까지/(HHL)
HL형	땀에 /따메/(HL), 땀에서 /따메서/(HLL)

'신-'의 성조

성조형	음소표상과 성조표상
R형	신고 /싱꼬/(RH), 신넌다 /신넌다/(RHL), 신더라 /신떠라/(RHL)
HL형	신엉게 /시넝게/(HLL), 신어야 /시너야/(HLL), 신어라 /시너라/(HLL)

경남방언의 성조

경남방언은 대체로 H, L의 두 성조소를 가진다.

경남방언의 성조

'말'의 뜻	말(馬) : 동물	말(斗) : 측정 도구	말(言) : 언어
음소표상	/마리 민타/	/마리 만타/	/마리 만타/
음조표상	3 1 1 2	3 3 1 2	1 2 1 2
성조표상	H L L H	H H L H	L H L H

경남방언 성조의 음성적 실현

H는 어두나 다른 H 뒤에서 3의 음조로 발음되고 L 뒤에서는 2의 음조로 발음된다. 어두의 L은 경북방언의 R에 대응하는 것으로서 잉여적인 장음을 가지기도 한다.

함경방언의 성조

함경방언은 L, H, R의 세 성조소를 가진 함남의 단천, 함북의 길주, 학성의 방언(아래의 (1))과 L, H의 두 성조소를 가진 그 밖의 지역의 방언(아래의 (2))으로 나누어진다. R은 경북방언의 R에 대응하는데 L, H의 두 성조소만 가진 지역에서는 H로 나타난다.

함경방언의 성조

지역	'말'의 뜻	말(馬) : 동물	말(斗) : 측정 도구	말(言) : 언어
(1), (2)	음소표상	/마리 만타/	/마리 만타/	/마리 만타/
(1)	음조표상	1 3 2-3 1	3 1 2-3 1	2-3 1 2-3 1
	성조표상	L H R L	H L R L	R L R L
(2)	음조표상	1 3 3 1	3 1 3 1	3 1 3 1
	성조표상	L H H L	H L H L	H L H L

함경방언 성조와 중세국어 성조

함경방언은 중세국어와 성조의 대응이 꽤 규칙적이다. 중세국어에서 어절 안에 맨 처음 상성이나 거성이 나타나는 음절까지는 평성 - L, 거성 - H, 상성 - R(R이 나타나지 않는 (2) 지역에서는 H)의 대응관계가 성립한다. 그 이하의 음절은 모두 L을 가지게 된다. L과 H만 가진 (2) 지역에서 몇 가지 예를 들면 다음과 같다.

ᄒᆞᄫᆞᅀᅡ(평평거) — 하분자(LLH)
아바님(평거상) — 아부님(LHL)
아ᄌᆞ바님(평평거상) — 아즈바니(LLHL)
올히(거거) — 오리(HL)
ᄎᆞᆷ외(거상) — 참애(HL)
사ᄅᆞᆷ(상평) — 사름(HL)

성조언어

경남방언과 함경방언도 경북방언처럼 어절 단위의 성조형을 가지고 있다. 그리고 어느 방언에서나 성조형의 가짓수가 논리적으로 가능한 것보다 훨씬 적다. 이것은 성조배열제약이 강함을 뜻한다. 그렇기 때문에 성조배열제약이 거의 없는 중국어와 같은 **순수성조언어**(純粹聲調言語 true tone language)와 다른 점을 중시하여 중세국어나 국어의 방언들을 **성조언어**(聲調言語 tone language)에 들지 않는 것으로 보기도 한다.

6.3. 강세

강세의 변별성

강세(强勢 stress)도 음장이나 성조와 같이 기저형에 표시되어야 하는 언어가 있다. 영어가 그런 언어이다. 'differ'와 'defer'는 분절음소의 구성은 똑같은데 강세의 위치가 달라 구별되는 최소대립어이다. 'differ'는 /dífər/와 같이, 'defer'는 /dɪfə́r/와 같이 강세의 위치가 기저형에 표시되어야 한다.

국어는 그런 강세를 가지지 않는다. 국어에 나타나는 강세는 어느 언어에나 나타나는 **강조강세**(强調强勢 emphatic stress)이다. 발화 속에서 특정한 단어를 강조하는 데 강세를 이용하는 것이다. 강조할 단어는 다른 단어보다 강하고 높게 발음한다. 다음 발화와 같이 '철수가'에 강세가 놓이면 '철수가'가 강조된다. (강세가 놓인 단어는 밑줄로 표시하기로 한다.)

강조강세

철수가 어제 민수를 울렸다.

이 발화는 어제 민수를 울린 사람이 다른 사람이 아니라 바로 철수라는 뜻으로 이해된다. 철수는 어제 민수를 울리지 않은 사람, 이를테면 영호와 대조된다. 그러므로 강조강세를 **대조강세**(對照强勢 contrastive stress)라고도 한다. 이 예문에서 다른 단어에 강세를 둘 수도 있다.

대조강세

철수가 어제 민수를 울렸다. (그제가 아니라 어제)
철수가 어제 민수를 울렸다. (영희가 아니라 민수)
철수가 어제 민수를 울렸다. (웃긴 게 아니라 울렸다)

대조되는 단어가 발화 속에 함께 나타날 수도 있다.

김 선생님과 함께 5일 날 떠나서 9일 날 돌아왔습니다.

따라서 국어의 강세는 단어의 차원이 아닌 발화의 차원에서 변별적 기능을 가진다고 할 수 있다.

대조강세의 변별성

6.4. 억양

억양의 뜻

억양(抑揚 intonation)은 주로 음고로 실현되고 경우에 따라 음강이나 음장이 수반된다. 역시 음고로 실현되는 성조가 단어 차원에서 변별성을 가지는 반면에 억양은 어휘적 변별성이 전혀 없고 문장의 차원에서 문법 기능을 표현하거나 발화 차원에서 청자에 대한 화자의 감정과 태도를 표현한다.

억양구 또는 억양군

하나의 완전한 억양이 걸리는 단위를 **억양구**(抑揚句 intonational phrase) 또는 **억양군**(抑揚群 intonation group)이라 하는데 어절이나 구, 절, 문장 등이 억양구가 될 수 있다. 억양구가 어절처럼 작은 단위이든 절이나 문장처럼 큰 단위이든 거기에 걸리는 억양의 유형은 차이가 없다. 아래의 두 대화에서 똑같은 내용을 묻는 말이 문장이든 단어든 같은 유형의 억양이 걸림을 볼 수 있다.

순영 : 아까 오빠가 친구들이랑 집에 같이 왔어.
하영 : 음. 그 사람들 다 갔어? (————↗)

순영 : 그 사람들 다 갔어.
하영 : 그래? (——↗)

억양의 음성적 실현

억양을 구성하는 주된 요소는 음고의 폭과 **음조곡선**(pitch contour)의 방향이다. 음고의 폭이 클수록 화자의 감정이 강하게 표현된다. 그리고 음조곡선이 상승하느냐 하강하느냐 평탄하게 이어지느냐에 따라 **태도적 의미**(attitudinal meaning)가 달라진다.

하강조의 기능

억양구의 끝이 **하강조**이면 발화가 완결되었음을 나타낸다. 예를 들어 평서문, 명령문, 청유문의 **문말억양**(文末抑揚)은 흔히 하강조이다.

그 사람들 다 갔어. (——╲) (평서문)
선물로 뭐 샀어? — 책. (—╲) (평서문)
영수는 지금 가라. (——╲) 늦겠다, 어서. (—╲) (명령문)
언니, 같이 가. (——╲) (청유문)
형, 이것 좀. (——╲) (가방을 같이 들자고 하면서. 청유문)

명령문의 하강조

명령문의 문말억양이 평서문이나 청유문의 문말억양과 달리 급한 하강조라고 생각할 수도 있으나 그것은 옳지 않다. 명령문도 부드러운 명령을 표현할 때는 완만한 하강조로 발음되며, 평서문이나 청유문도 단호한 태도를 전달할 때는 급한 하강조로 발음된다.

상승조의 기능

억양구의 끝이 상승하면 발화가 완결되지 않았거나 청자의 반응을 기다림을 나타낸다. 예를 들어 문장 안에 휴지가 놓였으나 발화가 완결되지 않은 경우, 그리고 의문문에 **상승조**가 잘 나타난다.

좋아하는 과일은 많아. 사과,(—╱) 귤,(—╱) 포도,(—╱) 딸기,(—╱) 안 좋아하는 게 없어.
어제 녹화 끝나고 가다가요,(——╱) 방송국 앞에서 거의 10년 만에 그 친구를 만났지 뭐예요.
이름이 뭐지? (——╱)
철수 아직 안 왔니? (——╱)
거기 서 계신 분 누구세요? (——╱)

하루 종일 집에만 있었다고? (——╯) (되묻는 말)

누굴 만났느냐고? (——╯) (되묻는 말)

설명의문문의 하강조

의문사가 있는 의문문, 즉 **설명의문문**(說明疑問文 wh-question)은 문말억양이 하강조일 때가 많다.

거기 서 계신 분 누구세요? (——╮)

왜 늦었어요? (——╮)

이 신발 어디서 산 거니? (——╮)

억양의 다양성

억양구의 끝뿐만 아니라 처음이나 중간에 나타나는 음조곡선의 변화도 억양의 형성에 중요하게 작용한다. 그러나 억양구에 걸린 여러가지 형태의 억양이 가진 의미를 유형화하기가 쉽지 않다. 화자는 음조곡선의 형태를 아주 다양하게 변화시켜 감정과 태도의 미세한 차이까지 표현하기 때문이다.

참 고

일반적으로 말해서 '음소'를 좁은 뜻으로 쓰면 '음운=음소+운소'와 같고 넓은 뜻으로 쓰면 '음운=음소=분절음소+초분절음소'와 같다. 국어 운소론의 연구사는 전광현(1990) 「음장・억양・악센트」, 이상억(1990) 「성조」 참조.

음장은 모음에 걸리는 것이 보통이지만 어떤 언어에서는 자음에 걸리기도 한다. 모음에 걸린 음장은 음절 전체에 걸린 것으로 파악하는 것이 보통이다. 국어의 음장에 대해서는 이병근(1978) 「국어의 장모음화와 보상성」, 이병근(1986)

「발화에 있어서의 음장」, 이병근(1990) 「음장의 사전적 기술」, 김창섭(1991) 「'하다' 형용사에서의 표현적 장음」 참조.

모음 앞에서 단음(短音)을, 자음 앞에서 장음을 가지는 1음절용언(본문의 (3)에 속한 용언)의 음장교체는 대체로 장음을 가진 기저형과 모음 앞에서 적용되는 단음화규칙을 설정함으로써 기술해 왔다. 즉 /신:꼬/, /신:떠라/, /신:는/에서는 기저의 장음이 그대로 실현되고, /시너/(신어), /시느면/(신으면)은 '신:-어→시너', '신:-으면→시느면'과 같은 단음화를 통해 도출된다고 기술하는 것이다. 이러한 기술이 추상적인 분석에 따른 것이라고 하여 이러한 용언에 대해 단음을 가진 기저형과 장음을 가진 기저형을 모두 설정해야 한다는 주장이 있다. 김성규(1988) 「비자동적 교체의 공시적 기술」 참조.

성조에 대해서는 Hyman (1975) *Phonology* (고병암 역 『음운론의 이론과 분석』)의 §6.2.2., Yip (2002) *Tone* 참조. 1970년대 후반에 자립분절음운론(Autosegmental Phonology)이라는 성조 이론이 나왔다. 국어의 여러 방언의 성조에 대해서는 많은 연구가 이루어졌는데 연구자마다 이론적 기반이나 표기법 등이 달라 전체적인 양상을 한눈에 파악하기가 쉽지 않다. 여러 방언의 성조 전반에 대해서는 이기문 외(1991) 「한국어 방언의 기초적 연구」, 이문규(2017) 『형태소 성조형 중심의 국어 성조론』 참조. 경상방언의 성조에 대해서는 허웅(1955) 「방점연구」, 정연찬(1974/1977) 『경상도방언성조연구』, 최명옥(1998) 「현대국어의 성조소체계」, 김차균(1999) 『우리말 방언 성조의 비교』, 신기상(1999) 『동부경남방언의 고저장단 연구』, 김영만(2000) 「국어 초분절소(운소)의 바른 이해를 위하여」, 김주원(2000) 「영남 방언 성조의 특성과 그 발달」, 임석규(2003) 「동남방언의 성조소에 대한 재검토」 참조. 함경방언의 성조에 대해서는 Ramsey (1974) 「함경 경상 양방언의 액센트 연구」, 곽충구(1994) 『함북 육진방언의 음운론』 참조. 강원도 영동방언의 성조에 대해서는 이익섭(1972) 「강릉방언의 suprasegmental phoneme 체계」 참조. 본문의 경북 김천방언의 성조에 대한 설명은 이혁화(1994) 「금릉방언의 성조 연구」에 의거한 것이다. 전라방언에 성조처럼 느껴지나 변별성이 없는 음고가 있는데 이에 대해서는 배주채(1991) 「고흥방언의 음장과 음조」, 배주채(1998) 『고흥방언 음운론』의 §6.1.1.을 참조. 중세국어의 성조는 방언 성조에 대한 여러 연구에서도 부분적으로 다루고 있고 김완진(1973/1977) 『중세국어성조의 연구』, 김성규(1994) 「중세국어의 성조 변화에 대한 연구」, 유필재(2001) 「중세국어 성조 연구사」, 김성규(2009) 「15세기 한국어 성조의 성격에 대하여」에서도 볼 수 있다.

강세는 우선 Hyman (1975)의 §6.2.1.을 참조. 1980년대에 율격음운론(Metrical Phonology)이라는 강세 이론이 나왔다. 국어에도 변별성이 없으나 강세와 비슷한 악센트가 있다고 보기도 한다. 이에 대해서는 이호영(1997) 『국어 운율론』 참조. 참고로 영어의 강세는 Kreidler (1989) *The Pronunciation of English* (김숙희 역 『영어의 발음』)의 5장, 9장, Durand (1990) *Generative and Non-linear Phonology* (문양수 역 『생성 · 비단선 음운론』)의 §6.2., Giegerich (1992) *English phonology*의 7장, 9장 참조.

억양의 이론은 Cruttenden (1986/1997) *Intonation* 참조. 관점과 연구방법론이 조금 다른 Ladd (1997/2009) *Intonational phonology*도 참고할 만하다. 억양이 문법론, 의미론, 화용론의 도움 없이는 올바르게 연구될 수 없음을 강조할 필요가 있다. 국어의 억양은 임홍빈(1993) 「국어 억양의 기본 성격과 특징」, 이호영(1997) 『국어 운율론』 참조.

7.1. 자질의 개념과 기능

분절음은 계기적(繼起的)으로 분석할 때 최소의 음운단위이지만 동시적(同時的)으로 분석하면 더 작은 성분들로 분석할 수 있다.

분절음의 동시적 성분

계기적인 음운단위 분석

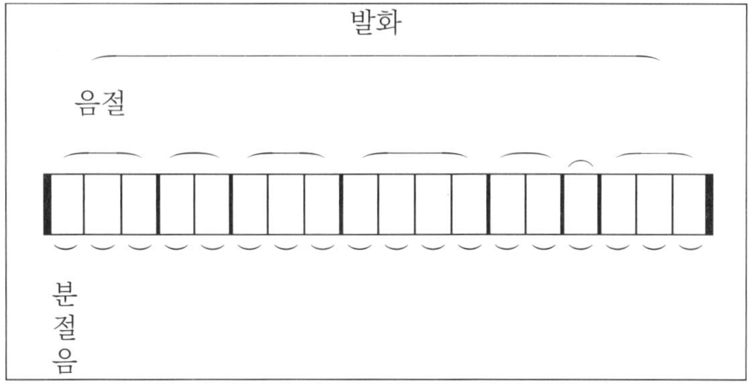

동시적인 분절음 분석

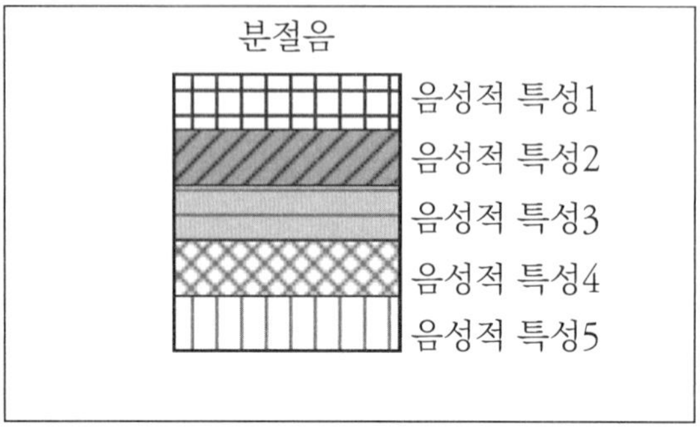

분절음
음성적 특성1
음성적 특성2
음성적 특성3
음성적 특성4
음성적 특성5

/ㅂ/의 동시적 성분들

예를 들어 분절음 /ㅂ/은 다음과 같은 여러 성분(음성적 특성)이 동시적으로 결합한 단위이다. /ㅂ/을 조음할 때 이들 여러 조음동작이 한꺼번에 수행되는 것이다. 이러한 점에서 모든 분절음은 복합적이다.

① 두 입술을 이용한다.

② 구강의 통로를 완전히 막는다.

③ 목젖으로 비강 쪽 통로를 막는다.

④ 성대 주위의 근육을 긴장시키지 않는다.

분절음 부류와 음성적 특성

그런데 /ㅂ/과 동일한 부류로 묶이는 /ㄷ/과 /ㄱ/은 /ㅂ/이 가진 네 가지 음성적 특성 중 조음위치에 관한 ①만 다르다. /ㄷ/은 두 입술 대신 혀끝과 윗니를 이용하고 /ㄱ/은 후설과 연구개를 이용한다. 따라서 /ㅂ, ㄷ, ㄱ/은 ②, ③, ④의 음성적 특성을 공유하는 부류로 정의된다.

/ㅂ, ㄷ, ㄱ/의 음성적 특성의 공통성과 차이

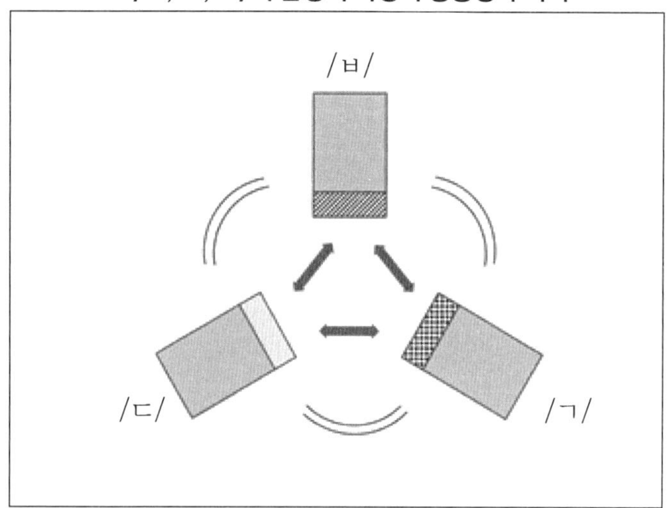

자질의 뜻

이러한 음성적 특성을 최소의 음운단위로 보고 **자질**(資質 feature)이라 부른다. ①은 [순음성] 자질, ②는 [폐쇄성] 자질, ③은 [구강성] 자질, ④는 [이완성] 자질이다. 그리고 분절음은 자질들의 동시적 묶음으로 규정된다. 즉 /ㅂ/은 다음과 같은 **자질명세**(資質明細 feature specification)를 가진 소리로 규정된다.

[순음성, 폐쇄성, 구강성, 이완성]

자연부류와 자질

자음이니 모음이니 마찰음이니 비음이니 하는 분절음의 부류는 같은 자질을 가진 분절음의 집합으로 정의된다. /ㅂ, ㄷ, ㄱ/은 평폐쇄음 부류인데 [폐쇄성, 구강성, 이완성]을 공유한 분절음 집합이다. 이와 같이 어떤 분절음 집합이 어떤 자질(들)을 공유하고 있을 때 **자연부류**(自然部類 natural class)라 한다. 즉 평폐쇄음 부류는 자연부류이다.

자질값과 양분자질

/ㅁ/은 /ㅂ/이 가진 네 가지 자질 중 [구강성] 대신 [비음성]을 가진 점이 다르다. [구강성]과 [비음성]의 차이는 목젖으로 비강 쪽 통로를 막느냐 막지 않느냐에 달려 있다. 즉 두 자질의 관계는 양자택일의 관계이다. 따라서 짝이 되는 자질 중 하나를 기준으로 해서 그 자질이 있음(+)과 없음(-)으로 구별하면 전체적으로 자질의 수를 크게 줄일 수 있다. [구강성]과 [비음성] 중 [비음성]을 취하여 [비음성]은 [+비음성]으로, [구강성]은 [-비음성]으로 표시하게 된다. 구강음과 비음을 [비음성]의 유무(有無)로 구별할 수 있다. 이렇게 +와 -로 **자질값**(feature value)을 표시하는 방식을 **양분법**(兩分法 binarism)이라 하고 그러한 자질을 **양분자질**(兩分資質 binary feature)이라 한다.

분류의 기능

자질은 세 가지 기능을 가진다. 첫째, 분류의 기능을 가진다. 분절음을 자음, 모음, 공명음, 폐쇄음, 비음, 연구개음과 같은 여러 자연부류로 나누는 기준이 되기 때문이다. 예를 들어 [비음성]은 모든 분절음을 비음과 구강음으로 나누는 기준이 된다.

변별의 기능과 변별자질

둘째, 변별의 기능을 가진다. 음소와 음소가 대립하는 것은 각 음소가 가진 자질의 내용이 다르기 때문이다. 예를 들어 /ㅂ/과 /ㅁ/은 [비음성]의 자질값(+ 또는 -)이 서로 다르기 때문에 변별적이 되는 것이다. 따라서 대립의 주체는 음소라기보다 자질인 셈이다. [비음성]과 같이 변별적 기능을 가진 자질을 **변별적 자질**(辨別的 資質 또는 **변별자질** 辨別資質 distinctive feature)이라 한다. 이제 음소는 변별자질들의 동시적 묶음(simultaneous bundle of distinctive features)으로 정의된다.

음성기술의 기능과 잉여자질

셋째, 음성기술의 기능을 가진다. 분절음의 음가(音價)를 음성적으로 정의된 자질을 이용하여 정확하게 기술할 수 있는 것이다. 예를 들어 [비음성]은 /ㅁ/과 /ㅂ/의 음가를 기술할 때 유용하게 쓰일 수 있다. 또 성대가 진동하는 특성인 [유성성] 자질은 무성음 [p]와 유성음 [b]의 음가를 기술할 때 유용하다. 그런데 국어에서 [p]와 [b]가 대립하지 않기 때문에 [유성성]은 변별적 기능을 가지지 못한다. 이러한 자질을 **잉여자질**(剩餘資質 redundant feature)이라 한다. 변별자질을 음운자질, 잉여자질을 음성자질이라 부르기도 한다. 이제 앞으로 살펴볼 자질은 모두 변별자질이다.

7.2. 주요부류자질

주요부류자질

주요부류자질(主要部類資質 major class feature)은 분절음을 큰 부류로 나누는 자질이다. 전통적인 주요부류인 자음과 모음은 [자음성](子音性)의 유무로 구별할 수 있고, 모음과 반모음은 [성절성](成節性)의 유무로 구별할 수 있다.

[자음성](consonantal) : 기류가 성도(聲道)에서 장애를 받는 특성
[성절성](syllabic) : 홀로 음절의 중성으로 쓰일 수 있는 특성

[성절성] 자질

[성절성]은 음성학적으로 잘 정의되지 않는다. 음절의 구성에 참여할 때 가질 수 있는 자격, 즉 음절 안에서의 기능에 의해 정의할 수 있다. 영어에서 비음, 유음이 음절의 핵으로 쓰일 때와 그렇지 않을 때 음성학적으로는 별 차이가 없지만 [성절성]의 자질값은 달라진다. 'prism, bottle' 등에서의 성절적인 [m], [l]은 [+성절성]을 가지는 반면 'team, ball' 등에서의 비성절적인 [m], [l]은 [-성절성]을 가지는 것이다. 국어에서는 모음만이 음절의 핵으로 쓰일 수 있으므로 모음만 [+성절성]을 가진다고 할 수 있다. 반모음은 [성절성]만 빼면 모든 자질의 값이, 짝을 이루는 고

모음과 같다(§7.4. 참조).

주요부류자질과 자질행렬

주요부류자질로 나누어지는 음소부류의 자질값을 표로 나타내면 다음과 같다. 이러한 표를 **자질행렬**(資質行列 feature matrix)이라 한다.

	자음	모음	반모음
[자음성]	+	-	-
[성절성]	-	+	-

주요부류의 약호

이들 주요부류는 자질로 표시하는 대신 편의상 약호를 쓰는 일이 많다. 자음은 C(consonant), 모음은 V(vowel), 반모음은 S(semivowel)로 간단히 나타낸다.

7.3. 자음에 관한 자질

조음위치자질

자음에 관한 자질은 크게 조음위치자질과 조음방식자질로 나눌 수 있다. 조음위치를 구별하는 자질은 [순음성](脣音性)과 [전설성](前舌性)이다.

[순음성](labial) : 입술의 조음적 역할이 큰 특성

[전설성](frontal) : 혀끝이나 전설의 조음적 역할이 큰 특성

조음위치자질과 자질행렬

이에 따라 자음의 조음위치자질의 값을 도표로 나타내면 다음과 같다. 후설음과 성문음(/ㅎ/)은 조음위치자질로 구별되는 것이 아니라 조음방식자질로 구별된다. 이 두 조음위치자질은 모음과 반모음에도 적용된다(§7.4. 참조).

	양순음	전설음	후설음	성문음
[순음성]	+	-	-	-
[전설성]	-	+	-	-

조음방식자질은 다음 여섯 가지로 요약된다.

조음방식자질

[공명성](sonorant) : 규칙적인 음파가 발생하여 소리가 잘 울리는 특성

[비음성](nasal) : 공기가 비강으로 흐르며 공명을 일으키는 특성

[치찰성](sibilant) : 혀끝이나 전설에 의해 난류(亂流)가 생겨 높은 주파수(3000Hz 이상) 대역에 음향에너지가 집중되는 특성

[폐쇄성](stop) : 구강에서 공기의 흐름이 완전히 막히는 특성

[긴장성](tense) : 성대 주위의 근육이 긴장되는 특성

[유기성](aspirated) : 성문에서 많은 양의 기식이 방출되는 특성

조음방식자질과 분절음 부류

[공명성](共鳴性)은 장애음과 공명음을 구별해 준다. [비음성](鼻音性)은 비음을 장애음, 유음으로부터 구별해 준다. [치찰성](齒擦性)은 치찰음(전설파찰음과 전설마찰음)과 다른 분절음을 구별해 준다. [폐쇄성](閉鎖性)은 폐쇄음, 파찰음, 비음을 다른 분절음들과 구별해 준다. [긴장성](緊張性)과 [유기성](有氣性)은 장애음들 중 평음과 경음과 유기음을 구별하기 위한 것이다.

자음의 자질행렬

자음에 관한 자질값을 종합적으로 표로 나타내면 다음과 같다.

	ㅂㅃㅍ	ㄷㄸㅌ	ㅅㅆ	ㅈㅉㅊ	ㄱㄲㅋ	ㅎ	ㅁㄴㅇ	ㄹ
[순음성]	+ + +	- - -	- -	- - -	- - -	-	+ - -	-
[전설성]	- - -	+ + +	+ +	+ + +	- - -	-	- + -	+
[공명성]	- - -	- - -	- -	- - -	- - -	-	+ + +	+
[비음성]	- - -	- - -	- -	- - -	- - -	-	+ + +	-
[치찰성]	- - -	- - -	+ +	+ + +	- - -	-	- - -	-
[폐쇄성]	+ + +	+ + +	- -	+ + +	+ + +	-	+ + +	-
[긴장성]	- + +	- + +	- +	- + +	- + +	-	- - -	-
[유기성]	- - +	- - +	- -	- - +	- - +	+	- - -	-

7.4. 모음과 반모음에 관한 자질

모음에 사용되는 [순음성]과 [전설성]

모음을 분류하는 세 가지 기준, 즉 혀의 높이, 혀의 앞뒤 위치, 입술모양이 자질에 반영된다. 입술모양은 [순음성]으로, 혀의 앞뒤 위치는 [전설성]으로 표현된다. 자음의 조음위치를 구별해 주는 두 자질이 모음에 대해서도 그대로 사용되는 것이다.

	전설평순모음	전설원순모음	후설평순모음	후설원순모음
[순음성]	-	+	-	+
[전설성]	+	+	-	-

[고설성]과 [저설성]

혀의 높이는 [고설성](高舌性), [저설성](低舌性) 두 자질로 표현된다. 이들은 모음과 반모음에만 적용되는 자질이다.

[고설성](high) : 혀의 위치가 높은 특성

[저설성](low) : 혀의 위치가 낮은 특성

	고모음	중모음	저모음
[고설성]	+	-	-
[저설성]	-	-	+

이제 모음에 관한 자질값을 종합적으로 표로 나타내면 다음과 같다.

모음의 자질행렬

	ㅣ	ㅔ	ㅐ	ㅟ	ㅚ	ㅡ	ㅓ	ㅏ	ㅜ	ㅗ
[순음성]	-	-	-	+	+	-	-	-	+	+
[전설성]	+	+	+	+	+	-	-	-	-	-
[고설성]	+	-	-	+	-	+	-	-	+	-
[저설성]	-	-	+	-	-	-	-	+	-	-

반모음은 [-성절성]인 점만 빼고는 짝이 되는 고모음과 자질명세가 같다. 전설평순반모음 /j/는 전설평순고모음 /ㅣ/와, 후설원순반모음 /w/는 후설원순고모음 /ㅜ/와, 후설평순반모음 /ɰ/는 후설평순고모음 /ㅡ/와 [성절성]의 자질값만 다른 것이다. 반모음과 고모음의 자질값을 대조해 보이면 다음과 같다.

반모음에 관한 자질

	j	i	w	u	ɰ	ɯ
[성절성]	-	+	-	+	-	+
[순음성]	-	-	+	+	-	-

[전설성] + + - - - -

[고설성] + + + + + +

[저설성] - - - - - -

7.5. 자질의 잉여성

자질명세에서의 예측가능성

변별자질이 음소와 음소를 구별하는 기능을 가지고 있기는 하지만 한 음소가 가진 변별자질들을 모두 표시할 필요는 없다. 자질끼리의 관계로부터 예측이 가능한 자질이 있다. 자질명세 속에 예측가능성, 즉 **잉여성**(剩餘性 redundancy)이 존재하는 것이다. 예를 들어 [+비음성]인 자음은 모두 [+공명성]이므로 [+비음성]이 표시되어 있다면 그 자음의 자질명세에서 [+공명성]은 표시할 필요가 없게 된다.

자질에 관한 함의공식

이것을 명제논리적으로 보면 다음과 같은 **함의공식**(含意公式)으로 나타낼 수 있고 집합이론적으로도 이해할 수 있다.

[+비음성] ⇒ [+공명성] ([+비음성]이면 항상 [+공명성]이다.)
비음의 집합 ⊂ 공명음의 집합 (비음의 집합은 공명음의 집합에 포함된다.)

이와 대우(對偶)인 명제 역시 성립한다.

[-공명성] ⇒ [-비음성] ([-공명성]이면 항상 [-비음성]이다.)
장애음의 집합 ⊂ 구강음의 집합 (장애음의 집합은 구강음의 집합에 포함된다.)

이와 같은 함의공식을 몇 가지 예를 들면 다음과 같다.

자질에 관한 함의공식의 예

[+공명성] ⇒ [-치찰성], [-긴장성], [-유기성]

[+비음성] ⇒ [+공명성], [-치찰성], [-긴장성], [-유기성]

[+치찰성] ⇒ [-공명성], [-비음성], [-순음성, +전설성]

[+순음성] ⇒ [-전설성]

[+고설성] ⇒ [-저설성]

이러한 함의공식에 따라 /ㄹ/의 자질 중 [+공명성]은 [-치찰성], [-긴장성], [-유기성]이 잉여적이 되게 한다. 나아가 [+공명성, -비음성]은 자음 중 /ㄹ/만이 가진 공통자질이다. 따라서 [-순음성], [+전설성], [-폐쇄성]의 자질값도 예측할 수 있다. 자음에 관한 자질 중 /ㄹ/의 필수적인 자질은 [+공명성, -비음성]뿐이고 나머지는 모두 잉여적인 자질인 것이다.

/ㄹ/의 잉여적인 자질

$$\begin{bmatrix} \text{C} \\ +\text{공명성} \\ -\text{비음성} \end{bmatrix} \Rightarrow \begin{array}{l} [-\text{치찰성}], [-\text{긴장성}], [-\text{유기성}] \\ [-\text{순음성}], [+\text{전설성}], [-\text{폐쇄성}] \end{array}$$

이제 자질행렬에서 잉여성을 고려하여 필수적인 자질값만 동그라미로 표시하면 다음과 같다.

자질행렬에서의 필수적인 자질값

자음의 필수적인 자질값

	ㅂ	ㅃ	ㅍ	ㄷ	ㄸ	ㅌ	ㅅ	ㅆ	ㅈ	ㅉ	ㅊ	ㄱ	ㄲ	ㅋ	ㅎ	ㄴ	ㅁ	ㅇ	ㄹ
[순음성]	⊕	⊕	⊕	-	-	-	-	-	-	-	-	⊖	⊖	⊖	-	⊕	-	⊖	-
[전설성]	-	-	-	⊕	⊕	⊕	+	+	+	+	+	⊖	⊖	⊖	-	-	⊕	⊖	+
[공명성]	-	-	-	-	-	-	-	-	-	-	-	-	-	-	-	+	+	+	⊕
[비음성]	⊖	-	-	⊖	-	-	-	-	-	-	-	⊖	-	-	-	⊕	⊕	⊕	⊖
[치찰성]	-	-	-	⊖	⊖	⊖	⊕	⊕	⊕	⊕	⊕	-	-	-	-	-	-	-	-
[폐쇄성]	+	+	+	+	+	+	⊖	⊖	⊕	⊕	⊕	+	+	+	-	+	+	+	-
[긴장성]	⊖	⊕	+	⊖	⊕	+	⊖	⊕	⊖	⊕	+	⊖	⊕	+	⊖	-	-	-	-
[유기성]	-	⊖	⊕	-	⊖	⊕	-	-	-	⊖	⊕	-	⊖	⊕	⊕	-	-	-	-

모음과 반모음의 필수적인 자질값

	ㅣ	ㅔ	ㅐ	ㅟ	ㅚ	ㅡ	ㅓ	ㅏ	ㅜ	ㅗ	j	w	ɰ
[순음성]	⊖	⊖	-	⊕	⊕	⊖	⊖	-	⊕	⊕	-	⊕	⊖
[전설성]	⊕	⊕	⊕	⊕	⊕	⊖	⊖	⊖	⊖	⊖	⊕	-	⊖
[고설성]	⊕	⊖	-	⊕	⊖	⊕	⊖	-	⊕	⊖	+	+	+
[저설성]	-	⊖	⊕	-	-	-	⊖	⊕	-	-	-	-	-

음소의 간단한 자질명세

이제 음소를 자질로 표시할 때 주요부류를 나타내는 약호와 필수적인 자질만으로 다음과 같이 나타낼 수 있다.

/ㅂ/ : [C, +순음성, -비음성, -긴장성]

/ㅉ/ : [C, +치찰성, +폐쇄성, +긴장성, -유기성]

/ㄹ/ : [C, +공명성, -비음성]

/ㅐ/ : [V, +전설성, +저설성]

/ㅓ/ : [V, -순음성, -전설성, -고설성, -저설성]

/j/ : [S, +전설성]

/w/ : [S, +순음성]

필수적인 자질명세에서 빠진 자질들이 잉여적인 것은 사실이지만 경우에 따라 필수적일 때도 있으므로 항상 잉여적인 잉여자질, 즉 음성자질과는 구별해야 한다. 앞에서 본 [유성성]과 같은 자질은 국어에서 어떤 경우에도 변별적 기능을 가지지 못하는 잉여자질인 반면 [긴장성]은 /ㄹ/에 있어서는 잉여적이지만 /ㅂ/에 있어서는 필수적이므로 여전히 변별자질, 즉 음운자질이다.

잉여적인 자질과 잉여자질의 차이

참 고

자질은 프라하학파의 음운이론에서도 논의되었으나 생성음운론에서 큰 주목을 받게 되었다. 주된 자질이론은 Hyman (1975) *Phonology* (고병암 역 『음운론의 이론과 분석』)의 2장 참조. Sommerstein (1977) *Modern Phonology*의 5장, Lass (1984) *Phonology*의 5장, 6장, Durand (1990) *Generative and Non-linear Phonology* (문양수 역 『생성・비단선 음운론』)의 2장, 3장에서 그 이후의 논의를 볼 수 있다. 1980년대 중반부터 자질을 중시하는 이론들이 나왔다. 이들에 대해서는 Durand (1990)의 8장과 Kenstowicz (1994) *Phonology in Generative Grammar* (안상철 외 역(1997) 『생성문법의 음운론』)의 9장 참조. 그러나 이러한 최근 이론들은 국어의 자질 연구에 별 도움을 주지 못하고 있다. 오히려 영어의 자질체계를 서술한 Giegerich (1992) *English phonology*의 4장, 5장이 도움이 될 것이다.

본문에 제시한 자질 중 [순음성], [전설성]과 [폐쇄성]은 널리 알려진 [원순성](round), [전방성](anterior), [설정성](coronal)과 [지속성](continuant) 대신에 설정한 것이다. 본문과 조금 다른 자질체계를 최명옥(2004) 『국어 음운론』의 3장, 이진호(2005/2014) 『국어 음운론 강의』의 3장(개정판은 4장), 신지영(2011/2016) 『한국어의 말소리』의 4~6장에서 볼 수 있다. 자질에 대한 개별 연구로는 강창석(1988) 「국어의 음운현상과 음운자질(1)」, 송철의(1996) 「국어의 음운현상과 변별적 자질」, 김정우(1997) 「조음자질과 음향자질」 참조.

8 음운과정

8.1. 음운과정의 유형

음운과정(音韻過程 phonological process)이란 한 단계의 말소리 변화를 말한다. 그 변화는 공시적일 수도 있고 통시적일 수도 있다. 공시적 음운과정을 **음운변동**(音韻變動), 통시적 음운과정을 **음운변화**(音韻變化)라 불러 구별하기도 한다. 이 책에서는 음운변화를 그보다 더 넓은 뜻으로 쓴다 (§10.1. 참조). 또 음운과정을 조금 느슨하게 **음운현상**(音韻現象)이라 부르기도 한다.

음운과정의 뜻

음운과정은 분절음의 관점에서 본 변화의 구조에 따라 대치, 탈락, 첨가, 축약, 도치로 나눌 수 있다.

대치, 탈락, 첨가, 축약, 도치

(1) **대치**(代置 replacement) : 한 분절음이 다른 분절음으로 바뀌는 것
(2) **탈락**(脫落 또는 **삭제** 削除 deletion, elision) : 분절음이 떨어져나가는 것
(3) **첨가**(添加 또는 **삽입** 插入 addition, insertion) : 없던 분절음이 끼어드는 것

(4) **축약**(縮約 contraction, coalescence) : 둘 이상의 분절음이 한 분절음으로 합쳐지는 것

(5) **도치**(倒置 metathesis, transposition) : 분절음끼리 순서가 바뀌는 것

약화와 강화

음운과정은 변화의 목적에 따라 약화와 강화로 나눌 수 있다. **약화**(弱化 weakening, lenition)는 강한 소리가 약한 소리로 바뀌는 것인데 구체적으로 자음의 경우 개구도나 공명도가 큰 쪽으로, 모음의 경우 그 반대로 바뀌는 것이다. **강화**(强化 strengthening, fortition)는 약화와 반대방향으로 바뀌는 것이다.

음운론적 강도

약화와 강화를 설명하려면 분절음의 **음운론적 강도**(音韻論的 强度 phonological strength)를 파악해야 한다. 음운론적 강도는 분절음 간의 비교를 통해서 정해지는 상대적인 성격을 가진다. 분절음 부류별로 강도의 크기를 비교하면 대체로 다음과 같다.

자음의 음운론적 강도

유기음・경음 > 평음 > 비음・유음

폐쇄음・파찰음 > 마찰음

모음과 반모음의 음운론적 강도

저모음 > 중모음 > 고모음 > 반모음

약화와 강화의 예

'신-고→신:꼬'와 같은 경음화는 강화이다. 15세기 이후에 일어난 '긇->끓-', '딯->찧-', 현대에 들어와 일어나고 있는 '조금>쪼금', '세-(强)>쎄-', '닦->딲-'과 같은 어두경음화도 강화이다. 한편 '잡-는→잠는'과 같은 비음화나 /samtato/(삼다도)→[samdado]와 같은 유성음화,

'이기-어→이겨'와 같은 반모음화, 비어두의 'ㆍ>ㅡ'와 같은 음운변화는 약화이다. 약화가 극단에 이르면 탈락이 일어난다. 'ᄆᆞᅀᆞᆷ>마음', 'ᄉᆞᅀᅵ>사이', '시ᅀᅥ(지ᇫ-어)>지어'와 같이 모음 사이에서 /ㅿ/이 탈락한 변화가 그 예이다.

동화와 이화

대치에 속하는 음운과정들 가운데 상당수는 동화와 이화로 나눌 수 있다. 동화와 이화는 변화를 입는 분절음과 음운환경의 유사성에 따른 구분이다. **동화**(同化 assimilation)는 음운환경과 같거나 비슷하게 바뀌는 것이고 **이화**(異化 dissimilation)는 다르게 바뀌는 것이다.

동화

동화는 가장 흔하고 자연스러운 음운과정이다. 음운변화나 음운변동이 생기는 일차적인 동기는 발음의 쉬움(ease of articulation)을 추구하는 것인데 동화가 일어나면 일반적으로 발음이 더 쉬워지기 때문이다. 동화를 입는 분절음을 **피동화음**(被同化音)이라 하고 피동화음에 영향을 주어 동화를 일으키는 분절음을 **동화음**(同化音 또는 **동화주** 同化主)이라 한다.

이화

이화는 같거나 비슷한 소리가 연속되어 오히려 발음하기가 껄끄럽거나 발음이 단조로울 때 일어나는데 동화에 비해 드물게 나타난다. 거붑>거북, 고키리>코키리>코끼리, 다밈(담임)>다님.

완전동화와 부분동화

동화에는 다양한 유형이 있다. 주된 유형은 다음과 같다.

완전동화(完全同化 complete assimilation, total assimilation)

부분동화(部分同化 partial assimilation)

직접동화(直接同化 또는 **인접동화** 隣接同化 contact assimilation, contiguous assimilation)

간접동화(間接同化 또는 **원격동화** 遠隔同化 distant assimilation)

순행동화(順行同化 progressive assimilation) 또는 **지연동화**(遲延同化 perseverative assimilation)

역행동화(逆行同化 regressive assimilation) 또는 **예측동화**(豫測同化 anticipatory assimilation)

분류의 기준	유형	뜻
피동화음이 동화음과 비슷해지는 정도	완전동화	피동화음이 동화음과 같아짐
	부분동화	피동화음이 동화음과 비슷해짐
동화음과 피동화음의 거리	직접동화	동화음과 피동화음이 인접해 있음
	간접동화	동화음과 피동화음 사이에 다른 분절음이 끼어 있음
동화음과 피동화음의 선후관계	순행동화	동화음이 피동화음보다 앞에 있음
	역행동화	동화음이 피동화음보다 뒤에 있음

완전동화와 부분동화의 예

'물놀이→물로리'의 유음화는 /ㄹ/ 뒤에서 /ㄴ/이 /ㄹ/과 같아지므로 완전동화이다. '닫는→단는'에 나타나는 폐쇄음의 비음화도 /ㄴ/ 앞에서 /ㄷ/이 /ㄴ/과 같아지므로 완전동화이다. 한편 근대에 일어난 '믈>물'의 원순모음화는 부분동화이다. 양순음 /ㅁ/ 뒤에서 평순모음 /ㅡ/가 /ㅁ/과 같아지지 않고 [순음성]을 공유하는 /ㅜ/로 바뀌었기 때문이다. '잡는→잠는'에 나타나는 폐쇄음의 비음화도 /ㄴ/ 앞에서 /ㅂ/이 /ㄴ/과 같아지지 않고 [비음성]을 공유하는 /ㅁ/으로 바뀌므로 부분동화이다.

완전동화와 부분동화의 동질성

동화음과 피동화음의 자질의 관점에서 보면, 피동화음이 가지는 자질 중의 한 가지가 동화음의 자질과 같아진다는 점에서 완전동화와 부분동화가 차이가 없다. 비음화의 예에서 /ㄴ/ 앞에서 /ㄷ/이 /ㄴ/으로 바뀌는 것(닫는→단는)이나 /ㅂ/이 /ㅁ/으로 바뀌는 것(잡는→잠는)이나 [-비음성]이 [+비음성]으로 바뀌는 점은 똑같다.

직접동화와 간접동화의 예

'닫는→단는', '잡는→잠는'에 나타나는 폐쇄음의 비음화는 동화음 /ㄴ/과 피동화음 /ㄷ, ㅂ/이 붙어 있으므로 직접동화이다. 한편 근대에 일어난 '올창이>올챙이'의 움라우트는 동화음 /ㅣ/와 피동화음 /ㅏ/ 사이에 자음 /ㅇ/이 끼어 있으므로 간접동화이다.

간접동화와 개재자음

간접동화에서 동화음과 피동화음 사이에 낀 자음을 **개재자음**(介在子音)이라 한다. 유음화는 직접동화일 때도 있고(물놀이→물로리) 간접동화일 때도 있다(핥는다→핥른다→할른다). 만약 도출과정을 '핥는다→할는다→할른다'와 같이 본다면 유음화는 항상 직접동화가 된다.

지연동화와 예측동화의 뜻

순행동화는 앞소리의 흔적이 남아 있다가 뒷소리에 영향을 미치는 것이므로 지연동화라 하기도 하고, 역행동화는 뒤에 올 소리의 발음이 미리 시작되어 앞소리에 영향을 미치는 것이므로 예측동화라 하기도 한다.

순행동화와 역행동화의 예

'물놀이→물로리', '핥는다→할른다'에 나타나는 유음화는 동화음 /ㄹ/이 피동화음 /ㄴ/ 앞에 있으므로 순행동화이다. '믈>물'에 나타나는 원순모음화도 동화음 /ㅁ/이 피동화음 /ㅡ/ 앞에 있으므로 순행동화이다. 한편 '잡는→잠는'에 나타나는 폐쇄음의 비음화는 동화음 /ㄴ/이 피동화음 /ㅂ/ 뒤에 있으므로 역행동화이다. '논리→놀리'에 나타나는 유음화는 동화음 /ㄹ/이 피동화음 /ㄴ/ 뒤에 있으므로 역행동화이다.

상호동화와 이중동화

동화음과 피동화음의 선후관계의 관점에서 순행동화, 역행동화 외에 **상호동화**(相互同化 reciprocal assimilation)와 **이중동화**(二重同化 double assimilation)를 설정하기도 한다. 두 소리가 서로 동화를 일으켜 두 소리 모두 동화음과 피동화음을 겸하는 것을 상호동화라 하는데 국어에서는 예를 찾기 어렵다. 이중동화는 피동화음의 앞뒤에 있는 두 소리가 동시에 동화음인 경우를 가리킨다. '더ᄫᅥ>더워'에서처럼 모음과 모음 사이에 있는 /ㅸ/이 /w/로 바뀐 것을 /ㅸ/이 앞뒤에 있는 모음에 더 가까운 소리인 /w/로 동화된 것이라고 보면 이 변화는 이중동화라 할 수 있다. 이러한 현상은 동화 대신 약화로 해석할 수도 있다.

자음동화와 모음동화

피동화음의 종류에 따라 동화를 **자음동화**(子音同化)와 **모음동화**(母音同化)로 나눌 수 있다. 동화음까지 고려하면 자음에 의한 자음동화(비음화, 유음화, 조음위치동화), 모음에 의한 자음동화(구개음화), 모음에 의한 모음동화(모음조화, 움라우트, 모음완전동화), 자음에 의한 모음동화(원순모음화, 전설모음화)로 나눌 수 있다. 그러나 자음동화, 모음동화를 각각 자음에 의한 자음동화, 모음에 의한 모음동화의 뜻으로 좁혀 쓰는 경우가 많다.

형태음운과정과 이음과정

이제 아래에서 공시적인 음운과정들을 소개한다. 공시적인 음운과정에는 형태음운적인 것이 있고 이음적인 것이 있는데 **이음과정**(異音過程 allophonic process)보다 **형태음운과정**(morphonological process)이 훨씬 다양하고 많다. 중부방언의 것들을 중심으로 하되 다른 방언의 것들도 중요성이 있는 몇 가지를 다룬다. 다룰 음운과정을 모아서 보이면 다음과 같다.

〈형태음운과정〉

자음에 관한 것

대치 : 평폐쇄음화, 비음화, 유음화, 조음위치동화, 경음화

탈락 : 자음군단순화, ㅎ탈락, 중복자음감축, ㄷ탈락, ㄹ탈락, 비음탈락

첨가 : 중복자음화, ㄴ첨가, 동음첨가

축약 : 유기음화, 경음화

모음과 반모음에 관한 것

대치 : 모음조화, 움라우트, j반모음화, w반모음화, 모음완전동화, 전설모음화, 원순모음화

탈락 : ㅡ탈락, 동모음탈락, j탈락, w탈락

첨가 : j첨가

축약 : 모음축약

〈이음과정〉

자음에 관한 것

대치 : 불파음화, 유성음화, 설측음화, 구개음화

모음과 반모음에 관한 것

대치 : 고설화, w의 조음위치동화

탈락 : j탈락

8.2. 자음에 관한 형태음운과정

8.2.1. 대치

① **평폐쇄음화**

평폐쇄음화의 뜻

모든 장애음은 종성에서 평폐쇄음 /ㅂ, ㄷ, ㄱ/ 중의 하나로 바뀐다. 폐쇄음을 파열음이라 부르는 경우에는 **평파열음화**라 한다. (각 도출과정의 첫 화살표 왼쪽의 입력은 기저형이 아니라 맞춤법에 따른 표기이다.)

앞→압 앞도→압도(→압또) 앞만→압만(→암만)

옷→옫 옷도→옫도(→옫또) 옷만→옫만(→온만)

빛→빋 빛과→빋과(→빋꽈)

닦지→닥지(→닥찌) 닦는→닥는(→당는)

변화의 내용

이때 조음위치는 바뀌지 않는다. 즉 양순장애음은 양순음 /ㅂ/으로, 전설장애음은 전설음 /ㄷ/으로, 후설장애음은 후설음 /ㄱ/으로 바뀐다. 바뀌는 것은 조음방식이다. 파찰음이나 마찰음은 폐쇄음으로 바뀌고 폐쇄음 중에서 경음이나 유기음은 평음으로 바뀌는 것이다. 따라서 평폐쇄음화(平閉鎖音化)는 **폐쇄음화**(閉鎖音化)와 **평음화**(平音化)가 동시에 일어나는 음운과정이라고 생각할 수도 있다.

/ㅎ/의 평폐쇄음화

마찰음 중 /ㅎ/의 평폐쇄음화는 특수하다. 첫째, ㅎ말음체언이 없어 /ㅎ/이 휴지 앞에서 어떻게 바뀌는지 확인할 수 없고, 둘째, 뒤에 자음이 올 때는 /ㅎ/이 /ㄷ/으로 실현되는 일이 없이 비음화되거나 경음화, 유기음화를 일으킨다.

놓는→논는 (비음화)

놓습니다→노씁니다 (경음화)

놓고→노코 놓지→노치 놓더라→노터라 (유기음화)

/ㅎ/과 /ㅂ, ㄷ, ㄱ, ㅈ/이 만나면 유기음화가 일어나고, /ㅎ/과 /ㄴ/이 만나면 /ㅎ/이 비음화된다. 위의 비음화는 '놓는→녿는→논는'과 같이'ㅎ→ㄷ'의 평폐쇄음화 뒤에 일어나는 것으로 기술하는 것이 자연스럽다. 그런데 '놓습니다→노씁니다'의 경음화는 /ㅎ/과 /ㅅ/이 바로 /ㅆ/으로 축약되는 것으로 볼 수도 있고 '놓습니다→녿습니다→녿씁니다→노씁니다'

의 과정을 거친 것으로 볼 수도 있다. 후자는 평폐쇄음화(ㅎ→ㄷ), 폐쇄음 뒤 경음화(ㅅ→ㅆ), ㄷ탈락(ㄷ→∅)이 차례로 일어나는 것으로 보는 것이다. 이것은 기술이 다소 복잡하다. 이 책에서는 단순하게 기술할 수 있는 전자를 택한다. 즉 '놓습니다→노씁니다'에서는 /ㅎ/과 /ㅅ/이 /ㅆ/으로 축약된다(⑯경음화 참조).

한편 다른 장애음들의 평폐쇄음화에서와 달리 /ㅎ/의 평폐쇄음화에서는 조음위치가 바뀌는데 그것은 성문의 위치에서 나는 폐쇄음(/ʔ/)이 국어에 음소로 존재하지 않기 때문일 것이다. 그런데 왜 하필 전설음 /ㄷ/으로 바뀌는지는 밝혀져야 할 문제이다.

평폐쇄음화와 불파음

평폐쇄음화가 일어나는 것은 종성 자음이 불파음이어야 한다는 국어의 음성학적 특성 때문이다. 불파음으로 발음될 수 없는 마찰음과 파찰음, 그리고 경음과 유기음이 불파음으로 실현되기 위해 평폐쇄음으로 바뀌는 것이라고 할 수 있다.

② **비음화**

폐쇄음의 비음화

평폐쇄음 /ㅂ, ㄷ, ㄱ/은 비음 앞에서 각각 비음 /ㅁ, ㄴ, ㅇ/으로 동화된다.

무럭무럭→무렁무럭 믿는다→민는다

밥 먹는다→밤멍는다 무척 많다→무청만타

평폐쇄음화와 비음화

평폐쇄음이 아닌 장애음이 평폐쇄음화의 결과로 /ㅂ, ㄷ, ㄱ/이 되었을 때도 비음화된다. 결국 모든 장애음은 비음 앞에서 비음으로 바뀌게 된다.

앞만→압만→암만 닦는→닥는→당는

못 만나→몯:만나→몬:만나

불파폐쇄음과 비음화

그런데 /ㅂ, ㄷ, ㄱ/ 이외의 장애음들은 평폐쇄음화 과정을 거치지 않고 곧바로 비음으로 바뀐다고 볼 수도 있다. 그러나 음성학적으로는 그러한 음운과정이 자연스럽지 않다. 불파폐쇄음 [p˺, t˺, k˺]와 뒤따르는 비음을 발음할 때 목젖이 미리 비강 쪽 통로를 터 불파폐쇄음이 불파비음 [m˺, n˺, ŋ˺]으로 바뀌는 것이 비음화이기 때문이다. 외파되어야 제 음가가 실현되는 경음, 유기음, 파찰음, 마찰음은 평폐쇄음화 과정을 거쳐 불파폐쇄음이 된 후에 비음화될 수 있는 것이다.

ㄹ의 비음화

/ㄹ/은 /ㄹ/ 이외의 자음 뒤에서 /ㄴ/으로 바뀐다. 이것도 비음이 아닌 분절음이 비음으로 바뀌는 것이므로 비음화라 할 수 있다. 위의 동화로서의 비음화를 **폐쇄음의 비음화**라 부르고 이것을 **ㄹ의 비음화**라 불러 구별할 수 있다.

심리→심니 십리→십니→심니

병렬→병녈 직렬→직녈→징녈

③ 유음화

유음화의 뜻과 종류

/ㄴ/이 /ㄹ/을 만나 /ㄹ/로 바뀌는 것이 유음화이다. 유음화는 /ㄴ/과 /ㄹ/의 순서에 따라 두 가지로 나누어진다.

순행적 유음화 : /ㄹ/ 뒤에서 /ㄴ/이 /ㄹ/로 바뀌는 것

역행적 유음화 : /ㄹ/ 앞에서 /ㄴ/이 /ㄹ/로 바뀌는 것

순행적 유음화에는 두 종류가 있다.

순행적 유음화

(1) 달님→달림 아들네→아들레 하늘나라→하늘라라 물놀이→물로리
한 달 남짓→한달람짓 잘 놀아→잘로라 줄을 내린다→주를래린다
(2) 훑는→훑는→훌른 앓는다→알는다→알른다

(1)은 두 단어 사이나 합성어와 파생어에서 일어나는 것이다. 합성어와 파생어 중에는 '솔나무→소나무'(합성어), '겨울내→겨우내'(파생어)와 같이 /ㄴ/ 앞의 /ㄹ/이 탈락하여 유음화가 일어나지 않는 예들이 있으나 이런 예들에서의 **ㄹ탈락**은 역사적인 현상이다. 예전에 /ㄹ/이 탈락한 대로 굳어진 형태가 지금까지 계속 쓰이고 있다는 것이다. 요즘 새로 생긴 말이라면 ㄹ탈락이 아닌 유음화가 일어나 '솔라무, 겨울래'로 발음될 가능성이 많다. 공시적인 ㄹ탈락은 ⑩ㄹ탈락 참조.

두 단어 사이나 합성어, 파생어에서

(2)는 자음군 /ㄾ, ㅀ/이 /ㄴ/ 앞에 올 때 /ㅌ, ㅎ/이 탈락하고 /ㄹ/과 /ㄴ/이 만나게 되어 일어나는 것이다. 경상방언에서는 '읽는→일는→일른', '밟는→발는→발른'과 같이 /ㄺ, ㄼ/과 같은 자음군과 /ㄴ/이 만날 때도 유음화가 일어난다.

ㄹ계 자음군 뒤에서

그런데 ㄹ계 자음군과 /ㄴ/이 만날 때 /ㄹ/과 /ㄴ/ 사이의 자음이 탈락하기 전에 /ㄴ/이 /ㄹ/로 바뀐다고 보기도 한다(훑는→훑른→훌른). 즉 /ㄹ/과 /ㄴ/ 사이에 자음이 있을 때 유음화가 일어나므로 유음화가 간접동화가 된다. 나아가 (1)도 /ㄹ/과 /ㄴ/ 사이에 단어경계가 있어야 유음화가 일어난다고 하여 이 두 경우 모두 /ㄹ/과 /ㄴ/ 사이에 '단어경계 또는 자음'이 있어야 유음화가 일어날 수 있다고 보기도 한다. 그렇게 보는 경우에는 /ㄹ/과 /ㄴ/이 직접 만나면 '소나무, 겨우내' 또는 '알-는→아는',

순행적 유음화의 환경

'비틀-니까→비트니까'와 같이 /ㄹ/이 탈락한다고 기술한다. 그런데 '알-는→아는', '솔-나무→소나무', '아들-님→아드님' 같은 현상은 용언과 어미가 만날 때나 합성어와 파생어의 보수적인 어형에만 나타나고, '알지→아지(~알지)'에서의 /ㅈ/ 앞 ㄹ탈락처럼 중세국어에도 나타났던(알-디→아디) 오래된 현상이므로 역사적인 현상일 가능성이 많다. 그러므로 역사적인 ㄹ탈락이 일어나는 경우 외에는 /ㄹ/과 /ㄴ/이 직접 만날 때 유음화가 일어난다고 보는 것이 기술의 단순성 면에서 더 낫다.

역행적 유음화와 한자어

역행적 유음화는 주로 2음절 한자어에 나타난다. 2음절 한자어 뒤에 한자형태소가 붙은 3음절 한자어에서는 역행적 유음화 대신 ㄹ의 비음화가 일어난다.

유음화 : 신라→실라 천리 만리→철리말리 연루→열루 인력→일력

비음화 : 음운-론→으문논 판단-력→판단녁

동원-령→동원녕 임진-란→임진난

역행적 유음화와 외래어

외래어에서는 역행적 유음화가 일어나기도 하고 ㄹ의 비음화가 일어나기도 한다. 고유어에서는 /ㄴ/과 /ㄹ/이 만나는 예를 찾기 어렵다.

무슨 라디오→무슨나디오 빨간 리본→빨간니본

온라인→올라인~온나인 원룸→원눔~월룸 핀란드→필란드

조음위치동화의 뜻

④ 조음위치동화

/ㄷ, ㄴ/은 양순음 앞에서 각각 /ㅂ, ㅁ/으로, 후설음 앞에서 각각 /ㄱ, ㅇ/으로 바뀌고, /ㅂ, ㅁ/도 후설음 앞에서 각각 /ㄱ, ㅇ/으로 바뀐다.

절반만→절밤만 믿고→믹고(→믹꼬) 한 개→항개

이십 켤레→이:식켤레 돈 가진 분→동:가짐분

평폐쇄음화로 생긴 /ㄷ, ㅂ/과 비음화로 생긴 /ㄴ/도 마찬가지로 바뀐다.

평폐쇄음화, 비음화와 조음위치동화

밑판→믿판→밉판 짚고→집꼬→직꼬

밭만→받만→반만→밤만

내 옷 만지지 마→내옫만지지 마:→내온만지지 마:→내옴만지지 마:

이러한 변동은 앞자음이 뒷자음의 조음위치에 동화되는 현상이다. 앞자음이 전설음일 때는 뒷자음의 양순위치, 후설위치에 동화되고, 앞자음이 양순음일 때는 뒷자음의 후설위치에 동화된다. 동화 후의 조음위치를 기준으로 조음위치동화를 **양순음화**와 **후설음화**로 세분할 수도 있다.

조음위치동화의 내용

양순음화와 후설음화

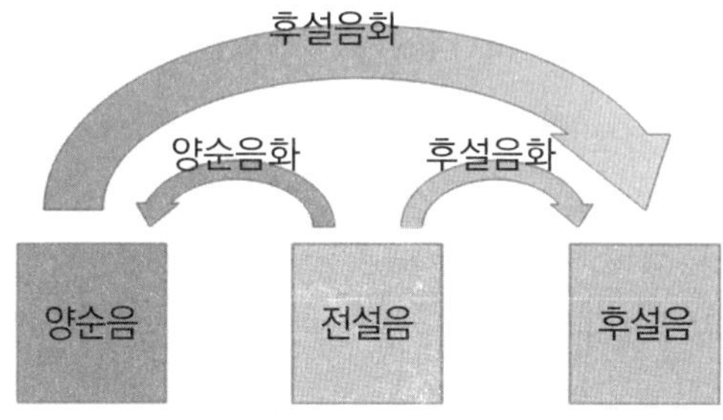

이와 반대 방향으로는 조음위치의 동화가 일어나지 않는다. 즉 앞자음이 후설음일 때 뒷자음의 양순위치, 전설위치에 동화되는 일도 없고(강

자음의 강도

보다→*감보다, 강도→*간도, 각보다→*갑뽀다, 각도→*갇또), 앞자음이 양순음일 때 뒷자음의 전설위치에 동화되는 일도 없다(짐도→*진도, 집도→*짇또). 이 점에 근거하여 자음의 강도를 다음과 같이 도식화할 수 있다.

조음위치에 따른 자음의 강도 : 후설음 > 양순음 > 전설음

조음위치동화의 수의성

조음위치동화는 위와 같은 조건에서 반드시 일어나야 하는 것은 아니다. 또박또박 말할 때는 일어나지 않을 수도 있다. 즉 수의적인 음운과정이다. 조음위치동화가 일어난 발음은 표준발음으로 인정하지 않는다.

⑤ **경음화**

평폐쇄음 뒤 경음화

경음화는 그 적용 환경에 따라 여러 종류로 나누어진다. 우선 /ㅂ, ㄷ, ㄱ/ 뒤에서 평음 /ㅂ, ㄷ, ㄱ, ㅈ, ㅅ/이 경음으로 바뀐다. 이것을 **평폐쇄음 뒤 경음화**라 한다.

국밥→국빱 잡던→잡떤 믿고→믿꼬 삼각자→삼각짜 밥상→밥쌍
가죽 같은→가죽까튼 꼭꼭 숨어→꼭꼭쑤머 주먹 쥐고→주먹쮜고

평폐쇄음화와 경음화

평폐쇄음화로 생긴 /ㅂ, ㄷ, ㄱ/ 뒤에서도 경음화가 일어난다.

꽃밭→꼳받→꼳빧 옆 사람→엽사람→엽싸람
깎자→깍자→깍짜 밭 갈고→받갈고→받깔고

결국 모든 장애음 뒤에서 평음이 경음화된다(다만 /ㅎ/ 뒤에서는 /ㅅ/만 경음화된다. ①평폐쇄음화 참조). 따라서 /ㅂ, ㄷ, ㄱ/ 이외의 장애음들은 평폐쇄음화를 거치기 전에도 경음화를 일으킨다고 볼 수도 있다. 그러나 평음이 경음화되는 것은 앞에 오는 /ㅂ, ㄷ, ㄱ/이 불파음이기 때문이다. 불파폐쇄음의 발음에서는 구강에서의 폐쇄와 함께 성문의 폐쇄가 일어나는데 뒤따르는 평음을 발음할 때 닫힌 성문이 열리면서 경음의 특성이 드러나면 경음화가 일어나게 된다. 그러므로 평폐쇄음화가 일어난 후 불파폐쇄음 [p˺, t˺, k˺] 뒤에서 경음화가 일어난다고 보는 것이 음성학적으로 더 낫다.

평폐쇄음 뒤 경음화의 내용

용언말의 /ㄴ, ㅁ/ 뒤에서 어미두음 /ㄷ, ㅅ, ㅈ, ㄱ/이 경음화된다. 이것을 **용언말 비음 뒤 경음화**라 한다.

용언말 비음 뒤 경음화

감더라→감ː떠라 안고→안ː꼬 심습니다→심ː씀니다 껴안지→껴안찌

자음군 /ㄵ, ㄻ/에서 각각 /ㅈ, ㄹ/이 탈락하여 생겨난 /ㄴ, ㅁ/ 뒤에서도 경음화가 일어난다.

자음군단순화와 경음화

앉고→안고→안꼬 젊지→점ː지→점ː찌

자음군 /ㄵ/ 뒤에서의 경음화는 말음 /ㅈ/이 장애음이므로 /ㄷ/으로 평폐쇄음화되고 그 뒤에서 경음화가 일어난다고 할 수도 있다.

앉고→안ㄷ고→안ㄷ꼬→안꼬

피동사, 사동사와 경음화

한편 피동사(被動詞) '안기-, 감기-', 사동사(使動詞) '안기-, 숨기-, 굶기-' 등은 '안끼-, 감끼-, 안끼-, 숨끼-, 굼끼-'와 같이 경음화하지 않는다. 이들 자체가 각각 공시적인 형태소이므로(§4.5. 참조) 형태소내부에서 경음화가 일어날 수 없다고 기술할 수 있다.

자음군 뒤 경음화

자음군 /ㄱㅆ, ㅂㅆ, ㄺ, ㄼ, ㄾ, ㄿ/ 뒤에서도 경음화가 일어난다. 우선 자음군 /ㄱㅆ, ㅂㅆ, ㄺ, ㄼ, ㄿ/이 자음군단순화 및 평폐쇄음화로 각각 /ㄱ, ㅂ, ㄱ, ㅂ, ㅂ/이 되면 이들 뒤에서 경음화가 일어난다고 기술할 수 있다.

넋과→넉과→넉꽈 값지다→갑지다→갑찌다

읽던→익던→익떤 밟지→밥:지→밥:찌 읊고→읖고→읍고→읍꼬

읽던 → 익던 → 익떤
자음군단순화 경음화

읊고 → 읖고 → 읍고 → 읍꼬
자음군단순화 평폐쇄음화 경음화

자음군단순화와 경음화의 순서

그런데 자음군 /ㄺ, ㄼ, ㄾ/이 자음군단순화로 각각 /ㄹ, ㄹ, ㄹ/이 되는 경우에도 경음화가 일어난다. 이 /ㄹ/은 경음화를 일으키지 못한다. 따라서 /ㄺ, ㄼ, ㄾ/에서 자음군단순화가 일어나기 전에 경음화가 일어난다고 보아야 한다. /ㄺ, ㄼ, ㄾ/이 평폐쇄음화되면 각각 /ㄺ, ㄼ, ㄷ/이 되고 이들 뒷자음 /ㄱ, ㅂ, ㄷ/ 뒤에서 경음화가 일어나며 그 후에 자음군단순화에 따라 /ㄺ, ㄼ, ㄷ/이 각각 /ㄹ, ㄹ, ㄹ/이 된다고 기술하게 된다.

읽고→읽꼬→일꼬

넓던→넓떤→널떤

홅지→홀ㄷ지→홀ㄷ찌→홀찌

넓던 →	넓떤 →	널떤
경음화	자음군단순화	

홅지 →	홀ㄷ지 →	홀ㄷ찌 →	홀찌
평폐쇄음화	경음화	자음군단순화	

관형사형어미 '-을' 뒤에서 피수식명사(被修飾名詞)의 두음이 경음화된다. 이것을 **'-을' 관형사형 뒤 경음화**라 한다.

'-을' 관형사형 뒤 경음화

갈 데가→갈떼가 먹을 밥→머글빱 만날 사람→만날싸람

두 말 사이에 사이시옷이 개입하면 경음화가 일어난다. 이것을 **사이시옷에 의한 경음화**라 한다.

사이시옷에 의한 경음화

초+ㅅ+불(촛불)→초뿔

물+ㅅ+고기(물고기)→물꼬기

손+ㅅ+등(손등)→손뜽

발+ㅅ+병(발병)→발뼝

치료+ㅅ+법(치료법)→치료뻡

피+ㅅ+-기(핏기)→피끼

화장+ㅅ+-발(화장발)→화장빨

한자어에서의 ㄹ 뒤 경음화

한자어에서 /ㄹ/ 뒤의 전설자음 /ㄷ, ㅅ, ㅈ/이 경음화된다. /ㅂ, ㄱ/은 경음화되지 않는다. 이 경음화를 **한자어에서의 ㄹ 뒤 경음화**라 한다.

발달(發達)→발딸 발생(發生)→발쌩 발전(發展)→발쩐

발병(發病)→*발뼝 발견(發見)→*발껸

8.2.2. 탈락

자음군단순화의 뜻

⑥ 자음군단순화

체언이나 용언의 말음이 자음 둘로 이루어진 자음군(C_1C_2)일 때 종성에서 두 자음 중 하나(C_1이나 C_2)가 탈락한다.

자음군의 목록

발음에서의 자음군은 표기에서의 **겹받침**에 대응한다. 겹받침은 'ㄳ, ㄵ, ㄶ, ㄺ, ㄻ, ㄼ, ㄽ, ㄾ, ㄿ, ㅀ, ㅄ'의 11가지가 있다. 발음에서는 지역이나 세대에 따라 자음군의 목록이 조금 다르다. 중부방언에는 다음과 같이 11가지가 있는데 체언말자음군 /ㄺ/(닭), /ㄼ/(여덟), /ㄹㅆ/(외곬)이 유추(10장 참조)에 의해 각각 /ㄱ, ㄹ, ㄹ/로 재구조화되는 과정에 있어서 자음군의 수가 줄어들고 있다.

폐쇄음계 자음군 : /ㄱㅆ, ㅂㅆ/

ㄴ계 자음군 : /ㄵ, ㄶ/

ㄹ계 자음군 : /ㄺ, ㄻ, ㄼ, ㄹㅆ, ㄾ, ㄿ, ㅀ/

자음군 /ㄱㅆ, ㅂㅆ, ㄹㅆ/

겹받침 'ㄳ, ㅄ, ㄽ'은 각각 자음군 /ㄱㅆ, ㅂㅆ, ㄹㅆ/으로 분석된다. 이 'ㅅ'은 탈락하지 않으면 항상 /ㅆ/으로 발음되므로 기저형에서 //ㅆ//

으로 분석해야 한다. 명사 '넋'의 예를 보면 다음과 같다.

{넋}의 기저형 : //넉ㅆ//

{넋}의 이형태

/넉ㅆ/ : /넉씨/(넋-이), /넉쎄(/넋-에), /넉쓴/(넋-은)

/넉/ : /넉/(넋), /넉또/(넋-도)

/넝/ : /넝만/(넋-만)

여러 방언의 자음군

다른 방언의 자음군 목록도 대체로 단순화되어 가고 있다. 체언의 경우 역사적으로 유추에 의한 재구조화로 단일자음으로 바뀌고, 용언의 경우 말음으로 /ㅡ/를 덧붙인 형태로 바뀌는 것이 단순화의 일반적인 방식이다. 극단적인 예는 제주방언이다. 이 방언에는 용언말자음군 /ㄺ, ㄻ, ㄼ/ 셋만 남아 있다. 자음군을 잃어버린 예로 '얄루-(얇-), 할르-(핥-), 끌르-(끓-), 엇-(없-), 싹(삯), 갑(값), ᄃᆞㄱ(닭)' 등을 들 수 있다. 한편 다음은 중부방언에서 볼 수 없는 자음군들이다.

전라방언 /ㅇㄱ/ : 앙ㄱ-(표준어 '앉-')

전라방언 /ㅇㄲ/ : 영ㄲ-(표준어 '엮-')

경상방언 /ㅇㅎ/ : 빵ㅎ-(표준어 '빻-')

경상방언 /ㄹㅋ/ : 돌ㅋ(표준어 '돌(石)')

경상방언 /ㅁㅁ/ : 삼ㅁ-(표준어 '삶-')

자음군단순화의 양상

자음군이 단순화될 때 어떤 자음이 남고 어떤 자음이 탈락하느냐 하는 양상은 자음군의 종류에 따라 다르다.

ㅎ계 자음군

(1) C_2가 /ㅎ/인 ㅎ계 자음군은 C_1이 남고 /ㅎ/은 탈락하거나 뒷자음과 합쳐져 경음화(⑯ 참조), 유기음화(⑮ 참조)를 일으킨다.

경음화 : 않습니다→안씀니다 앓습니다→알씀니다

유기음화 : 않고→안코 앓고→알코 빵ㅎ-고→빵코

탈락 : 않는→안는 앓는→알는→알른

비음계 자음군

(2) C_1이나 C_2가 비음인 비음계 자음군은 비음이 아닌 자음이 탈락하고 비음이 남는다.

앉고→안꼬 앙ㄱ고→앙꼬 영ㄲ지→영찌 굶고→굼:꼬

ㄹ계 자음군

(3) C_1이 /ㄹ/인 ㄹ계 자음군 중 /ㄼ, ㄹㅆ, ㄾ/은 /ㄹ/이 남고 /ㄿ/은 /ㄹ/이 탈락한다.

짧다→짤따 짧고→짤꼬 짧습니다→짤씀니다

외곬→외골 핥고→할꼬

읊는→읖는→음는

(4) ㄹ계 자음군 중 /ㄺ/은 뒤에 오는 자음의 종류에 따라 사정이 달라진다. 뒤에 오는 자음이 /ㄴ, ㄷ, ㅅ, ㅈ/과 같은 전설음일 때는 /ㄹ/이 탈락하고 /ㄱ/과 같은 후설음일 때는 /ㄹ/이 남는다.

/ㄹ/이 탈락하는 경우 : 맑네→막네→망네 붉다→북따 읽자→익짜

/ㄹ/이 남는 경우 : 맑게→말께 붉고→불꼬 읽거나→일꺼나

그러나 전라방언에서는 뒤에 오는 자음의 종류에 관계없이 /ㄹ/이 탈락하고 경상방언에서는 /ㄹ/이 남는다.

전라방언 : 읽고→익꼬 읽자→익짜 읽는다→잉는다

경상방언 : 읽고→일꼬 읽자→일짜 읽는다→일른다

⑦ ㅎ탈락

용언말음 /ㅎ/은 모음 앞에서 탈락한다. 이것을 **용언말 ㅎ탈락**이라 한다.

용언말 ㅎ탈락

낳은→나은 낳아→나아

않은→아는 않아→아나

앓은→아른 앓아→아라

초성 /ㅎ/은 모음이나 공명자음(비음, 유음) 뒤에서 수의적으로 탈락한다. 이것을 **초성 ㅎ탈락**이라 한다. 초성 /ㅎ/은 또박또박 발음할 때는 탈락하지 않는다. 용언말 ㅎ탈락이 필수적인 점과 대조된다. 초성 ㅎ탈락이 일어난 발음은 표준발음으로 인정하지 않는다.

초성 ㅎ탈락

방한화→방아놔 공부한다→공부안다 후들후들→후드루들

푸른 하늘→푸르나늘 조용한 호수→조용아노수

초성 ㅎ탈락의 음성적 동기

탈락하는 /ㅎ/의 앞소리도 공명음(모음과 공명자음)이고 뒷소리도 공

명음(모음)이다. 즉 /ㅎ/은 공명음 사이에서 탈락한다. 공명음은 유성음이기 때문에 유성음 사이에서 /ㅎ/이 탈락한다고 할 수 있다. 음성학적으로 볼 때 유성음 사이의 /ㅎ/이 [ɦ]로 유성음화되면 청각적 효과가 미미해져 탈락하는 것이다.

방언의 초성 ㅎ탈락

전라방언과 경남방언에서는 초성 ㅎ탈락이 공명음 뒤에 한정되지 않고 모든 자음 뒤에서 일어난다.

홀짝홀짝→홀짜골짝 책하고→채가고

작업한다→자거반다 굿한다→굳한다→구단다

밭 한 마지기→바단마지기

볼수록 한심하다→볼쑤로간시마다

⑧ 중복자음감축

중복자음과 중복자음감축

평음 /ㅂ, ㄷ, ㄱ/이 조음위치가 같은 폐쇄음·파찰음의 경음과 유기음 앞에서 수의적으로 탈락한다. 즉 /ㅂ/이 /ㅃ, ㅍ/ 앞에서, /ㄷ/이 /ㄸ, ㅌ, ㅉ, ㅊ/ 앞에서, /ㄱ/이 /ㄲ, ㅋ/ 앞에서 수의적으로 탈락한다. 이로 인해 중복자음이 자음 하나로 바뀌어 자음 수가 줄어들므로 **중복자음감축**(重複子音減縮 degemination)이라 부른다. 여기서 **중복자음**(geminate consonants)은 /ㅂㅃ/과 같이 조음위치가 같은 자음 둘이 이어져 있는 것을 가리킨다. 또박또박 발음할 때는 잘 탈락하지 않는다. 중복자음감축이 일어난 발음은 표준발음으로 인정하지 않는다.

밥풀→바풀 밥보다→밥뽀다→바뽀다 밥 푼다→바푼다

듣다가→듣따가→드따가 듣자→듣짜→드짜

낮잠→낟짬→나짬 못처럼→몯처럼→모처럼

낮 뜨겁다→낟뜨겁따→나뜨겁따 잘못 탔다→잘몯탇따→잘모타따

식칼→시칼 깎을수록 커진다→까끌쑤로커진다

⑨ **ㄷ탈락**

/ㄷ/은 /ㅆ/ 앞에서 탈락한다.

ㄷ탈락의 뜻

젖소→젇쏘→저쏘 믿사오니→믿싸오니→미싸오니

갔습니다→갇습니다→갇씁니다→가씁니다

옷 산다→옫싼다→오싼다 그릇 씻고→그른씯꼬→그르씯꼬

ㄷ탈락과 중복자음감축은 비슷한 현상인데 ㄷ탈락이 필수적인 점이 다르다. 조음위치가 같은 폐쇄음과 마찰음의 연결은 파찰음이 되므로 /ㄷㅆ/이 파찰음 /ㅉ/(ʦ')이 되는 것을 피하기 위해 /ㄷ/을 탈락시키는 것으로 보인다. ㄷ탈락이 일어난 발음은 표준발음으로 인정하지 않는다.

중복자음감축과 ㄷ탈락

⑩ **ㄹ탈락**

용언말음 /ㄹ/은 초성 /ㄴ/, 종성 /ㄴ, ㄹ, ㅁ, ㅂ/, 선어말어미 '-으시-, -으오-', 종결어미 '-으오, -으마' 앞에서 탈락한다.

ㄹ탈락의 뜻

만들-는→만드는 만들-ㄴ→만든 만들-ㄹ→만들

만들-ㅁ니다→만듬니다 만들-ㅂ씨다→만듭씨다

만들-시고→만드시고 만들-오니→만드오니

만들-오→만드오 만들-마→만드마

ㄹ탈락의 동기와 역사

초성 /ㄴ/ 앞의 탈락(만드는)은 동기관적(同器官的 homorganic, 조음위치가 같은) 이화라고 설명하기도 한다. 종성 /ㄴ, ㄹ/ 앞의 탈락(만든, 만들)은 자음군단순화의 일종이다. 종성 /ㅁ, ㅂ/ 앞의 탈락(만듭니다, 만듭씨다)도 자음군단순화처럼 보이지만 역사적으로는 선어말어미 '-ᅀᆞᆸ-'의 /ㅿ/ 앞에서 /ㄹ/이 탈락했던 흔적이다(알-ᅀᆞᆸᄂᆞ니ᅌᅵ다→아ᅀᆞᆸᄂᆞ니ᅌᅵ다>암ː니다). 선어말어미 '-으오-' 앞의 탈락(만드오니)도 선어말어미 '-ᅀᆞᆸ-'의 /ㅿ/ 앞에서 /ㄹ/이 탈락했던 흔적이다(알-ᅀᆞᄫᆞ니→아ᅀᆞᄫᆞ니>아오니). 종결어미 '-으오' 앞의 탈락(만드오)도 마찬가지인 듯하다. 선어말어미 '-으시-', 종결어미 '-으마' 앞의 탈락은 그 동기나 내력이 분명치 않다. 중세에는 선어말어미 '-으시-' 앞에서 /ㄹ/이 탈락하지 않았다(알-ᄋᆞ시고→아ᄅᆞ시고).

ㄹ탈락이 일어나지 않은 어형

최근에는 /ㄹ/을 탈락시키지 않은 어형도 가끔 쓰인다(알으니까, 말으시고, 팔으세요, 밀으마).

⑪ **비음탈락**

비음탈락의 뜻

경상방언에서 비어두의 /ㄴ/이 /i, j/ 앞에서, /ㅇ/이 모음 앞에서 탈락한다.

산이→사이 강이→가이

비음탈락의 음성학적 과정

/i, j/ 앞의 /ㄴ/은 음가가 [ɲ]이다. 즉 [ɲ, ŋ]이 모음 앞에서 탈락하는 것이 비음탈락이다. 비음탈락의 과정을 음성학적으로 보면 다음과 같다. [ɲ, ŋ]은 앞모음과 뒷모음을 비모음(鼻母音)으로 동화시킨 후 탈락하게 된다.

[saɲi](산이)→[sãɲĩ]→[sãĩ]

[kaŋi](강이)→[kãŋĩ]→[kãĩ]

이 비모음이 비음성을 잃고 구강모음으로 되돌아가면 [ɲ, ŋ]의 흔적이 완전히 사라지게 된다.

[sãĩ]→[sai](사이)

[kãĩ]→[kai](가이)

전라방언의 비음탈락

전라방언에서도 이러한 비모음화와 비음탈락이 흔히 일어난다. 그러나 비모음이 비음성을 잃는 경우는 드물다.

8.2.3. 첨가

⑫ 중복자음화

중복자음화의 뜻

폐쇄음·파찰음의 경음과 유기음 앞에 조음위치가 같은 평음 /ㅂ, ㄷ, ㄱ/이 수의적으로 첨가된다. 즉 /ㅃ, ㅍ/ 앞에 /ㅂ/이, /ㄸ, ㅌ, ㅉ, ㅊ/ 앞에 /ㄷ/이, /ㄲ, ㅋ/ 앞에 /ㄱ/이 수의적으로 첨가된다. 이로 인해 /ㅃ/ 등이 /ㅂㅃ/ 등으로 바뀌면 조음위치가 같은 자음 둘이 이어지게 되므로 **중복자음화**(重複子音化 gemination)라 부른다. 빠른 발화에서는 잘 첨가되지 않는다. 중복자음화가 일어난 발음은 표준발음으로 인정하지 않는다.

아빠→압빠 아파서→압파서

소처럼→손처럼 밭에→바테→받테

놓고→노코→녹코 놓던→노턴→논턴

산업혁명→사:너평명→사:넙평명

소 팔러 간다→솝팔러간다

대나무가 꺾인다→대나무가꺼낀다→대나무각꺼낀다

중복자음화와 중복자음감축

중복자음화는 앞에서 본 중복자음감축과 반대 방향으로 일어나는 현상이다. 두 현상 모두 수의적이라는 것은 같은 말의 발음이 왔다 갔다 한다는 뜻이다. 예를 들어 '지필(紙筆)'과 '집필(執筆)'의 발음이 오락가락 하므로 두 단어를 발음으로 구별하기 어렵다.

지필(紙筆) : /지필/~/집필/

집필(執筆) : /집필/~/지필/

⑬ ㄴ첨가

ㄴ첨가의 뜻

합성어나 파생어에서 앞말이 종성을 가지고 있고 뒷말이 /i, j/로 시작하면 그 사이에 /ㄴ/이 첨가되는 일이 있다. 앞말의 종성이 /ㄹ/이면 첨가된 /ㄴ/이 유음화되어 마치 /ㄹ/이 첨가된 듯 보인다(볼일→볼닐→볼릴).

밤일→밤닐 볼일→볼닐→볼릴

늦여름→는녀름→는녀름 구속영장→구속녕짱→구송녕짱

야금야금→야금냐금 일일이→일니리→일리리

맨입→맨닙 영업용→영엄뇽

ㄴ첨가가 일어나지 않는 예

같은 환경에서 ㄴ첨가가 일어나지 않는 예도 있다.

첫인상→철인상→처딘상 역이용(逆利用)→여기용

흑염소→흐겸소 구속영장→구소경짱 야금야금→야그먀금

합성어나 파생어가 아닌 구성에서도 /ㄴ/이 첨가되는 일이 있다.

여러 구성에서의 ㄴ첨가

고무신-요(조사 '요'의 연결)→고무신뇨

김 양(孃)→김냥 얼굴 용(容)→얼굴룡

할 일→할릴 재밌는 이야기→재민는니야기

못 잊어→몬:니저 오늘 야근이야→오늘랴근이야

이기적 유전자→이:기적뉴전자→이:기정뉴전자

한 시 도착 예정→한시도착녜정→한시도창녜정

ㄴ첨가 여부는 방언에 따라 개인에 따라 차이가 많다. 특히 경상방언에서 ㄴ첨가가 활발히 일어난다.

ㄴ첨가의 변이

전염→전념 절약→절냑→절략 필요→필뇨→필료

금요일→금뇨일 일요일→일뇨일→일료일

⑭ **동음첨가**

제주방언에서 합성어의 앞말이 종성을 가지고 있고 뒷말이 모음으로 시작하면 앞말의 종성과 똑같은 자음이 뒷말의 초성으로 첨가된다.

동음첨가의 뜻

가죽옷→가죽곧→가죽꼳

지집아이(계집아이)→지집바이→지집빠이

촘웨(참외)→촘뭬→촘메

장옷→장옫→/ʧaŋŋot/

단어경계에서의 동음첨가

단어와 단어 사이에서도 이러한 동음첨가가 일어난다.

오널 아침(오늘 아침)→오널라침

셍각 아이 남수가(생각 안 납니까)→셍각가이남수가→셍각까이남수가

목 아판(아파서)→목가판→목까판

맛 읏언(없어서)→맏으선→맏드선→맏뜨선

눈 어둑언(어두워서)→눈너두건

등 아판(아파서)→등아판 /tɯŋŋapʰan/

ᄀᆞ슬 왓저(가을 왔어)→ᄀᆞ슬롸쩌

동음첨가와 ㄴ첨가

뒷말이 /i, j/로 시작할 때는 동음첨가 대신 ㄴ첨가가 일어나는 것이 보통이다.

섹연필(색연필)→셍년필 일요일→일뇨일→일료일

첵 일름(책 이름)→쳉닐름 감 익언(감 익어서)→감니건

ㅎ탈락과 동음첨가

또 앞말의 종성이 비음이나 유음이고 뒷말의 초성이 /ㅎ/일 때는 /ㅎ/이 탈락하고 동음첨가가 일어난다.

장항(장독)→장앙→/ʧaŋŋaŋ/

돌하르방→돌아르방→돌라르방

ㅎ탈락 후에 일어나는 이러한 동음첨가는 경상방언에도 나타난다.

경상방언의 동음첨가

번호→번오→번노 전화→전아→전나 올해→올애→올래

8.2.4. 축약

⑮ 유기음화

평폐쇄음과 평파찰음이 /ㅎ/과 만나면 각각 유기폐쇄음과 유기파찰음이 된다. 즉 /ㅂ, ㄷ, ㄱ, ㅈ/과 /ㅎ/이 만나면 각각 /ㅍ, ㅌ, ㅋ, ㅊ/이 된다. 유기음화는 /ㅎ/의 위치에 따라 두 가지로 나누어진다.

유기음화의 뜻

순행적 유기음화 : /ㅎ/이 앞에 있을 때

역행적 유기음화 : /ㅎ/이 뒤에 있을 때

순행적 유기음화는 용언말음 /ㅎ/과 어미두음 /ㄷ, ㄱ, ㅈ/이 만날 때 일어난다.

순행적 유기음화의 뜻

놓던→노턴 않고→안코 끊지→끌치

역행적 유기음화는 종성 /ㅂ, ㄷ, ㄱ/과 초성 /ㅎ/이 만날 때 일어난다.

역행적 유기음화의 뜻

밥하고→밥카고 닭한테→닥한테→다칸테

입학→이팍 단답형→단다평

무척 한가하다→무처칸가하다

밭 한 마지기→받한마지가→바탄마지기

역행적 유기음화와 ㅎ탈락

전라방언과 경남방언에서는 역행적 유기음화가 일어나는 환경에서 ㅎ탈락이 잘 일어난다(⑦ㅎ탈락 참조).

⑯ 경음화

축약으로서의 경음화

용언말음 /ㅎ/과 어미두음 /ㅅ/이 합쳐져 /ㅆ/이 된다. 이 경음화는 축약에 속하고 ⑤경음화는 대치에 속하므로 둘은 서로 다른 음운과정이다.

놓소→노쏘 않습니다→안씁니다 앓습니다→알씁니다

8.3. 모음과 반모음에 관한 형태음운과정

(반)모음에 관한 형태음운과정의 특징

모음과 반모음에 관한 형태음운과정은 주로 용언에 '-어, -어도, -어서, -어야, -어요, -었-'과 같은 모음어미가 연결될 때 나타난다. 모음어미가 연결된 형태는 방언에 따른 차이가 크고 같은 형태에 대해서도 학자에 따라 분석방법이 달라 논란의 여지가 많다.

8.3.1. 대치

① 모음조화

모음조화의 뜻

용언에 모음어미가 연결될 때 어미두음이 용언의 모음에 따라 바뀌는 것이 현대국어의 모음조화(母音調和 vowel harmony)이다. 중부방언의 경우 용언말음절의 모음이 /ㅗ, ㅏ/이면 어미두음이 /ㅏ/로 나타나고 그 밖의 경우에는 /ㅓ/로 나타난다. 어미를 /ㅏ/로 나타나게 하는 용언의 모음을 **양성모음**(陽性母音)이라 하고 /ㅓ/로 나타나게 하는 용언의 모음을 **음성모음**(陰性母音)이라 해 왔으므로 /ㅗ, ㅏ/가 양성모음, 그 밖의 모음이 음성모음이 되는 셈이다. 어미의 기저형을 //-어X//로 잡고 /ㅗ, ㅏ/ 뒤에서 'ㅓ→ㅏ'의 변동으로 기술하는 것이 간편하다.

잡-어→자바 좁-어→조바 가-어→가아→가 오-어→오아→와
집-어→지버 뱉-어→배터 늦-어→느저 접-어→저버 굽-어→구버
기-어→기어 떼-어→떼어 개-어→개어 뜨-어→떠 주-어→줘:

/ㅡ/가 중성모음인 경우

'잠그-, 치르-'와 같이 다음절용언의 말음이 /ㅡ/이면 그 /ㅡ/는 모음조화와 관계없는 **중성모음**(中性母音)이 된다. 즉 그 앞음절의 모음에 따라 어미두음이 /ㅏ/나 /ㅓ/로 결정된다.

잠그-어→잠그아→잠가
모으-어→모으아→모아
따르-어→따르아→따라
슬프-어→슬퍼
치르-어→치러

② 움라우트

움라우트의 뜻

현대국어의 움라우트(umlaut)는 체언에 주격조사 '이'나 지정사 '이-'가 연결될 때와 용언에 명사형어미 '-기'가 연결될 때 나타난다. 이때 모음 /ㅣ/가 앞음절의 후설모음에 [전설성]의 역행동화를 일으켜 후설모음

을 전설모음으로 바꾸는 현상이 움라우트이다. 움라우트는 전라방언, 경상방언, 함경방언의 노년층에 활발하게 나타난다.

밥-이→배비 떡-이→떼기

몸-이→뫼이 바람-이라고→바래미라고

가-기→개기 잡-기→잽끼→잭끼

주-기-가 싫다고→쥐기가 실타고

변화의 방향

이때 후설모음 /ㅡ, ㅓ, ㅏ, ㅜ, ㅗ/는 각각 /ㅣ, ㅔ, ㅐ, ㅟ, ㅚ/로 바뀐다. 'ㅡ : ㅓ'의 대립과 'ㅔ : ㅐ'의 대립이 없는 경상방언에서는 /ㅡ/와 /ㅓ/가 합류한 음소 /ɜ/가 움라우트되면 /i/로 바뀌는 지역도 있고 /E/로 바뀌는 지역도 있다. 예를 들어 '/kɜp/(겁)-이'는 지역에 따라 /kipi/나 /kEpi/로 바뀐다. 또 경상방언에는 /ㅟ, ㅚ/가 단순모음으로 존재하지 않기 때문에 /ㅜ, ㅗ/는 각각 /ㅟ, ㅚ/ 대신 /i, E/로 바뀐다.

개재자음

체언과 주격조사 '이'나 지정사 '이-'의 연결에서는 체언말음이 양순음이나 후설음일 때만 움라우트가 일어날 수 있다. 피동화음과 동화음 /ㅣ/ 사이에 낀 개재자음이 [전설성]이 없어야 한다는 것이다.

개재자음이 전설음이어서 움라우트가 일어나지 않는 예

개재자음 /ㄴ/ : 산이→사니

개재자음 /ㄹ/ : 달이→다리

개재자음 /ㅅ/ : 버릇이→버르시

개재자음이 양순음이나 후설음이어서 움라우트가 일어나는 예

개재자음 /ㅂ/ : 밥이→배비

개재자음 /ㄱ/ : 떡이→떼기

용언과 명사형어미 '-기'의 연결에서는 용언말음이 /ㄹ/이 아니면 언제나 움라우트가 일어날 수 있다. '-기'의 두음 /ㄱ/이 /ㄹ/ 이외의 용언말 전설음을 조음위치동화시키면 '듣-기→득끼→딕끼', '찾-기→착끼→책끼', '안-기→앙끼→앵끼'와 같이 개재자음이 후설음이 되므로 움라우트가 쉽게 일어난다.

③ j반모음화

반모음화(半母音化)는 단순모음이 반모음으로 바뀌는 것을 말한다. ㅣ용언 뒤에 모음어미가 연결되면 용언말음 /ㅣ/가 수의적으로 /j/로 반모음화한다. 이것이 j반모음화이다.

j반모음화의 뜻

피-어→피어~피여~펴ː

'피-'의 '-어' 활용형 세 가지 중에서 /펴ː/는 모음 /ㅣ/가 다음과 같이 /j/로 반모음화한 결과이다.

$p^hi\Lambda \rightarrow p^hj\Lambda ː$

j반모음화와 동시에 모음 /ㅓ/가 장음화하는 것은 음절 수가 준 데 대한 보상으로 일어나는 현상이다. 이러한 장음화는 **보상적 장음화**이다(§6.1. 참조).

보상적 장음화

다음절 ㅣ용언에 어미 '-어'가 연결된 '이기-어'에서 '이겨'가 도출되는

비어두 단음화

것도 j반모음화에 의한 것이다. 이때는 /ㅓ/가 장음화되었다가 다시 단음화한다. 어절의 첫음절이 아닌 곳의 장음이 모두 단음화하는 **비어두 단음화**이다(§6.1. 참조).

이기-어→이겨ː→이겨
(ikiʌ→ikjʌː→ikjʌ)

④ w반모음화

w반모음화의 뜻

ㅗ, ㅜ용언 뒤에 모음어미가 연결되면 용언말음 /ㅗ, ㅜ/가 수의적으로 /w/로 반모음화한다.

보-아→보아~봐ː 두-어→두어~둬ː
비꼬-아→비꼬아~비꽈 가두-어→가두어~가둬

보상적 장음화

'-어' 활용형 중에서 /봐ː, 둬ː, 비꽈, 가둬/는 모음 /ㅗ, ㅜ/가 /w/로 반모음화함으로써 도출된다. w반모음화와 동시에 일어나는 장음화는 보상적 장음화이다(§6.1. 참조).

poa→pwaː tuʌ→twʌː
pik'oa→pik'wa katuʌ→katwʌ

비어두 단음화

/비꽈, 가둬/의 두 번째 음절이 단음인 것은 w반모음화와 함께 생겨난 장음이 비어두에서 단음으로 바뀌는 비어두 단음화 때문이다(§6.1. 참조).

말음절이 /우/인 다음절용언 뒤에 모음어미가 연결되면 w반모음화가 필수적으로 일어난다. w반모음화가 일어나지 않은 '배우어, 싸우어' 등을 표준발음으로 인정하지만 현실에서는 쓰지 않는다.

w반모음화가 필수적인 경우

배우-어→*배우어~배워 싸우-어→*싸우어~싸워

동사 '오-'는 '-어' 활용형이 반모음화를 필수적으로 겪되 장음화하지 않은 /와/로 나타난다(*/와ː/). 보상적 장음화의 예외이다.

보상적 장음화의 예외

⑤ **모음완전동화**

경상방언에서 매개모음 /ㅓ/(ㅋ)가 앞모음에 완전동화되는 예가 있다.

모음완전동화

닿-어모→다어모→다아모→다ː모 (닿으면)

옇-어모→여어모→여ː모 (넣으면)

놓-어모→노어모→노오모→노ː모 (놓으면)

바꿓-어모→바꾸어모→바꾸우모→바꾸ː모 (바꾸면)

'닿-, 옇-, 놓-, 바꿓-'에 어미 '-어모'(-으면)가 연결되면 용언말 ㅎ탈락(⑦ㅎ탈락 참조)이 일어나 각각 '다어모, 여어모, 노어모, 바꾸어모'가 되고 나서 /ㅓ/가 앞모음과 똑같은 모음으로 변하는 것이다.

⑥ **전설모음화**

여러 방언에서 치찰음 /ㅅ, ㅆ, ㅈ, ㅉ, ㅊ/ 뒤에서 조사나 어미의 두음 /ㅡ/(경상방언에서는 /ㅓ/)가 /ㅣ/로 전설모음화한다. 경상방언의 예는 다음과 같다.

전설모음화의 뜻

쫓-어모→쪼치모 (쫓으면) 옷-어노→오시노 (옷은)

형태론적 환경과 전설모음화

제주방언에서는 활용에서는 전설모음화가 일어나지만 곡용에서는 일어나지 않는다.

활용에서 전설모음화가 일어나는 예

웃-으난→우시난 (웃으니까) 꽂-으미우꽈→꼬지미우꽈 (꽂습니까)

곡용에서 전설모음화가 일어나지 않는 예

옷-은→오슨→*오신 (옷은) 밧-을→바슬→*바실 (밭을)

⑦ **원순모음화**

양순음에 의한 원순모음화

많은 방언에서 양순음 /ㅁ, ㅂ, ㅃ, ㅍ/ 뒤에서 /ㅡ/(경상방언에서는 /ㅓ/)가 /ㅜ/로 원순모음화한다. 이것을 **양순음에 의한 원순모음화**라 한다.

넙-은→너분 (넓은) 지금-은→지그문 (지금은) (함경방언)

남-으먼→나무먼 (남으면) 앞-으로→아푸로 (앞으로) (전라방언)

남-어모→나무모 (남으면) 앞-어로→아푸로 (앞으로) (경상방언)

원순모음에 의한 원순모음화

또 몇몇 방언에서 앞음절 모음이 원순모음 /ㅗ, ㅜ/일 때 /ㅡ/(경상방언에서는 /ㅓ/)가 /ㅜ/로 원순모음화한다. 이것을 **원순모음에 의한 원순모음화**라 한다.

손-으→소누 (손을) 굳-은→구둔 (굳은) (함경방언)

속-어모→소구모 (속으면) 죽-어모→주구모 (죽으면) (경상방언)

8.3.2. 탈락

⑧ ㅡ탈락

용언말음 /ㅡ/나 어미두음 /ㅡ/가 일정한 환경에서 탈락한다. 탈락하는 /ㅡ/의 성격에 따라 용언말 ㅡ탈락과 매개모음 ㅡ탈락으로 나눌 수 있다.

ㅡ탈락의 뜻

용언말 ㅡ탈락은 ㅡ용언 뒤에 모음어미가 연결되면 용언말 /ㅡ/가 탈락하는 것이다.

용언말 ㅡ탈락

쓰-어→써 트-어→터

기쁘-어→기뻐 슬프-어→슬퍼

모으-어→모으아→모아 따르-어→따르아→따라

ㅡ용언이 역사적으로 많이 생겨난 방언에서는 더 많은 ㅡ탈락의 예를 볼 수 있다. 제주방언의 예는 다음과 같다.

제주방언의 용언말 ㅡ탈락

ᄀᆞ트-어→ᄀᆞ타 (같아) 노프-어→노파 (높아)

보끄-어→보까 (볶아) ᄁᆞᆯ르-어→ᄁᆞᆯ러 (끓어)

매개모음 ㅡ탈락은 매개모음어미의 두음 /ㅡ/가 /ㄹ/이나 모음 뒤에서 탈락하는 것이다.

매개모음 ㅡ탈락

가-으면→가면 만들-으면→만들면

가-을→갈 만들-을→만들ㄹ→만들

가-읍시다→갑씨다 만들-읍시다→만들ㅂ씨다→만듭씨다

/ㅡ/와 /ㅡ/의 만남

ㅡ용언 뒤에 매개모음어미가 이어지면 /ㅡ/와 /ㅡ/가 만난다. 이때는 뒤에 있는 어미두음 /ㅡ/가 탈락하는 것으로 보는 것이 일반적이다. 그래서 용언말 ㅡ탈락은 모음어미 앞에서 일어나고 매개모음어미 앞에서는 일어나지 않는 것으로 기술한다.

쓰-으면→쓰면 (매개모음 ㅡ탈락)

쓰-어→써 (용언말 ㅡ탈락)

⑨ **동모음탈락**

동모음탈락

ㅏ, ㅓ용언 뒤에 모음어미가 연결되면 어미두음 /ㅏ, ㅓ/가 탈락한다. /ㅏ - ㅏ/, /ㅓ - ㅓ/와 같이 동일한 모음이 이어질 때 한 모음이 탈락하는 것이다. 이때 탈락하는 모음이 용언말음인지 어미두음인지 분명하지 않으나 편의상 어미두음이 탈락하는 것으로 기술해 둔다.

가-어→가아→가 자라-어→자라아→자라

서-어→서 펴-어→펴

j탈락의 뜻

⑩ **j탈락**

일부 방언에서 다음절 ㅣ용언과 모음어미가 연결되어 j반모음화가 일어난 후 그 /j/가 탈락하는 경우가 있다.

던지-어→던져:→던져→던저 (중부방언)

이기-에→이계:→이계→이게 (전라방언)

이기-아→이갸:→이갸→이가 (경상방언)

많은 방언에서 1음절용언인 '지-, 찌-, 치-'에 모음어미가 연결될 때도 j탈락이 일어난다. '-어' 활용형 '저, 쩌, 처'에 장음이 나타나지 않으므로 '져, 쪄, 쳐'로 j반모음화할 때 보상적 장음화가 일어나지 않는 예외가 된다.

'지-, 찌-, 치-'와 j탈락

지-어→져→저 찌-어→쪄→쩌 치-어→쳐→처

이 때문에 '지-, 찌-, 치-'에 모음어미가 연결되면 다음과 같이 /ㅓ/ 앞에서 용언말음 /ㅣ/가 바로 탈락한 것으로 기술하는 것이 간편할 수도 있다.

지-어→저 찌-어→쩌 치-어→처

⑪ w탈락

일부 방언에서 활용형이 양순음·전설음과 이중모음 /ㅘ/의 연결로 끝나면 /w/가 탈락하는 경우가 있다.

w탈락

보-아→봐:→바: 가두-아→가돠→가다 (전라방언, 경상방언)

8.3.3. 첨가

⑫ j첨가

j첨가

ㅣ, ㅔ, ㅐ, ㅟ, ㅚ용언에 어미두음 /ㅓ/가 연결될 때 그 사이에 /j/가 수의적으로 첨가된다. 아래의 '피여, 베여, 새여, 뛰여, 되여'가 j첨가의 결과이다.

피-어→피어~피여~펴:

베:-어→베어~베여~베:

새-어→새어~새여~새:

뛰-어→뛰어~뛰여

되-어→되어~되여~돼:

8.3.4. 축약

⑬ 모음축약

모음축약

일부 방언에서 활용형이 자음과 이중모음 /ㅝ/의 연결로 끝나면 /ㅝ/(wʌ)가 /ㅗ/(o)로 축약되는 경우가 있다.

두-어→둬:→도: 주-어→줘:→조: (경상방언)

'wʌ→o'는 축약으로 보지 않고 /wʌ/가 [원순성]의 동화로 /wo/가 되는 현상과 자음 뒤에서 /w/가 탈락하는 현상이 연달아 일어난 것으로 볼 수도 있다.

8.4. 이음과정

① 불파음화

종성에서 폐쇄음 [p, t, k]와 비음 [m, n, ŋ]과 유음 [r]이 각각 불파음 [p˺, t˺, k˺, m˺, n˺, ŋ˺, l˺]로 바뀐다. 다만 [h] 앞에서 [r]과 모음 앞의 [ŋ]은 불파음화하지 않는다. [ʃirɦəm](실험), [ʧoŋi](종이). 비음, 유음의 불파음은 외파음과 청각상 차이가 거의 없으므로 특별한 경우가 아니면 불파음 기호를 생략하고 [m, n, ŋ, l]로 표기한다.

불파음화

/말뚝/→[mart'uk]→[malt'uk˺]

/합창/→/hapʧʰaŋ/→[hap˺ʧʰaŋ]

② 유성음화

공명음(유성음)과 모음(유성음) 사이에서 폐쇄음 [p, t, k]와 파찰음 [ʧ]가 각각 유성음 [b, d, g, ʤ]로 바뀐다.

유성음화

/삼다도/→[samtato]→[samdado]

/불구경/→[purkukjʌŋ]→[pulgugjəŋ]

③ 설측음화

설측음화

[r]은 종성에서나 [l] 뒤에서 [l]로 설측음화한다.

오른발-로 /오른발로/→[orɯnparro]→[orɯnbalro]→[orɯnballo]

달나라 /달라라/→[tarrara]→[talrara]→[tallara]

④ 구개음화

구개음화

치음 [n], 치조음 [s, s', l]은 전설음 [i, j, ɥ] 앞에서 각각 경구개음 [ɲ, ʃ, ʃ', ʎ]로 바뀐다.

갔니 /간니/→[kanni]→[kanɲi]

/고무신/→[komusin]→[komuʃin]

쉰다 /쉰:다/→[swiːnta]→[ʃɥiːnda]

연료 /열료/→[jʌrrjo]→[jʌlrjo]→[jʌlljo]→[jʌlʎjo]→[jʌlʎo]

⑤ 고설화

고설화

[ʌ]는 장음일 때와 비어두에 놓일 때 [ə]로 고설화(高舌化)한다.

어른 /어:른/→[ʌːrɯn]→[əːrɯn]

연구 /연:구/→[jʌːnku]→[jəːngu]

/저녁/→[ʧʌnjʌk]→[ʧʌɲək˺]

⑥ w의 전설화

후설반모음 [w]는 전설모음 [i] 앞에서 전설반모음 [ɥ]가 된다.

w의 전설화

위(위쪽) /위ː/→[wi]→[ɥi]

/귀/→[kwi]→[kɥi]

⑦ j탈락

경구개음 [ʃ, ʃ', ɲ, ʎ] 뒤에서 [j]가 탈락한다.

j탈락

/가셔서/→[kasjʌsʌ]→[kaʃjəsə]→[kaʃəsə]

권유 /권ː유/→[kwʌːnju]→[kwəːɲju]→[kwəːɲu]

연료 /열료/→[jʌrrjo]→[jʌlrjo]→[jʌlljo]→[jʌlʎjo]→[jʌlʎo]

이음에 관한 음운과정은 j탈락만 빼고는 모두 대치에 속한다. 자음의 대치에 속하는 것 중 불파음화, 유성음화, 설측음화는 조음방식의 변동이고 구개음화는 조음위치의 변동이다. 그리고 유성음화, 설측음화, 구개음화, w의 전설화는 동화에 속한다.

이음과정의 특징

참 고

음운과정의 유형은 Lass (1984) *Phonology*의 8장 참조. 다양한 음운과정을 분절음의 관점에서 본 변화의 구조에 따라 대치, 탈락, 첨가, 축약, 도치로 나눈

것은 이 책이 처음이다. 음운론적 강도는 Lass (1984) §8.3. 참조. 국어 음소의 음운론적 강도는 이병근(1977) 「자음동화의 제약과 방향」, 이승재(1980) 「구례지역어의 음운체계」, 강창석(1984) 「국어의 음절구조와 음운현상」, 김차균(1990) 「국어 음운론에서 강도의 기능」, 이혁화(1999) 「국어 자음의 음운론적 강도에 대하여」 참조.

형태음운과정 전반에 대해서는 배주채(2003/2013) 『한국어의 발음』의 8장 참조. 개별 방언의 음운론 전반을 기술하면서 해당 방언의 음운과정을 상세히 기술한 논문이 많이 나와 있다. 박사학위논문 또는 단행본으로는 최명옥(1982) 『월성지역어의 음운론』, 곽충구(1994) 『함북 육진방언의 음운론』, 배주채(1998) 『고흥방언 음운론』, 김옥화(2001) 「부안지역어의 음운론적 연구」, 김봉국(2002) 「강원도 남부지역 방언의 음운론」, 정인호(2004) 「원평북방언과 전남방언의 음운론적 대조 연구」, 이혁화(2005) 「무주, 영동, 김천 방언의 음운론적 대비 연구」, 유필재(2006) 『서울방언의 음운론』, 한성우(2006) 『평안북도 의주방언의 음운론』, 임석규(2007) 「경북북부지역어의 음운론적 연구」, 이상신(2008) 「전남 영암지역어의 공시음운론」 등이 있다.

자음에 관한 형태음운과정 중 ⑤경음화를 일으키는 사이시옷에 대해서는 김창섭(1996) 『국어의 단어형성과 단어구조 연구』의 2장, 배주채(2003/2013)의 §8.3.1.의 경음화 부분을 참조. ⑧중복자음감축 및 ⑫중복자음화와 ⑨ㄷ탈락을 인정하는 논저는 드문데 배주채(1989) 「음절말자음과 어간말자음의 음운론」, 배주채(1992) 「음절말 평폐쇄음화에 대하여」를 따랐다. ⑭동음첨가는 정승철(1991) 「음소연쇄와 비음운론적 경계」 참조. 모음과 반모음에 관한 형태음운과정 중 ③j반모음화, ④w반모음화, ⑧ㅡ탈락, ⑨동모음탈락은 음절 수를 줄이는 결과를 가져오므로 통틀어서 **비음절화**(非音節化)라고 부른다. 비음절화 과정의 역사적 발달은 한영균(1988) 「비음절화 규칙의 통시적 변화와 그 의미」 참조.

이음과정은 허웅(1985) 『국어 음운학』의 2장 1절 (5-2)항 「음운 규칙」, 이호영(1996) 『국어 음성학』 참조.

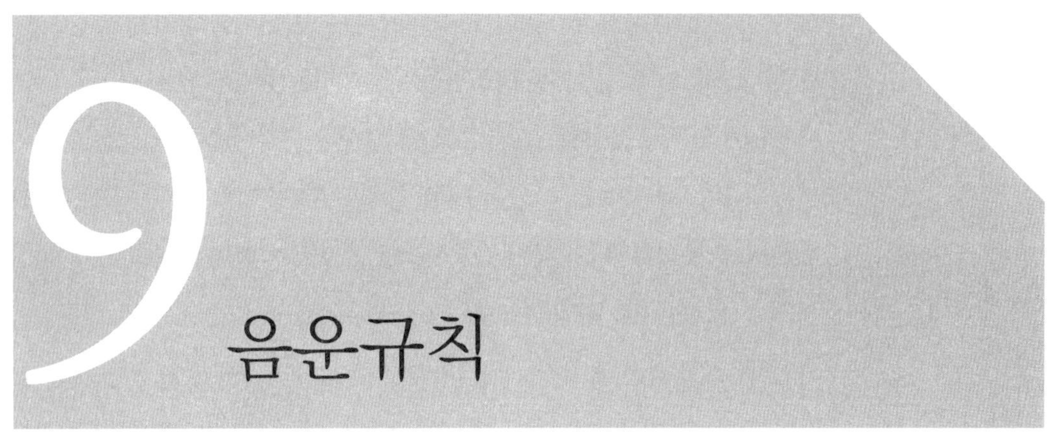

9 음운규칙

9.1. 음운규칙의 형식

음운규칙의
표현 방법

음운규칙(音韻規則 phonological rule)은 말로 표현할 수도 있고 기호로 표현할 수도 있다. '달님→달림'과 같은 현상을 기술하기 위한 유음화 규칙은 다음과 같이 말로 표현할 수 있다.

/ㄹ/ 뒤에서 /ㄴ/이 /ㄹ/로 바뀐다.

음운규칙의
기호화

이를 보다 단순하고 명료하게 나타내기 위해 기호를 이용하여 적는 것이 일반적이다.

(1) ㄹㄴ→ㄹㄹ

(2) ㄴ→ㄹ / ㄹ___

음운규칙의
표기규약

여기서 화살표는 '바뀐다'는 뜻으로 변동의 방향을 표시한다. 화살표 왼쪽 요소를 **입력**(入力 input)이라 하고 오른쪽 요소를 **출력**(出力 output)이라 한다. 빗금(/)은 그 오른쪽에 변동이 일어나는 **환경**(環境 environment, context) 또는 **조건**(條件 condition)이 표현됨을 나타낸다. 밑줄은 입력이 변동을 겪는 자리이다. X___은 'X 뒤'를, ___X는 'X 앞'을, X___Y는 'X와 Y 사이'를 뜻한다. 이와 같이 음운규칙을 기호로 나타내는 방식에 대해 정해 놓은 약속을 **표기규약**(表記規約 notational convention)이라 한다. (1)과 (2)는 결국 같은 뜻이지만 입력과 환경을 명확히 구별해 표현한 (2)를 더 많이 쓴다. (1)에서는 입력이 'ㄹㄴ'으로 표시되어 있지만 (2)에서는 'ㄴ'만 입력으로 표시되어 있고 'ㄹ'은 환경으로 분리되어 표시되어 있다.

자질을 이용한 분절음의 표기

분절음은 음성기호나 음소기호 대신에 자질로 표현하는 것이 원칙이지만 편의상 그렇게 하지 않을 때도 많다. 위의 (2)를 자질을 이용하여 표기하면 다음과 같다. (이해의 편의를 위해 자질묶음 아래 분절음을 적는다.)

$$\underset{\text{ㄴ}}{\begin{bmatrix} +\text{자음성} \\ +\text{공명성} \\ +\text{전설성} \\ +\text{비음성} \end{bmatrix}} \rightarrow \underset{\text{ㄹ}}{\begin{bmatrix} +\text{자음성} \\ +\text{공명성} \\ +\text{전설성} \\ -\text{비음성} \end{bmatrix}} \;/\; \underset{\text{ㄹ}}{\begin{bmatrix} +\text{자음성} \\ +\text{공명성} \\ +\text{전설성} \\ -\text{비음성} \end{bmatrix}} \;\_\_\_$$

입력 표시의 수정

'물-로→물로'와 같이 /ㄹ/ 뒤에 /ㄹ/이 있을 때 아무런 변동이 일어나지 않는 현상은 /ㄹ/ 뒤의 /ㄴ/이 /ㄹ/로 바뀌는 현상과 근본적으로 동기(動機 motivation)가 같다. /ㄹ/ 뒤에는 /ㄴ/과 /ㄹ/ 중에 /ㄹ/만 올 수 있다는 자음연결제약(§5.3. 참조)이 그 동기인 것이다. 이 점을 고려하면 /ㄹ/ 뒤에서 /ㄴ/과 /ㄹ/이 모두 /ㄹ/로 바뀐다고 일반화할 수 있다. 그러면 이 규칙의 입력을 /ㄴ/과 /ㄹ/, 즉 전설공명자음으로 볼 수 있다. 이제 다시 규칙을 표기하면 다음과 같이 입력의 자질명세가 조금 더 단순해진다.

$$\begin{bmatrix} +\text{자음성} \\ +\text{공명성} \\ +\text{전설성} \end{bmatrix} \rightarrow \begin{bmatrix} +\text{자음성} \\ +\text{공명성} \\ +\text{전설성} \\ -\text{비음성} \end{bmatrix} / \begin{bmatrix} +\text{자음성} \\ +\text{공명성} \\ +\text{전설성} \\ -\text{비음성} \end{bmatrix} \text{—}$$

음운규칙의 공허한 적용

이 규칙은 '달-님'을 /달림/으로 바꿀 뿐만 아니라 '물-로'를 아무런 변동 없이 /물로/로 도출한다. 즉 '물-로'에는 이 규칙이 공허하게 적용된다. 규칙의 **공허한 적용**(空虛한 適用 vacuous application)을 허용함으로써 /ㄹ/ 뒤에 올 수 있는 전설공명자음은 항상 /ㄹ/이라는 자음연결제약이 유음화규칙으로 표현될 수 있게 된다.

출력 표시의 수정

자질을 이용하여 표기할 때는 입력이 가진 자질 중 변동된 자질만 표기하면 된다. 즉 출력 /ㄹ/을 표기할 때 변동된 자질 [- 비음성]만 표기하면 된다. 나머지 자질들 [+자음성, +공명성, +전설성]은 변동되지 않은 채 남는 것으로 인정된다. 그러면 다음과 같은 표기가 가능하다.

$$\begin{bmatrix} +\text{자음성} \\ +\text{공명성} \\ +\text{전설성} \end{bmatrix} \rightarrow [-\text{비음성}] / \begin{bmatrix} +\text{자음성} \\ +\text{공명성} \\ +\text{전설성} \\ -\text{비음성} \end{bmatrix} \text{—}$$

자질변경규칙

유음화규칙과 같은 대치규칙은 입력이 가진 자질이 변동하는 규칙이므로 **자질변경규칙**(資質變更規則 feature-changing rule)이라 부르기도 한다.

음운과정의 유형에 따른 음운규칙의 형식

음운과정의 유형에 따라 입력과 출력의 형식이 조금씩 달라진다. 임의의 분절음 a, b, c를 가지고 그 형식을 표현하면 다음과 같다.

대치규칙 : a→b

첨가규칙 : ∅→a

탈락규칙 : a→∅

축약규칙 : a+b→c

도치규칙 : ab→ba

괄호 사용법과 거울영상규칙의 표기

규칙의 표기에 사용되는 기호 중 다음과 같은 것들은 둘 이상의 비슷한 규칙을 하나로 합칠 때 유용하다. 주어진 기호를 이용하면 겹화살표의 왼쪽 형식을 오른쪽과 같이 더 간략하게 표현할 수 있다.

(1) 소괄호

a→b / c___
a→b / cd___ ⇒ a→b / c(d) ___

(2) 중괄호

a→b / c___
a→b / d___ ⇒ a→b / $\begin{Bmatrix} c \\ d \end{Bmatrix}$ ___

(3) 각괄호

a→b / d___f
a→b / cd___ef ⇒ a→b / ⟨c⟩d___⟨e⟩f

(4) 거울영상규칙

$$\left.\begin{array}{l} a \rightarrow b \ / \ c\_\_\_ \\ a \rightarrow b \ / \ \_\_\_c \end{array}\right. \quad \Rightarrow \quad a \rightarrow b\%c \text{ 또는 } a \rightarrow b//c \text{ 또는 } a \rightarrow b/c$$

그리스문자 사용법

그 밖에 α, β, γ와 같은 그리스문자가 항상 같은, 또는 항상 다른 자질값을 표시하기 위한 변수(變數 variable)로 사용된다. 조음위치동화규칙을 보면 다음과 같다.

$$\begin{bmatrix} +\text{자음성} \\ \alpha\ \text{순음성} \\ -\alpha\ \text{전설성} \end{bmatrix} \rightarrow \begin{bmatrix} \beta\ \text{순음성} \\ -\ \text{전설성} \end{bmatrix} \ / \ \text{—} \ \begin{bmatrix} +\ \text{폐쇄성} \\ \beta\ \text{순음성} \\ -\ \text{전설성} \end{bmatrix}$$

α가 +이면 -α는 -이므로 입력이 양순음([+자음성, +순음성, -전설성])이 된다. α가 -이면 -α는 +이므로 입력이 전설음([+자음성, -순음성, +전설성])이 된다. β가 +이면 환경과 출력이 모두 양순음([+순음성, -전설성])이 되고 -이면 모두 후설음([-순음성, -전설성])이 된다. 즉 이것은 다음 네 공식을 하나로 합친 것이다. (이해의 편의를 위해 조음위치에 따른 분절음 명칭을 아래에 적는다.)

(1) α와 β가 모두 +인 경우

$$\underset{\text{양순음}}{\begin{bmatrix} +\ \text{자음성} \\ +\ \text{순음성} \\ -\ \text{전설성} \end{bmatrix}} \rightarrow \underset{\text{양순음}}{\begin{bmatrix} +\ \text{순음성} \\ -\ \text{전설성} \end{bmatrix}} \ / \ \text{—} \ \underset{\text{양순음}}{\begin{bmatrix} +\ \text{폐쇄성} \\ +\ \text{순음성} \\ -\ \text{전설성} \end{bmatrix}}$$

(2) α가 +이고 β가 -인 경우

$$\begin{bmatrix} +\text{자음성} \\ +\text{순음성} \\ -\text{전설성} \end{bmatrix} \rightarrow \begin{bmatrix} -\text{순음성} \\ -\text{전설성} \end{bmatrix} / \text{—} \begin{bmatrix} +\text{폐쇄성} \\ -\text{순음성} \\ -\text{전설성} \end{bmatrix}$$

양순음 후설음 후설음

(3) α가 -이고 β가 +인 경우

$$\begin{bmatrix} +\text{자음성} \\ -\text{순음성} \\ +\text{전설성} \end{bmatrix} \rightarrow \begin{bmatrix} +\text{순음성} \\ -\text{전설성} \end{bmatrix} / \text{—} \begin{bmatrix} +\text{폐쇄성} \\ +\text{순음성} \\ -\text{전설성} \end{bmatrix}$$

전설음 양순음 양순음

(4) α와 β가 모두 -인 경우

$$\begin{bmatrix} +\text{자음성} \\ -\text{순음성} \\ +\text{전설성} \end{bmatrix} \rightarrow \begin{bmatrix} -\text{순음성} \\ -\text{전설성} \end{bmatrix} / \text{—} \begin{bmatrix} +\text{폐쇄성} \\ -\text{순음성} \\ -\text{전설성} \end{bmatrix}$$

전설음 후설음 후설음

네 가지 다른 공식이 그리스문자 사용으로 한 공식으로 합쳐질 수 있다는 것은 이 네 공식이 서로 깊은 관련성을 가지고 있다는 뜻이다. 이것은 이 네 공식을 서로 다른 음운규칙으로 기술하지 않고 한 음운규칙으로 묶는 근거가 된다.

9.2. 음운규칙에서의 환경

음운규칙에서의 환경의 종류

음운규칙에 나타나는 환경이 음운론적인 요소로 표현되면 **음운론적 환경**, 형태론적인 요소로 표현되면 **형태론적 환경**이다. 그 밖의 요소로 표현

되는 경우는 드물다. 형태론적 환경만 가진 규칙 또한 드물다. 음운론적 환경도 함께 가지는 것이 일반적이다.

음운론적 환경

아래의 유음화규칙이나 평폐쇄음화규칙의 환경에는 분절음이나 음절경계($)와 같은 음운론적인 요소만 나타나 있으므로 이들은 음운론적 환경에서 적용되는 규칙이다.

ㄴ→ㄹ / ㄹ___ (유음화규칙)

$$[-\text{공명성}] \rightarrow \begin{bmatrix} -\text{긴장성} \\ -\text{치찰성} \end{bmatrix} / \text{—}\ \$$$

(평폐쇄음화규칙)

음운론적 환경과 형태론적 환경

아래의 경음화규칙은 용언말음인 비음 뒤에서 적용된다. 용언이라는 형태론적 환경과 말음이 비음이라는 음운론적 환경이 함께 나타나 있다.

$$\begin{bmatrix} -\text{공명성} \\ -\text{유기성} \end{bmatrix} \rightarrow [+\text{긴장성}] \ / \ [[+\text{비음성}]]_{V/A} +\_\_\_$$

(용언말 비음 뒤 경음화규칙)

형태소경계의 표기

여기서 V/A는 동사(verb) 또는 형용사(adjective), 즉 용언을 나타내고 +는 **형태소경계**(形態素境界 morpheme boundary)를 나타낸다. 용언과 어미 사이에 형태소경계가 있는 것을 나타내기 위해 적은 것이다. 그런데 용언 뒤에는 반드시 어미와 같은 다른 형태소가 이어지므로 용언과 어미 사이에 형태소경계가 있는 것은 당연하다. 그래서 이런 경우 +를 생략하고 적는 일이 많다.

형태론적 환경의 내용

형태론적 환경으로 잘 나타나는 것은 체언과 용언이다. 활용에서는 일어나지만 곡용에서는 일어나지 않는 음운현상이 많기 때문에 둘의 구별이 규칙의 환경에 잘 나타나는 것이다. 활용에만 적용되는 음운규칙에는 용언말 비음 뒤 경음화, 용언말 ㅎ탈락, ㄹ탈락, j반모음화, w반모음화, ㅡ탈락 등이 있다. 그 밖에 조어에 관여하는 어기나 접사가 형태론적 환경을 형성하기도 하고, 특정한 형태소가 환경을 형성하는 경우도 있다. 다음의 '-을' 관형사형 뒤 경음화규칙은 특정한 형태소가 환경을 형성한 경우이다.

$$\begin{bmatrix} -\text{공명성} \\ -\text{유기성} \end{bmatrix} \rightarrow [+\text{긴장성}] \;/\; \text{ㄹ}]_{\text{관형사형어미}} \_\_\_$$

('-을' 관형사형 뒤 경음화규칙)

형태론적 제약

형태론적 환경은 **형태론적 제약**, 또는 더 포괄적으로 **비음운론적 제약**이라고 부르는 일이 있다. 음운규칙은 순전히 음운론적 환경에서만 적용되는 것이 옳을 텐데 규칙의 적용에 비음운론적인 요소가 제약을 가한다는 관점에서 그렇게 부르는 것이다.

9.3. 음운규칙의 적용

음운규칙이 적용되는 세 단계

음운규칙은 형태소들이 결합하여 발화의 표면형에 이르는 과정에 적용된다. 형태소들이 결합하여 직접 발화가 도출되는 것이 아니고 어절이라는 중간 단위를 거치게 된다. 어절은 최소의 발화이기도 하다. 어절들이 결합하는 방식에 따라 발화의 모습이 결정된다. 형태소가 어절을 형성하는 단계가 1단계, 어절이 발화를 형성하는 단계가 2단계이다. 2단계의 결과인 발화의 표면형은 음소표상이다. 여기에 이음규칙이 적용되어 음성표상이 나오는 단계가 3단계이다.

1단계 : 형태소에서 어절까지

2단계 : 어절에서 발화까지

3단계 : 발화의 음소표상에서 음성표상까지

형태소표상	{그} {수박} {맛} {이} {있-} {-니}
	↓ 기저형 부여
기저표상	//그// //수:박// //맛// //이// //있-// //-니//
	↓ 어절 형성과 1단계 음운규칙 적용
어절의 표면형(음소표상)	/그/ /수:박/ /마시/ /인니/
	↓ 발화 형성과 2단계 음운규칙 적용
발화의 표면형(음소표상)	/그수박#마시인니/
	↓ 3단계 이음규칙 적용
발화의 표면형(음성표상)	[kɯsubak˃#maʃiinɲi]

휴지의 배치

2단계인 발화 형성에서는 **휴지**(休止)가 일부 어절경계에 배치된다. 휴지의 위치는 발화에 관련된 통사적, 의미적, 화용적 조건에 따라 결정된다. 위의 문장은 경우에 따라 /그수박#마시#인니/ 또는 /그수방마시인니/와 같이 발화될 수도 있다. /그수방마시인니/에서는 '박'과 '마' 사이에 휴지가 나타나지 않아 비음화가 일어나게 된다.

둘 이상의 음운규칙의 적용

음운규칙이 하나만 적용되어 기저형에서 표면형이 바로 도출될 때는 별 문제가 없겠지만 둘 이상의 음운규칙이 적용되어야 할 때는 어떤 규칙이 먼저 적용되고 어떤 규칙이 나중에 적용되는지 문제가 생길 수 있다. 한 규칙의 적용이 다른 규칙의 적용에 영향을 미칠 수 있기 때문이다. 모든 규칙이 제 기능을 온전히 발휘하려면 다음 두 가지가 전제되어야 한다.

(1) 환경이 맞으면 규칙은 언제든지 적용된다.

(2) 한 번에 규칙 하나씩 적용된다.

음운규칙 적용의 전제

환경이 맞는데도 규칙이 적용되어서는 안 된다거나 반드시 다른 규칙과 동시에 적용되어야 한다든가 하는 일이 있다면 그 규칙은 잘못 설정된 것이라 할 수 있다.

음운규칙들의 두 가지 순서

규칙이 적용되는 순서, 즉 **규칙순**(規則順 rule ordering)에는 두 가지가 있다. 규칙들끼리의 관계로부터 자연히 정해지는 순서를 **내재적**(內在的 intrinsic) **규칙순**이라 하고, 잘못된 표면형이 도출되지 않도록 연구자가 정해 놓은 순서를 **외재적**(外在的 extrinsic) **규칙순**이라 한다.

내재적 규칙순의 예

예를 들어 유음화를 직접동화로 기술할 때 '핥-는' 그 자체에는 유음화규칙이 적용될 수 없다. 자음군단순화규칙이 적용되고 나서야 유음화규칙이 적용될 수 있다(핥-는→할는→할른). 이것은 두 음운규칙의 순서를 정해 주지 않아도 저절로 이 순서로 적용될 수밖에 없다. 따라서 다음에서 보듯이 '자음군단순화규칙 — 유음화규칙'의 순서는 내재적 규칙순이다.

핥-는 { 유음화규칙 ×
　　　　자음군단순화규칙 → 할는 { 유음화규칙 → 할른
　　　　　　　　　　　　　　　　　자음군단순화규칙 ×

외재적 규칙순의 예

한편 '핥-고'에 자음군단순화규칙이 경음화규칙보다 먼저 적용되면(핥-고→할고) 틀린 표면형 /할고/가 도출된다. 그러므로 연구자는 '자음군단순화규칙 — 경음화규칙'의 순서를 금지하게 된다. 만약 경음화규칙이 먼저 적용되고 자음군단순화규칙이 나중에 적용되면(핥-고→핥꼬→할꼬) 옳은 표면형 /할꼬/가 도출된다. 연구자는 '핥-고'는 반드시 '경음화규칙 — 자음군단순화규칙'의 순서를 따라야 한다고 규정한다. 이 순서는 외재적 규칙순이다.

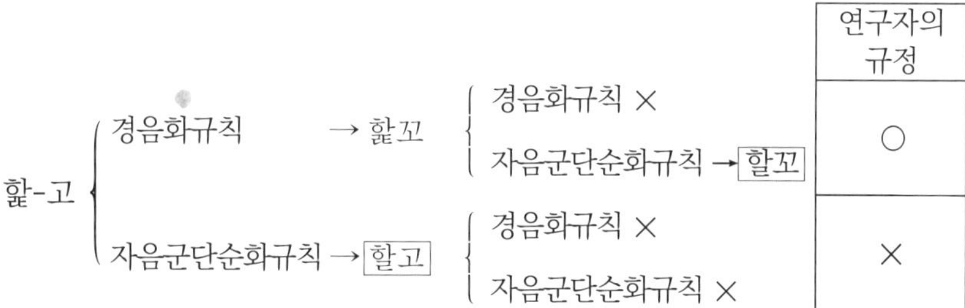

서로 무관한 음운규칙들

두 규칙 A, B는 서로 무관(無關)할 수도 있고 서로의 적용에 영향을 미칠 수도 있다. 예를 들어 '믿-고'에 경음화규칙과 조음위치동화규칙이 모두 적용될 수 있는데 어느 한쪽의 적용이 다른 한쪽의 적용에 아무런 영향을 미치지 않는다. 경음화규칙이 먼저 적용되면 '믿꼬'가 되고 뒤이어 조음위치동화규칙이 적용되어 /믹꼬/가 도출되며, 조음위치동화규칙이 먼저 적용되면 '믹고'가 되고 나서 경음화규칙이 적용되어 역시 /믹꼬/가 도출된다. 따라서 경음화규칙과 조음위치동화규칙은 서로 무관하다.

급여순서

서로 무관하지 않은 두 규칙 A와 B의 적용순서는 급여순서, 출혈순서, 역급여순서, 역출혈순서로 나눌 수 있다. **급여순서**(給與順序 feeding order)는 A의 적용으로 B의 입력이나 환경이 되는 요소가 새로이 생길 때 A — B의 순서를 말한다. 예를 들어 '훑-는'에는 유음화규칙이 적용될 수 없는데 자음군단순화규칙이 적용되면 '할는'이 되어 유음화규칙이 적용될 수 있는 환경이 된다. 따라서 '자음군단순화규칙 — 유음화규칙'의 순서는 급여순서이다.

출혈순서

출혈순서(出血順序 bleeding order)는 B의 입력이나 환경이 될 요소가 A의 적용으로 파괴될 때 A — B의 순서를 말한다. '훑-고'에 자음군단순화규칙이 적용되면 경음화규칙의 환경이 될 /ㅌ/이 탈락하여(할고) 경음화규칙이 적용될 수 없게 된다. 따라서 '자음군단순화규칙 — 경음화규칙'의 순서는 출혈순서이다.

역급여순서와 역출혈순서

역급여순서(逆給與順序 counterfeeding order)는 A — B의 순서가 급여순서일 때 B — A의 순서를 말한다. 위의 예에서 '유음화규칙 — 자음군단순화규칙'의 순서가 역급여순서이다. **역출혈순서**(逆出血順序 counterbleeding order)도 A — B의 순서가 출혈순서일 때 B — A의 순서를 말한다. 위의 예에서 '경음화규칙-자음군단순화규칙'의 순서가 역출혈순서이다.

필수적 규칙과 수의적 규칙

음운규칙 중에는 **필수적**(必須的 obligatory) **규칙**이 있고 **수의적**(隨意的 optional) **규칙**이 있다. 필수적 규칙은 반드시 적용되어야 하는 규칙이고 수의적 규칙은 적용되어도 좋고 적용되지 않아도 좋은 규칙이다. 대부분의 음운규칙은 필수적 규칙이다. '앓-아→아라'에 적용되는 용언말 ㅎ탈락규칙은 항상 적용되어야 하는 필수적 규칙이다(*/알하/). 반면에 '믿-고→믹꼬'에 적용되는 조음위치동화규칙은 적용될 수도 있고(믹꼬) 적용되지 않을 수도 있는(믿꼬) 수의적 규칙이다. 이러한 수의적 규칙으로는 조음위치동화규칙 외에 초성 ㅎ탈락규칙, 중복자음감축규칙, 중복자음화규칙, j반모음화규칙, w반모음화규칙, j첨가규칙 등이 있다.

참 고

음운규칙은 생성음운론에서 본격적인 연구가 시작되었다. 전상범(2004)『음운론』참조. 그 밖에 Sommerstein (1977) *Modern Phonology*의 6장, 7장, Kenstowicz & Kisseberth (1979) *Generative Phonology*의 8장~10장 참조. 국어 방언을 대상으로 음운규칙 간의 관계를 상세히 논의한 한성우(1996)「당진 지역어의 음운론적 연구」도 참고할 만하다.

국어에서의 비음운론적 제약에 관해서는 이병근(1975)「음운규칙과 비음운론적 제약」, 강창석(1985)「활용과 곡용에서의 형태론과 음운론」, 송철의(1991)「국어 음운론에 있어서 체언과 용언」 참조. 국어음운론에서의 경계는 Kim-Renaud (1975) *Korean Consonantal Phonology*의 3장과 부록 A, 김정우(1984)「국어 음운론의 경계문제에 관한 연구」, 이현희(1991)「중세국어의 합성어와 음운론적 정보」 참조.

10 통시적 관점

10.1. 음운변화의 종류

음운변화의 뜻

음운변화(音韻變化 phonological change)는 **문법변화**(文法變化 grammatical change), **어휘변화**(語彙變化 lexical change)와 함께 언어변화의 중요한 부문이다. 어떤 방식으로든 말소리에 관해 일어난 통시적 변화를 음운변화라 한다. 음운변화를 기호화할 때는 공시적인 음운변동과 구별하여 '→' 대신 '>'를 사용하여 나타낸다.

음운변화의 유형

음운변화는 다음과 같이 세분할 수 있다.

<table>
<tr><td rowspan="5">음운변화</td><td rowspan="3">음변화</td><td colspan="2">음성변화</td></tr>
<tr><td rowspan="2">음소변화</td><td>음소체계의 변화</td></tr>
<tr><td>음소배열의 변화</td></tr>
<tr><td rowspan="2">유추변화</td><td colspan="2">유추적 평준화</td></tr>
<tr><td colspan="2">유추적 확대</td></tr>
</table>

음변화의 유형

음변화(音變化 sound change)는 말소리 자체에 변화의 동기가 있는 음운변화이다. 음변화는 변이음의 차원에서 일어난 **음성변화**(音聲變化 phonetic change) 또는 **이음변화**(異音變化 allophonic change)와, 음소의 차원에서 일어난 **음소변화**(音素變化 phonemic change)로 나눌 수 있다. 중세에 /ㅈ/이 치조음 [ts, dz]로 실현되다가 근대에 와서 구개음 [ʧ, ʤ]로 실현되게 된 것은 음성변화의 한 예이다.

음소체계의 변화

음소변화는 다시 음소체계의 변화와 음소배열의 변화로 나눌 수 있다. **음소체계의 변화**의 대표적인 예는 **합류**(合流 merger)와 **분기**(分岐 split)이다. 합류는 서로 다른 음소의 변이음들이 한 음소에 속하게 되는 변화이고 분기는 그 반대방향의 변화이다. /·/는 근대에 어두음절에서 /ㅏ/와 합류하고 비어두음절에서 /ㅡ/와 합류함으로써 모음체계에서 사라졌다. 고대영어에서 /f/는 유성음 사이에서 [v]로, 그 밖의 환경에서 [f]로 실현되었는데, 그 밖의 환경에 [v]를 가진 단어가 출현하게 되자 [f]와 [v]가 대립하게 되어 결국 /f/가 /f/와 /v/로 분기하게 되었다.

음소배열의 변화

음소배열의 변화는 대치, 탈락, 첨가, 축약, 도치와 같은 음운과정에 따라 음소배열의 모양이 달라지는 변화이다. 예를 들면 다음과 같다.

대치 : 디다>지다(꽂이), 믈>물, 즐다>질다, 올창이>올챙이, 구룸>구름

탈락 : 쇼>소(동물), 녀름>여름, 나하(낳-아)>나아, 기ᄅᆞ마>길마

첨가 : 머추다>멈추다, 이퍼(잎-어)>으퍼>을퍼(읊어)

축약 : 읏듬>으뜸, 가히>개 /kaj/>개 /kɛː/

도치 : 빗복>빗곱>배꼽, 이륵이륵>이글이글

음운변화 중에는 규칙적인 변화도 있고 불규칙적인 변화도 있다. 대치 중에 구개음화(디다>지다), 원순모음화(믈>물), 전설모음화(즐다>질

다), 움라우트(올창이>올챙이), 탈락 중에 치찰음 뒤 단순모음화(쇼>소), 어두 ㄴ탈락(녀름>여름), 용언말 ㅎ탈락(나하>나아), 축약 중에 이중모음의 단순모음화(/kaj/>/kɛː/) 등은 규칙적인 변화이다. 나머지는 불규칙적인 변화이다.

유추변화의 뜻

유추변화(類推變化 analogical change)는 형태(morph)들끼리의 관계에 변화의 동기가 있는 것이다. a : b=a′ : x에서 x가 b′임을 유추할 수 있는데 이러한 유추가 형태들 사이에 이루어져 변화가 일어날 수 있다.

유추적 평준화

유추변화 중 **유추적 평준화**(類推的 平準化 analogical leveling)는 한 형태소의 교체형의 수를 줄여 교체를 되도록 없애는 변화이다. 다음에 보인 '흙/흑/흥>흑/흥', '여덟/여덜>여덜'의 교체의 변화가 유추적 평준화이다.

/흙/ : 흙-이, 흙-에, 흙-을		/흑/ : 흑-이, 흑-에, 흑-을
/흑/ : 흑-또, 흑-꽈, 흑	>	흑-또, 흑-꽈, 흑
/흥/ : 흥-만, 흥-냄새		/흥/ : 흥-만, 흥-냄새

/여덟/ : 여덟-이, 여덟-에, 여덟-을	> /여덜/ :	여덜-이, 여덜-에, 여덜-을
/여덜/ : 여덜-과, 여덜-만, 여덜		여덜-과, 여덜-만, 여덜

재구조화

교체형이 바뀜으로써 '흙'은 기저형이 //흙//에서 //흑//으로 바뀌었고 '여덟'은 //여덟//에서 //여덜//로 바뀌었다. 기저형의 변화를 **재구조화**(再構造化 restructuring)라 한다. 재구조화는 음변화에 의해 생길 수도 있고 유추변화에 의해 생길 수도 있다. 위에서 본 '디다>지다, 쇼(牛)>소, 가히>개/kaj/>개/kɛː/'와 같은 것들이 모두 음변화에 의한 재구조화의 예이다.

유추적 확대

유추적 확대(類推的 擴大 analogical extension)는 이미 존재하는 교체

를 본받아 새로운 교체형을 만들어내는 변화이다. 유추적 평준화와 반대로, 교체하는 형태소의 수가 늘거나 교체의 환경이 확대된다. 15세기의 ㅅ말음체언이 16세기에 말음 'ㅅ/ㄷ/ㄴ'의 교체를 가지게 되자 말음 'ㄷ/ㄴ'의 교체를 가지고 있던 ㄷ말음체언이 그 교체를 본받아 말음 'ㅅ/ㄷ/ㄴ'의 교체를 하게 되었다. '옷'과 '붇>붓'의 예는 다음과 같다.

기존의 교체

옷/옫/온 (옷-이, 옷-에, 옫-도, 온-만)

붇/분 (붇-이, 붇-에, 붇-도, 분-만)

{붇}의 새 교체

붓/붇/분 (붓-이, 붓-에, 붇-도, 분-만)

이로써 {붇}은 //붇//>//붓//으로 재구조화되었다. 그리고 말음 'ㅅ/ㄷ/ㄴ'의 교체를 하는 형태소의 수가 늘어났다.

10.2. 교체의 발생과 소멸

음변화와 교체의 발생

음변화가 일어나면 형태소내부에서는 재구조화가 일어나고 형태소경계에서는 **교체**(alterantion)가 생겨난다. 근대에 /i, j/ 앞에서 /ㄷ, ㅌ/이 /ㅈ, ㅊ/으로 바뀌는 ㄷ구개음화가 일어났다. ㄷ구개음화가 일어나자 형태소내부에서는 형태소의 기저형이 바뀌었다. 뎌>저(저것), 디다>지다(꽂이), 둏다>좋다, 티다>치다(때리다), -디>-지(부사형어미). 한편 /ㄷ, ㅌ/과 /i, j/ 사이에 형태소경계가 있는 경우에는 새로운 교체가 발생했다. '밭'은 모음조사 앞에서 /밭/으로만 나타났었는데 '바티(밭-이)>바치'에 따라 이제 /밭/과 /빛/으로 교체하게 된 것이다.

/밭/ : 밭-이, 밭-은, 밭-을, 밭-에 > /밭/ : 밭-은, 밭-을, 밭-에
/밫/ : 밫-이

유추변화에 의한 교체의 단순화 (ㅊ용언의 경우)

음변화로 생겨난 교체가 유추변화로 단순화되는 일은 흔하다. 15세기에 '및-(기준에 미치다)'의 활용계열은 다음과 같았다. 그리고 그 기저형 //및-//은 'ㅊ→ㅅ/___$' 때문에 /밋-/과 /및-/으로 교체했다.

활용계열

밋고, 밋던, 밋ᄂᆞᆫ, 미처, 미츠니, 미쳘

이형태

/밋-/ : 밋-고, 밋-던, 밋-ᄂᆞᆫ

/및-/ : 및-어, 및-으니, 및-을

16세기에 비음화가 일반화되고 종성에서 /ㅅ/이 /ㄷ/으로 바뀌고, 근대에 치찰음 뒤에서 /ㅡ/가 /ㅣ/로 바뀌는 세 가지 음변화를 거쳐 '및-'의 활용계열과 교체는 다음과 같이 바뀌었다.

활용계열

믿고(표기는 '밋고'), 믿던(표기는 '밋던'), 민는(표기는 '밋ᄂᆞᆫ'), 미처, 미치니, 미칠

이형태

/믿-/ : 믿-고, 믿-던

/민-/ : 민-는

/및-/ : 및-어

/미치-/ : 미치-니, 미치-ㄹ

위의 시기에 '및-'의 기저형은 여전히 //및-//으로서 평폐쇄음화(ㅊ→ㄷ), 비음화(ㄷ→ㄴ), 전설모음화(츠→치)의 세 가지 음운과정에 의해 이형태가 도출될 수 있었다. 그런데 현대로 오면서 이형태 /미치-/ 쪽으로 유추적 평준화가 일어나 교체가 단순화되었다. 그리고 기저형은 //미치-//로 분석되게 되었다.

활용계열

미치고, 미치던, 미치는, 미쳐(표기는 '미쳐'), 미치니, 미칠

이형태

/및-/ : 및-어

/미치-/ : 미치-고, 미치-던, 미치-는, 미치-니, 미치-ㄹ

ㅊ용언이 이러한 과정을 거쳐 /치/로 끝난 용언으로 재구조화된 예를 많이 볼 수 있다. 긏->그치-, 뭋->마치-, 그릋->그르치-, 뉘읓->뉘우치-, ᄉᆞᄆᆾ->사무치-.

유추변화에 의한 교체의 단순화 (ㅎ체언의 경우)

'하ᄂᆶ>하늘'과 같은 ㅎ체언의 재구조화도 유추적 평준화에 의한 교체의 단순화로 이해된다. 15세기의 모습은 다음과 같았다.

/하ᄂᆯ/ : 하ᄂᆯ, 하ᄂᆯ-콰, 하ᄂᆯ-토, 하ᄂᆯ-만

/하ᄂᆶ/ : 하ᄂᆶ-이, 하ᄂᆶ-ᄋᆞᆫ, 하ᄂᆶ-ᄋᆞ로, 하ᄂᆶ-애

단독형 /하ᄂᆞᆯ/ 쪽으로 유추적 평준화가 일어나고 음소 /ㆍ/가 /ㅡ/와 합류하자 다음과 같이 이형태가 /하늘/로만 나타나 교체가 없어졌다.

/하늘/ : 하늘, 하늘-과, 하늘-도, 하늘-이, 하늘-로, 하늘-에

음변화가 교체를 없애는 경우도 있다. 현대의 젊은 세대에서 음장이 변별력을 잃게 되자 장모음과 단모음의 교체를 가졌던 많은 용언이 음장의 교체를 잃게 되었다.

음변화에 의한 교체의 소멸

/감ː-/ : 감ː-꼬, 감ː-떤, 감ː-는
/감-/ : 감-아, 감-으면, 감-을
> /감-/ : 감-꼬, 감-떤, 감-는, 감-아, 감-으면, 감-을

유추변화가 교체를 단순화하고 재구조화를 일으키는 것은 용언보다 체언에 잘 나타나는 현상이다. '흙>흑', '여덟>여덜'과 같은 체언말자음군의 단순화와 '하ᄂᆞᆶ>하늘'과 같은 체언말 ㅎ탈락이 용언에는 일어나지 않았다(늙-, 여ᇕ->엷-, 잃-). 또 15세기에 체언 /ᄒᆞᄅᆞ/와 /ᄒᆞᆯᄅᅠ/의 교체는 현대에 와서 /하루/로 단순화되었다.

체언에서의 유추변화

/ᄒᆞᄅᆞ/ : ᄒᆞᄅᆞ, ᄒᆞᄅᆞ-와, ᄒᆞᄅᆞ-도
/ᄒᆞᆯᄅᅠ/ : ᄒᆞᆯᄅᅠ-이, ᄒᆞᆯᄅᅠ-ᄋᆞᆫ, ᄒᆞᆯᄅᅠ-ᄋᆡ
> /하루/ : 하루, 하루-와, 하루-도, 하루-가, 하루-는, 하루-에

그러나 용언 /흐르-/와 /흘ᄅᅠ-/의 똑같은 방식의 교체는 15세기부터

현대까지 계속 이어지고 있다.

/흐르-/ : 흐르-고, 흐르-지, 흐르-니, 흐르-ㄹ

/흘ㄹ-/ : 흘ㄹ-어

체언과 용언의 차이

유추변화가 체언과 용언에 달리 작용하는 것은 체언과 용언의 형태론적 조건이 다르기 때문이다. 체언은 조사가 붙지 않은 **단독형**(單獨形 isolated form)이 존재하여 체언과 조사의 결합력이 약하고 끊임없이 교체의 단순화를 지향한다. 반면에 용언은 단독형이 없고 항상 어미가 붙은 채로 쓰이기 때문에 용언과 어미의 결합력이 강하고 활용형 각각의 독립성이 강하다. ‘ᄒᆞᄅᆞ-와, ᄒᆞᆯㄹ-ᄋᆞᆫ’에서 체언은 조사로부터 잘 분리되어 인식되는 데 반해 ‘흐르-고, 흘ㄹ-어’에서 용언은 어미와 잘 분리되어 인식되지 않는다. 결국 활용형은 **보수성**(保守性)이 강하다.

음운론적 어휘화

따라서 단일기저형으로 기술될 수 있던 교체가 다중기저형으로 기술해야 하는 교체로 변화가 있었을 때 그 상태가 곡용보다 활용에서 오래도록 잘 유지된다. 이런 교체가 굳어지면 표면에 나타난 각 어형이 음운론적으로 **어휘화**(語彙化 lexicalization)되었다고 표현한다. 예를 들어 ‘흐르-/흘ㄹ-’의 교체에서 ‘흐르고, 흘러’와 같은 활용형을 음운론적으로 어휘화된 어형이라고 말한다.

10.3. 공시태의 과도기적 성격

공시태와 음운변화

이제까지 **공시태**(共時態 synchrony)는 안정된 체계를 이루고 있는 것으로 가정하고 논의해 왔다. 음운단위와 음운현상이 공시적으로는 항상 일정한 모습을 취하고 있는 것으로 여겨 왔던 것이다. 그러나 언어는 어느 한 순간도 쉬지 않고 동요하고 있다. 그것은 통시적인 음운변화가 모든 환경에서 일시에 일어나는 것이 아니기 때문이다. 아무리 규칙적인 음운변화라 하더라도 그 언어공동체 전체에 전파되는 데는 시간이 걸린다.

음운변화가 진행 중일 때의 음소체계

예를 들어 어두의 '·>ㅏ'의 변화가 막 시작되었을 때는 일부 화자들만 이 변화에 감염되어 있었을 것이다. 그러다가 점차 공간적으로 퍼지고 여러 사회집단으로 퍼져 모든 화자가 이 변화를 받아들이게 되었을 것이다. 이 전파가 진행되고 있을 때 음소체계에 /·/를 넣을 것인지 말 것인지가 문제된다. 정밀한 기술을 한다면 일부 화자에 대해서는 /·/가 들어 있는 음소체계, 나머지 화자들에 대해서는 /·/가 없는 음소체계를 설정해야 할 것이다. §3.4.에서 모음체계가 지역방언에 따라 다른 예를 보았는데 그것은 모음체계에 일어난 통시적 변화가 지역에 따라 전파되고 완성되는 데 시차가 있음을 보여 주는 것이다.

어휘확산

그런데 한 화자에게서도 '·>ㅏ'의 변화가 모든 단어에 일시에 미치는 것은 아니다. 한 화자가 사용하는 단어 중에서도 이 변화에 민감한 것이 있고 둔감한 것이 있다. 이 변화를 겪은 단어의 수가 늘어나는 데도 어느 정도 시간이 걸린다. 그 과정 중에는 한 화자의 말에서도 /·/를 음소체계에 넣을 것인지 말 것인지가 문제될 것이다. 이처럼 언어변화가 일어날 때 변화를 겪은 단어의 비율이 점차 높아지는 현상을 **어휘확산**(語彙擴散 lexical diffusion)이라 한다.

가정된 언어상태로서의 공시태

언어는 순간순간 크고 작은 여러 변화를 겪고 있고 모든 순간이 그러한 변화의 과도기(過渡期)이다. 한 순간도 언어가 완전한 체계를 갖추고 있는 일은 없다고 해도 지나치지 않다. 따라서 공시적인 기술의 대상으로 생각하는 공시태란 현실에 그대로 존재하지 않는 가정된 언어상태인 것이다.

참 고

통시음운론은 Jeffers & Lehiste (1979) *Principles and Methods for Historical Linguistics* (최기호 역 『역사언어학의 원리와 방법』)의 1장, 5장, 6장 참조. 그 밖에 Bynon (1977) *Historical Linguistics* (최전승 역 『역사언어학』), Sommerstein (1977) *Modern Phonology*의 10장, Lass (1984) *Phonology*의 13장, Hock (19 86) *Principles of Historical Linguistics*의 2장~11장도 참조.

음운변화의 다른 분류는 허웅(1985) 『국어 음운학』의 4장 참조.

본문에서 통시적 관점을 공시음운론 전반에 적용하여 설명하지 않고, 형태음운론적인 교체와 음운변화의 관련(§10.2.), 공시음운론의 연구대상인 공시태의 통시성(§10.3.)만을 언급했다. 형태음운론적 교체와 음운변화의 관련성에 대해서는 김성규(1989) 「활용에 있어서의 화석형」, 송철의(1991) 「국어 음운론에 있어서 체언과 용언」, 이승재(1992) 「융합형의 형태소 분석과 형태의 화석」, 송철의(1993) 「언어 변화와 언어의 화석」, 최명옥(1993) 「어간의 재구조화와 교체형의 단일화 방향」, 곽충구(1994) 「계합 내에서의 단일화에 의한 어간 재구조화」, 김현(2006) 『활용의 형태음운론적 변화』, 이진호(2008) 『통시적 음운 변화의 공시적 기술』, 장윤희(2010) 「언어 화석의 확인과 공시적 처리 방안」 참조. 어휘화는 송철의(1992) 『국어의 파생어형성 연구』의 §2.4. 참조. 본문에서 제시한 ㅊ용언의 변화에 대한 다른 해석은 정경재(2015) 「한국어 용언 활용 체계의 통시적 변화」의 §3.1.1.의 (2) 참조.

어휘확산은 Lass (1984)의 §13.4.2., §13.4.3. 참조.

참고문헌

강창석(1982) 「현대 국어의 형태소 분석과 음운 현상 : 활용, 곡용에서의 '으~Ø'를 중심으로」 《국어연구》 50, 서울대 국어연구회.

______(1984) 「국어의 음절구조와 음운현상」 《국어학》 13, 국어학회. [이병근・송철의 편(1998)에 재수록]

______(1985) 「활용과 곡용에서의 형태론과 음운론」 《울산어문논집》 2, 울산대 국어국문학과.

______(1988) 「국어의 음운현상과 음운자질(1)」 《울산어문논집》 4, 울산대 국어국문학과.

______(1989) 「현대국어 음운론의 허와 실」 《국어학》 19, 국어학회.

______(1990) 「음절」, 『국어연구 어디까지 왔나』 동아출판사.

______(1991) 「15세기의 음운이론에 대하여」 『국어학의 새로운 인식과 전개』 민음사.

______(1992) 「15세기 음운이론의 연구 : 차자표기 전통과의 관련성을 중심으로」, 서울대 박사학위논문.

고도흥(2013) 『언어기관의 해부와 생리』 학지사. [개정판, 2017]

고영근(1987) 「보충법과 불완전계열의 문제」 《어학연구》 23:3, 서울대 언어교육원. [고영근(1989) 『국어형태론연구』(서울대출판부)에 재수록]

______(1993) 『우리말의 총체서술과 문법체계』 일지사.

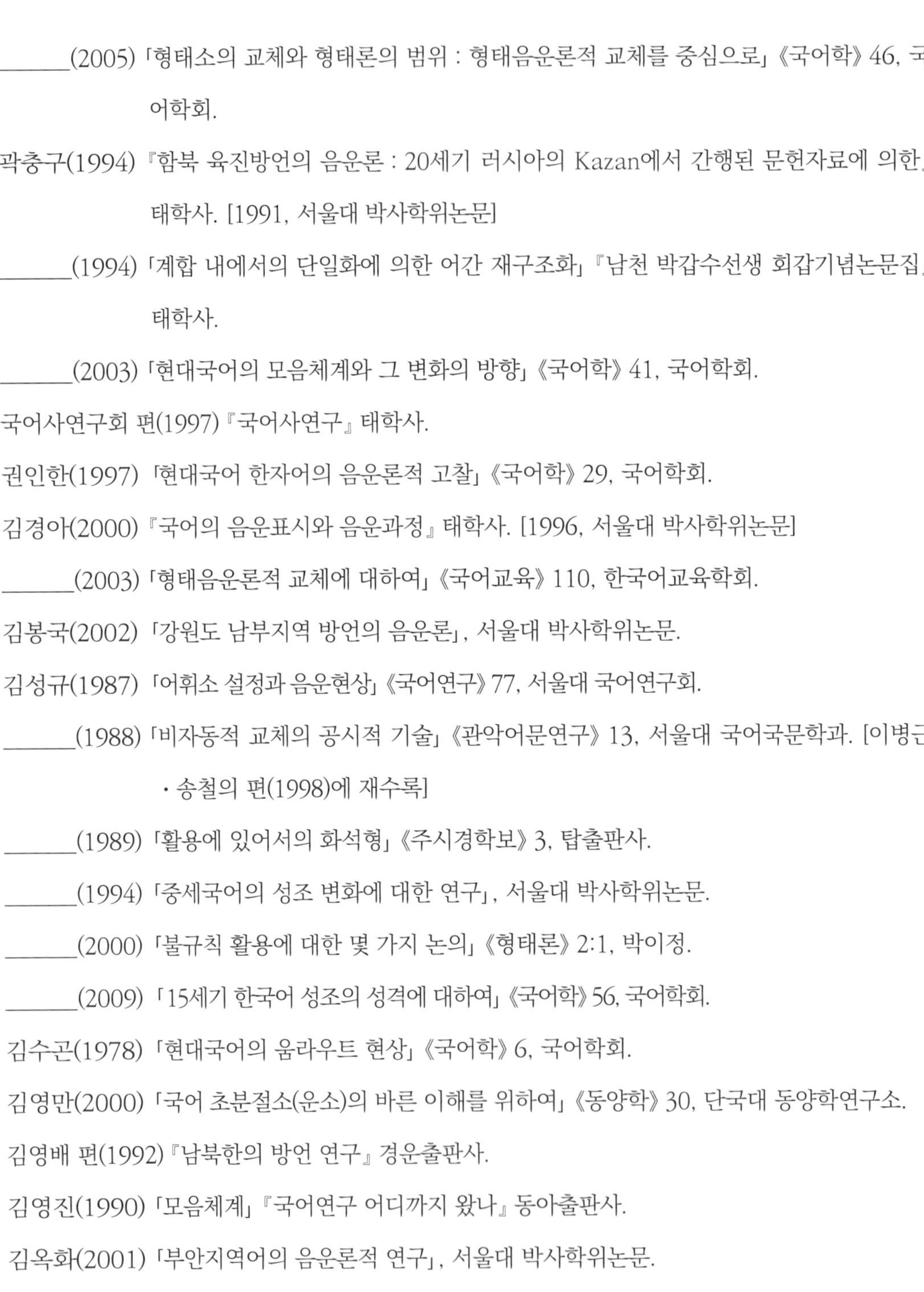

______(2005) 「형태소의 교체와 형태론의 범위 : 형태음운론적 교체를 중심으로」《국어학》46, 국어학회.

곽충구(1994) 『함북 육진방언의 음운론 : 20세기 러시아의 Kazan에서 간행된 문헌자료에 의한』 태학사. [1991, 서울대 박사학위논문]

______(1994) 「계합 내에서의 단일화에 의한 어간 재구조화」『남천 박갑수선생 회갑기념논문집』 태학사.

______(2003) 「현대국어의 모음체계와 그 변화의 방향」《국어학》41, 국어학회.

국어사연구회 편(1997) 『국어사연구』 태학사.

권인한(1997) 「현대국어 한자어의 음운론적 고찰」《국어학》29, 국어학회.

김경아(2000) 『국어의 음운표시와 음운과정』 태학사. [1996, 서울대 박사학위논문]

______(2003) 「형태음운론적 교체에 대하여」《국어교육》110, 한국어교육학회.

김봉국(2002) 「강원도 남부지역 방언의 음운론」, 서울대 박사학위논문.

김성규(1987) 「어휘소 설정과 음운현상」《국어연구》77, 서울대 국어연구회.

______(1988) 「비자동적 교체의 공시적 기술」《관악어문연구》13, 서울대 국어국문학과. [이병근·송철의 편(1998)에 재수록]

______(1989) 「활용에 있어서의 화석형」《주시경학보》3, 탑출판사.

______(1994) 「중세국어의 성조 변화에 대한 연구」, 서울대 박사학위논문.

______(2000) 「불규칙 활용에 대한 몇 가지 논의」《형태론》2:1, 박이정.

______(2009) 「15세기 한국어 성조의 성격에 대하여」《국어학》56, 국어학회.

김수곤(1978) 「현대국어의 움라우트 현상」《국어학》6, 국어학회.

김영만(2000) 「국어 초분절소(운소)의 바른 이해를 위하여」《동양학》30, 단국대 동양학연구소.

김영배 편(1992) 『남북한의 방언 연구』 경운출판사.

김영진(1990) 「모음체계」『국어연구 어디까지 왔나』 동아출판사.

김옥화(2001) 「부안지역어의 음운론적 연구」, 서울대 박사학위논문.

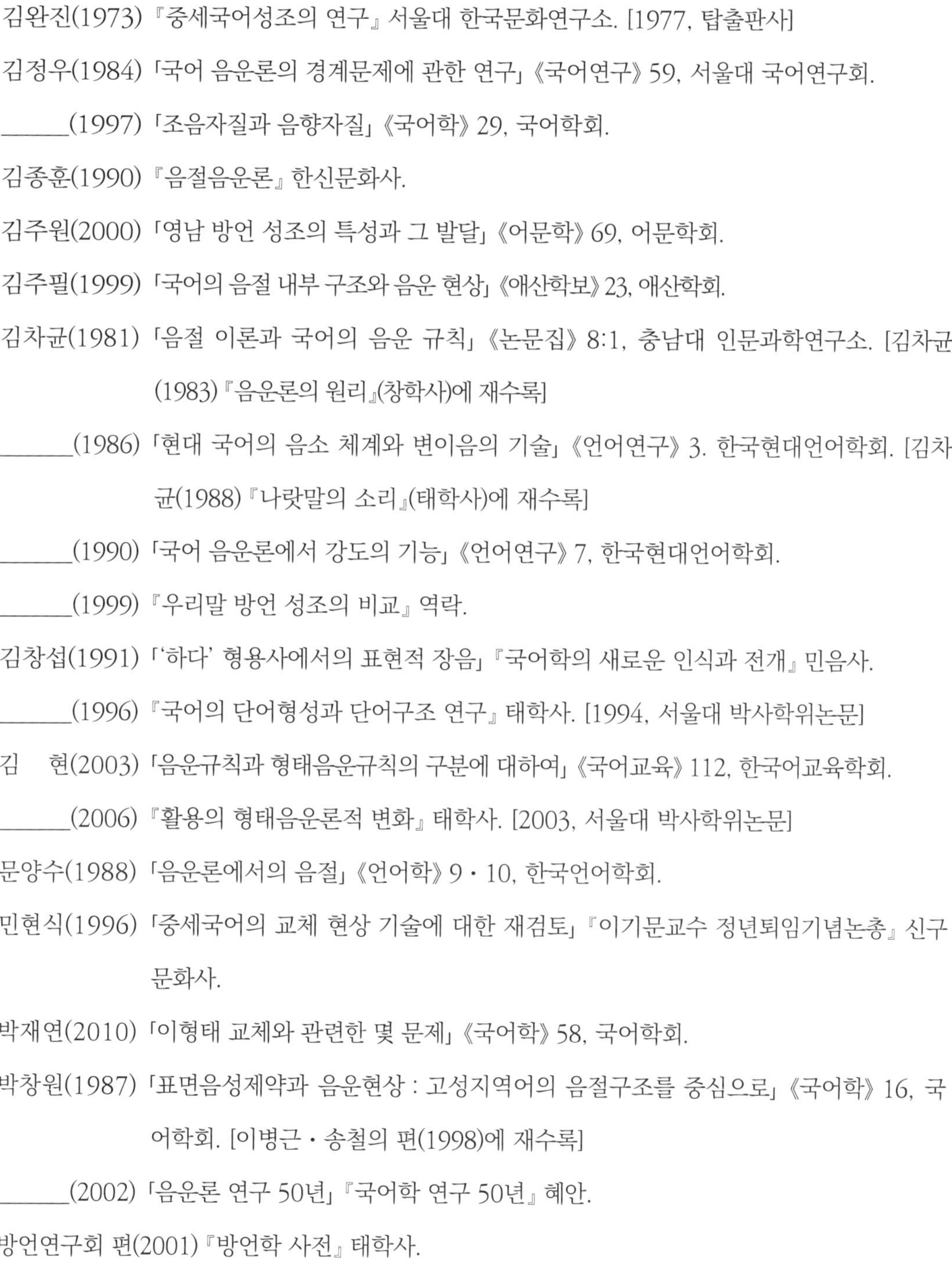

김완진(1973) 『중세국어성조의 연구』 서울대 한국문화연구소. [1977, 탑출판사]

김정우(1984) 「국어 음운론의 경계문제에 관한 연구」 《국어연구》 59, 서울대 국어연구회.

______(1997) 「조음자질과 음향자질」 《국어학》 29, 국어학회.

김종훈(1990) 『음절음운론』 한신문화사.

김주원(2000) 「영남 방언 성조의 특성과 그 발달」 《어문학》 69, 어문학회.

김주필(1999) 「국어의 음절 내부 구조와 음운 현상」 《애산학보》 23, 애산학회.

김차균(1981) 「음절 이론과 국어의 음운 규칙」 《논문집》 8:1, 충남대 인문과학연구소. [김차균(1983) 『음운론의 원리』(창학사)에 재수록]

______(1986) 「현대 국어의 음소 체계와 변이음의 기술」 《언어연구》 3. 한국현대언어학회. [김차균(1988) 『나랏말의 소리』(태학사)에 재수록]

______(1990) 「국어 음운론에서 강도의 기능」 《언어연구》 7, 한국현대언어학회.

______(1999) 『우리말 방언 성조의 비교』 역락.

김창섭(1991) 「'하다' 형용사에서의 표현적 장음」 『국어학의 새로운 인식과 전개』 민음사.

______(1996) 『국어의 단어형성과 단어구조 연구』 태학사. [1994, 서울대 박사학위논문]

김 현(2003) 「음운규칙과 형태음운규칙의 구분에 대하여」 《국어교육》 112, 한국어교육학회.

______(2006) 『활용의 형태음운론적 변화』 태학사. [2003, 서울대 박사학위논문]

문양수(1988) 「음운론에서의 음절」 《언어학》 9·10, 한국언어학회.

민현식(1996) 「중세국어의 교체 현상 기술에 대한 재검토」 『이기문교수 정년퇴임기념논총』 신구문화사.

박재연(2010) 「이형태 교체와 관련한 몇 문제」 《국어학》 58, 국어학회.

박창원(1987) 「표면음성제약과 음운현상 : 고성지역어의 음절구조를 중심으로」 《국어학》 16, 국어학회. [이병근·송철의 편(1998)에 재수록]

______(2002) 「음운론 연구 50년」 『국어학 연구 50년』 혜안.

방언연구회 편(2001) 『방언학 사전』 태학사.

배주채(1989)「음절말자음과 어간말자음의 음운론」《국어연구》91, 서울대 국어연구회. [배주채(2008)에 재수록]

______(1991)「고흥방언의 음장과 음조」《국어학》21, 국어학회. [배주채(2008)에 재수록]

______(1992)「음절말 평폐쇄음화에 대하여」《관악어문연구》17, 서울대 국어국문학과. [이병근·송철의 편(1998), 배주채(2008)에 재수록]

______(1998)『고흥방언 음운론』태학사. [1994, 서울대 박사학위논문]

______(2000)「불규칙활용」《새국어생활》10:2, 국립국어원. [배주채(2008)에 재수록]

______(2002)「국어음운론 반세기」국어국문학회 엮음『국어국문학회 50년』태학사. [배주채(2008)에 재수록]

______(2003)『한국어의 발음』삼경문화사. [2013, 개정판]

______(2003)「한자어의 구조와 두음법칙」《어문연구》119, 한국어문교육연구회. [배주채(2008)에 재수록]

______(2008)『국어음운론의 체계화』한국문화사.

______(2009)「'달라, 다오'의 어휘론」《국어학》56, 국어학회.

______(2010)「국어사전 용언활용표의 음운론적 연구」《한국문화》52, 서울대 규장각.

______(2010)「현대국어 음절의 가짓수 연구」《어문연구》148, 한국어문교육연구회.

______(2015)『한국어음운론의 기초』삼경문화사.

______(2017)「교체의 개념과 조건」《국어학》81, 국어학회.

서울대학교 대학원 국어연구회 편(1990)『국어연구 어디까지 왔나』동아출판사.

송　민(1992)「전통, 구조음운론」『국어학연구백년사』일조각.

송철의(1977)「파생어형성과 음운현상」《국어연구》8, 서울대 국어연구회.

______(1982)「국어의 음절문제와 자음의 분포제약에 대하여」《관악어문연구》7, 서울대 국어국문학과. [송철의(2008)에 재수록]

______(1983)「파생어형성과 통시성의 문제」《국어학》12, 국어학회. [송철의(2008)에 재수록]

______(1991) 「국어 음운론에 있어서 체언과 용언」, 『국어학의 새로운 인식과 전개』 민음사. [이병근・송철의 편(1998), 송철의(2008)에 재수록]

______(1992) 『국어의 파생어형성 연구』 태학사. [1990, 서울대 박사학위논문]

______(1992) 「국어 음운론 연구 일세기」 『국어국문학 40년』 집문당. [송철의(2008)에 재수록]

______(1993) 「언어 변화와 언어의 화석」 『국어사 자료와 국어학의 연구』 문학과 지성사. [송철의(2008)에 재수록]

______(1993) 「자음의 발음」 《새국어생활》 3:1, 국립국어원.

______(1995) 「곡용과 활용의 불규칙성에 대하여」 《진단학보》 80, 진단학회. [송철의(2008)에 재수록]

______(1996) 「국어의 음운현상과 변별적 자질」 『이기문교수 정년퇴임기념논총』 신구문화사. [송철의(2008)에 재수록]

______(2000) 「형태론과 음운론」 《국어학》 35, 국어학회. [송철의(2008)에 재수록]

______(2004) 「'ㅎ'변칙과 '어'변칙에 관련된 몇 가지 문제」 《조선어연구》 2, 조선어연구회(일본). [송철의(2008)에 재수록]

______(2008) 『한국어 형태음운론적 연구』 태학사.

신기상(1999) 『동부경남방언의 고저장단 연구』 월인.

신지영(2000) 『말소리의 이해』 한국문화사. [2014, 개정판]

______(2011) 『한국어의 말소리』 지식과교양. [2016, 개정판, 박이정]

유필재(1994) 「발화의 음운론적 분석에 대한 연구」 《국어연구》 125, 서울대 국어연구회.

______(2001) 「중세국어 성조 연구사」 《울산어문논집》 15, 울산대 국어국문학과.

______(2006) 『서울방언의 음운론』 월인. [2001, 서울대 박사학위논문]

이기문(1972) 『국어음운사 연구』, 서울대 한국문화연구소. [1977, 탑출판사]

______・김완진・최명옥・곽충구・이승재・김영배(1991) 「한국어 방언의 기초적 연구」 《학술원 논문집(인문・사회과학편)》 30, 대한민국 학술원.

이돈주(1995) 『한자음운학의 이해』 탑출판사.

이문규(2004) 『국어 교육을 위한 현대 국어 음운론』 한국문화사. [2015, 개정판]

______(2005) 「형태・통사적 구성체의 운율론적 결합도 분석」 《언어과학연구》 34. 언어과학회.

______(2017) 『형태소 성조형 중심의 국어 성조론』 한국문화사.

이병근(1975) 「음운규칙과 비음운론적 제약」 《국어학》 3, 국어학회. [이병근(1979)에 재수록]

______(1977) 「자음동화의 제약과 방향」, 『이숭녕선생고희기념 국어국문학논총』 탑출판사. [이병근(1979)에 재수록]

______(1978) 「국어의 장모음화와 보상성」 《국어학》 6, 국어학회. [이병근(1979)에 재수록]

______(1979) 『음운현상에 있어서의 제약』 탑출판사.

______(1986) 「발화에 있어서의 음장」 《국어학》 15, 국어학회. [이병근・송철의 편(1998)에 재수록]

______(1990) 「음장의 사전적 기술」 《진단학보》 70, 진단학회.

______・박창원 편(1998) 『음운 Ⅱ』 태학사.

______・송철의 편(1998) 『음운 Ⅰ』 태학사.

이상신(2008) 「전남 영암지역어의 공시음운론」, 서울대 박사학위논문.

이상억(1990) 「성조」 『국어연구 어디까지 왔나』 동아출판사.

______(1992) 「생성음운론」 『국어학연구백년사』 일조각.

이선웅・오규환(2017) 「형태소의 식별과 분류」 《국어학》 81, 국어학회.

이승재(1980) 「구례지역어의 음운체계」 《국어연구》 45, 서울대 국어연구회.

______(1990) 「방언 음운론」 『방언학의 자료와 이론』 지식산업사. [이승재(2004)에 재수록]

______(1990) 「자음체계 및 중화」 『국어연구 어디까지 왔나』 동아출판사.

______(1991) 「훈민정음의 언어학적 이해」 《언어》 16, 한국언어학회.

______(1992) 「방언 음운론의 동향」 『국어학연구백년사』 일조각.

______(1992) 「융합형의 형태소 분석과 형태의 화석」 《주시경학보》 10, 탑출판사.

______(1993) 「모음의 발음」《새국어생활》 3:1, 국립국어원. [이승재(2004)에 재수록]

______(2004) 『방언 연구』 태학사.

이익섭(1972) 「강릉방언의 suprasegmental phoneme 체계 : 특히 문효근 교수의 소론과 관련하여」《동대어문》 2, 동덕여대 국어국문학과. [이동림 · 김완진 편(1998) 『꼭 읽어야 할 국어학 논문집』(집문당)에 재수록]

______(1992) 『국어표기법연구』 서울대출판부.

이진호(2002) 「화석화된 활용형에 대하여」《국어국문학》 130, 국어국문학회.

______(2005) 『국어 음운론 강의』 삼경문화사. [2014, 개정판]

______(2006) 「국어 음운론 연구의 성과와 전망」《배달말》 39, 배달말학회.

______(2008) 『통시적 음운변화의 공시적 기술』 삼경문화사.

______(2012) 『한국어의 표준 발음과 현실 발음』 아카넷.

______(2014) 「형태소 교체의 규칙성에 대하여」《국어학》 69, 국어학회.

______(2015) 「형태소의 교체 조건」《형태론》 17:1, 교보문고 스콜라.

______(2017) 『국어 음운론 용어 사전』 역락.

이혁화(1994) 「금릉방언의 성조 연구」《국어연구》 119, 서울대 국어연구회.

______(1999) 「국어 자음의 음운론적 강도에 대하여」《애산학보》 23, 애산학회. [이혁화(2017)에 재수록]

______(2005) 「무주, 영동, 김천 방언의 음운론적 대비 연구」, 서울대 박사학위논문. [이혁화(2017)에 재수록]

______(2017) 『방언 접촉과 국어 음운론』 영남대학교출판부.

이현희(1991) 「중세국어의 합성어와 음운론적 정보」 『석정 이승욱선생 회갑기념논총』 서강대 국어국문학과.

이호영(1996) 『국어음성학』 태학사.

______(1997) 『국어 운율론』 한국연구원.

임석규(2003) 「동남방언의 성조소에 대한 재검토」《국어국문학》135, 국어국문학회.

______(2007) 「경북북부지역어의 음운론적 연구」, 서울대 박사학위논문.

임홍빈(1993) 「국어 억양의 기본 성격과 특징」《새국어생활》3:1, 국립국어원.

장윤희(2010) 「언어 화석의 확인과 공시적 처리 방안」《한국어학》48, 한국어학회.

전광현(1990) 「음장・억양・악센트」『국어연구 어디까지 왔나』동아출판사.

전상범(1995) 『영어음성학개론』을유문화사. [2005, 개정판]

______(2004) 『음운론』서울대학교출판부.

정경재(2015) 「한국어 용언 활용 체계의 통시적 변화」, 고려대 박사학위논문.

정승철(1991) 「음소연쇄와 비음운론적 경계 : 제주도방언을 중심으로」, 『국어학의 새로운 인식과 전개』민음사.

______(1997) 「자음의 변화」, 국어사연구회 편 『국어사연구』태학사.

정연찬(1974) 『경상도방언성조연구』형설출판사. [1977, 탑출판사]

최명옥(1982) 『월성지역어의 음운론』영남대출판부.

______(1985) 「변칙동사의 음운현상 : p-, s-, t-변칙동사를 중심으로」《국어학》14, 국어학회. [이병근・송철의 편(1998), 최명옥(1998)에 재수록]

______(1988) 「변칙동사의 음운현상 : lɨ-, lə-, ε(jə)-, h-변칙동사를 중심으로」《어학연구》24:1, 서울대 언어교육원. [최명옥(1998)에 재수록]

______(1989) 「구미 언어학이론의 수용과 국어음운론 연구 : 구조언어학이론과 생성음운론을 중심으로」『국어국문학과 구미이론』지식산업사. [최명옥(1998)에 재수록]

______(1989) 「국어 UMLAUT의 연구사적 검토 : 공시성과 통시성의 문제를 중심으로」《진단학보》65, 진단학회. [최명옥(1998)에 재수록]

______(1991) 「어미의 재구조화에 대하여」『국어학의 새로운 인식과 전개』민음사. [최명옥(1998)에 재수록]

______(1993) 「어간의 재구조화와 교체형의 단일화 방향」《성곡논총》24, 성곡학술문화재단. [최

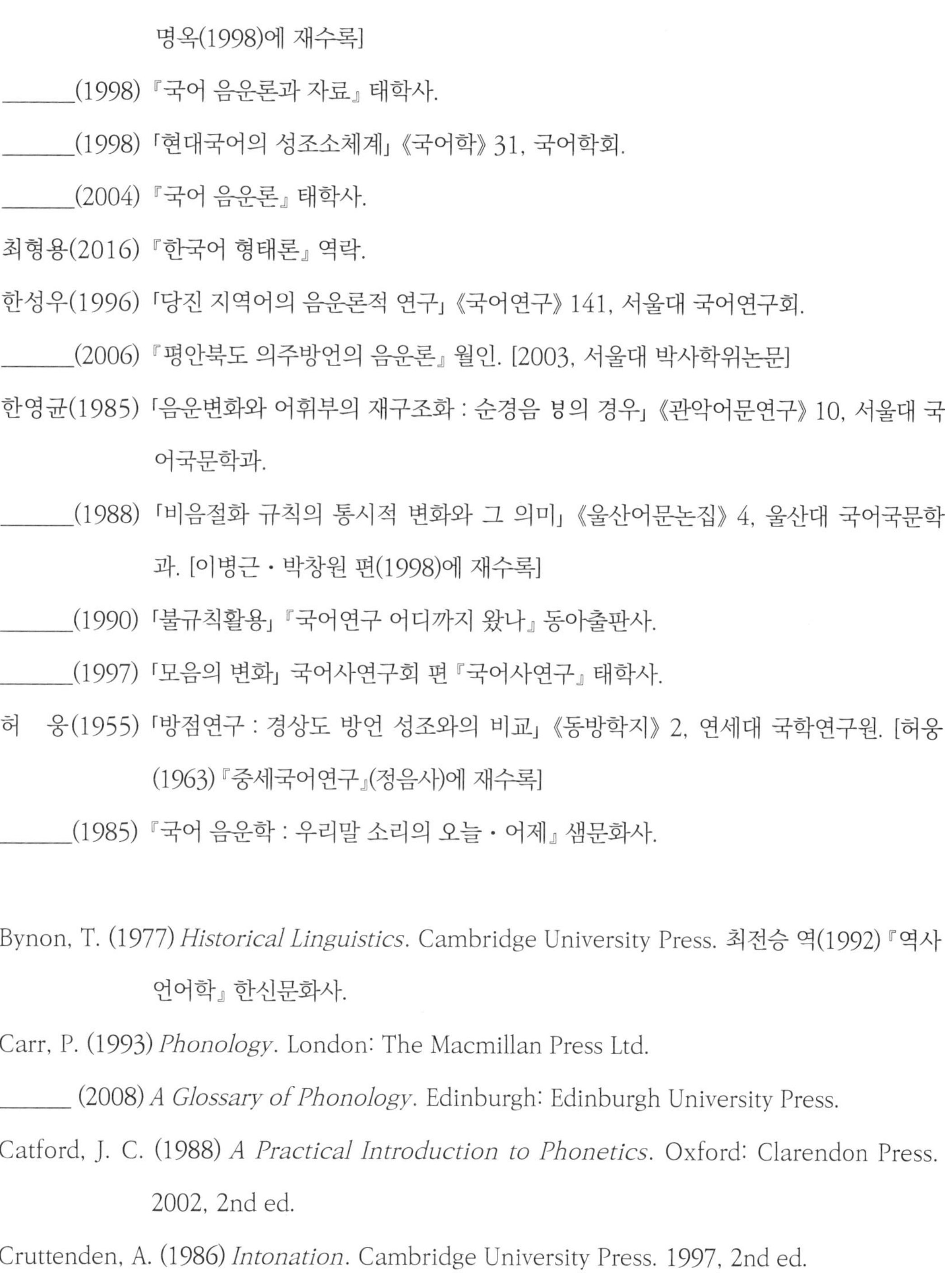

명옥(1998)에 재수록]

______(1998) 『국어 음운론과 자료』 태학사.

______(1998) 「현대국어의 성조소체계」 《국어학》 31, 국어학회.

______(2004) 『국어 음운론』 태학사.

최형용(2016) 『한국어 형태론』 역락.

한성우(1996) 「당진 지역어의 음운론적 연구」 《국어연구》 141, 서울대 국어연구회.

______(2006) 『평안북도 의주방언의 음운론』 월인. [2003, 서울대 박사학위논문]

한영균(1985) 「음운변화와 어휘부의 재구조화 : 순경음 ㅸ의 경우」 《관악어문연구》 10, 서울대 국어국문학과.

______(1988) 「비음절화 규칙의 통시적 변화와 그 의미」 《울산어문논집》 4, 울산대 국어국문학과. [이병근 · 박창원 편(1998)에 재수록]

______(1990) 「불규칙활용」 『국어연구 어디까지 왔나』 동아출판사.

______(1997) 「모음의 변화」 국어사연구회 편 『국어사연구』 태학사.

허 웅(1955) 「방점연구 : 경상도 방언 성조와의 비교」 《동방학지》 2, 연세대 국학연구원. [허웅(1963) 『중세국어연구』(정음사)에 재수록]

______(1985) 『국어 음운학 : 우리말 소리의 오늘 · 어제』 샘문화사.

Bynon, T. (1977) *Historical Linguistics*. Cambridge University Press. 최전승 역(1992) 『역사언어학』 한신문화사.

Carr, P. (1993) *Phonology*. London: The Macmillan Press Ltd.

______ (2008) *A Glossary of Phonology*. Edinburgh: Edinburgh University Press.

Catford, J. C. (1988) *A Practical Introduction to Phonetics*. Oxford: Clarendon Press. 2002, 2nd ed.

Cruttenden, A. (1986) *Intonation*. Cambridge University Press. 1997, 2nd ed.

Durand, J. (1990) *Generative and Non-linear Phonology*. London: Longman. 문양수 역(1994) 『생성·비단선 음운론』 한신문화사.

Giegerich, H. J. (1992) *English phonology*. Cambridge University Press.

Hock, H. H. (1986) *Principles of Historical Linguistics.* Amsterdam: Mouton de Gruyter.

Hockett, C. F. (1958) *A Course in Modern Linguistics.* New York: Macmillan.

Hyman, L. M. (1975) *Phonology : theory and analysis.* New York: Holt, Rinehart & Winston. 고병암 역(1985) 『음운론의 이론과 분석』 한신문화사.

Jeffers, R. J. & I. Lehiste (1979) *Principles and Methods for Historical Linguistics.* The MIT Press. 최기호 역(1993) 『역사언어학의 원리와 방법』 토담.

Katamba, F. (1989) *An Introduction to Phonology*. London: Longman. 조학행 · 이덕배 · 강희숙 · 전홍식 역(1997) 『현대 음운론 입문』 한신문화사.

Kenstowicz, M. (1994) *Phonology in Generative Grammar.* Cambridge: Blackwell Publishers. 안상철 외 역(1997) 『생성문법의 음운론』 한신문화사 .

______ & C. Kisseberth (1979) *Generative Phonology : Description and Theory*. New York: Academic Press.

Kim-Renaud, Young-Key (1975) *Korean Consonantal Phonology*. Tower Press. 1991, Hanshin Publishing Company. 1974, Doctoral dissertation, University of Hawaii.

Kreidler, C. W. (1989) *The Pronunciation of English : a Course Book in Phonology*. Oxford: Basil Blackwell. 2004, 2nd ed. 김숙희 역(1993) 『영어의 발음 : 음운론의 첫강좌』 신아사.

Ladefoged, P. (1975) *A Course in Phonetics*. New York: Harcourt Brace Jovanovich. 2014, 7th ed.

______ & I. Maddieson (1996). *The Sounds of the World's Languages.* Oxford: Blackwell.

Ladd, D. R. (1997) *Intonational phonology*. Cambridge University Press. 2009, 2nd ed.

Lass, R. (1984) *Phonology : An introduction to basic concepts.* Cambridge University Press.

Laver, J. (1994) *Principles of phonetics*. Cambridge University Press.

Martin, S. E. (1992) *A Reference Grammar of Korean* : A *Complete Guide to the Grammar and History of the Korean Language*. Tokyo: Charles E. Tuttle Company.

Ramsey, S. R. (1974) 「함경 경상 양방언의 액센트 연구」《국어학》 2, 국어학회.

Roach, P. (2001) *Phonetics*. Oxford: Oxford University Press.

Sloat, C., S. H. Taylor & J. E. Hoard (1978) *Introduction* to *phonology*. Englwood Cliffs, N.J.: Prentice-Hall. 이현복 · 김기섭 역(1983) 『음운학 개설』 탐구당.

Sommerstein, A. (1977) *Modern Phonology*. London: Arnold.

Yip, M. (2002) *Tone*. Cambridge University Press. 손남호 역(2013) 『성조』 역락.

용어풀이

가청도 (可聽度) =공명도.

간접동화 (間接同化) 동화음과 피동화음 사이에 분절음이 하나 이상 있을 때 일어나는 동화. =원격동화. 참 직접동화, 인접동화.

강세 (强勢) 음절을 발음할 때 호흡에 사용한 힘. 참 음강.

강약 (强弱) =음강. 참 강세, 음고, 음장, 초분절음.

강조강세 (强調强勢) 발화에서 강조할 말에 두는 강세.

강화 (强化) 분절음의 강도가 커지는 음운과정. 참 약화.

개구도 (開口度) 발음할 때 입을 벌리는 정도.

개모음 (開母音) 입을 가장 많이 벌려 발음하는 모음. 참 폐모음, 반개모음, 반폐모음.

개방 단계 (開放 段階) 어떤 분절음을 발음하는 세부 단계 가운데 막히거나 좁아진 부분을 여는 단계. 참 지속 단계, 파열 단계, 폐쇄 단계.

개별언어학 (個別言語學) 각각의 언어를 연구하는 학문. 참 일반언어학.

개별음운론 (個別音韻論) 각각의 언어의 말소리에 대해 연구하는 음운론. 참 일반음운론.

개음절 (開音節) 종성이 없는 음절. 참 폐음절.

개재자음 (介在子音) 음운과정이 일어날 때 영향을 주는 분절음과 영향을 받는 분절음 사이에 끼어 있는 자음.

거성 (去聲) 중세국어의 성조소 가운데 고조를 가리키던 용어. 참 상성, 평성.

거센소리 =유기음, 격음.

거울영상규칙 (거울映像規則) 어떤 분절음의 앞과 뒤에서 모두 일어나는 음운과정을 표시하는 규칙.

격음 (激音) =유기음, 거센소리.

격음화 (激音化) =유기음화.

결합변이음 (結合變異音) =조건변이음.

경계 (境界) 언어단위가 앞뒤로 이어지는 곳.

경구개 (硬口蓋) 입천장을 앞뒤의 두 부분으로 나누었을 때의 앞부분. 참 연구개.

경구개음 (硬口蓋音) 혀를 경구개에 대거나 가깝게 하여 내는 음성. 참 연구개음.

경음 (硬音) 국어의 폐쇄음, 마찰음, 파찰음 중에서 성문 아래에서 공기를 압축했다가 조금만 방출하면서 내는 음성. =된소리. 참 격음, 유기음, 평음, 예사소리.

경음화 (硬音化) 평음이 경음으로 바뀌는 음운과정.

계기적 (繼起的) 서로 다른 단위가 시간적 순서에 따라 나타나는 것. 참 동시적.

계열관계 (系列關係) 같은 문맥에 나타날 수 있는 언어단위들 사이의 관계. 참 통합관계.

고모음 (高母音) 혀의 가장 높은 부위가 가장 높은 모음. 참 저모음, 중모음, 반고모음, 반저모음.

고설성 (高舌性) 혀의 가장 높은 부위가 가장 높은 음성적 특성. 참 저설성.

고저 (高低) =음고. 참 음강, 음장, 초분절음.

고정부 (固定部) =조음점.

고조 (高調) 높은 음조. 참 저조, 중조, 상승조, 하강조.

곡용 (曲用) 체언이 단독으로 나타나거나 체언에 조사가 붙어 어절을 이루는 것을 문법현상의 하나로 표현한 용어. 참 활용.

곡용형 (曲用形) 체언이 단독으로 나타나거나 체언에 조사가 붙어 이루어진 어절. 참 활용형.

공명 (共鳴) 규칙적인 음파가 발생하여 소리가 잘 울리는 현상.

공명도 (共鳴度) 똑같은 음강, 음고, 음장으로 발음했을 때 더 잘 들리는 정도. =가청도.

공명성 (共鳴性) 규칙적인 음파가 발생하여 소리가 잘 울리는 음성적 특성.

공명음 (共鳴音) 규칙적인 음파가 발생하여 잘 울리는 음성. 국어에서 비음, 유음, 모음, 반모음이 공명음에 속한다. 참 장애음.

공시태 (共時態) 한 시기의 언어 상태. 참 통시태.

공시언어학 (共時言語學) 한 시기의 언어 상태를 연구하는 학문. 참 통시언어학.

공시음운론 (共時音韻論) 한 시기의 음운론적인 양상을 연구하는 학문. 참 통시음운론.

공허한 적용 (空虛한 適用) 음운규칙이 입력과 동일한 출력을 만들어 내는 것.

과도음 (過渡音) 음성기관이 움직이면서 발음되는 음성. 반모음을 음성학적으로 묘사하는 말이다. = 활음.

교체 (交替) 같은 언어단위의 서로 다른 형태들 사이의 관계.

교체형 (交替形) 어떤 언어단위의 서로 다른 형태들 중의 하나.

구강 (口腔) 입 안의 공간.

구강모음 (口腔母音) 공기가 구강으로만 지나가면서 발음되는 모음. 참 비모음, 비강모음.

구강성 (口腔性) 공기가 구강으로만 지나가면서 발음되는 특성. 참 비음성.

구강음 (口腔音) 공기가 구강으로만 지나가면서 발음되는 음성. 참 비강음, 비음.

구개 (口蓋) 입천장. 경구개와 연구개로 나누어진다. 경구개를 줄여서 구개라고 하기도 한다.

구개마찰음 (口蓋摩擦音) 경구개에서 나는 마찰음. 경구개마찰음의 줄인 말. [ç], [ʝ].

구개설측음 (口蓋舌側音) 경구개에서 나는 설측음. 경구개설측음의 줄인 말. [ʎ].

구개음 (口蓋音) 경구개에서 나는 음성. 경구개음의 줄인 말.

구개음화 (口蓋音化) 어떤 분절음이 경구개음으로 바뀌는 음운과정.

구개치조 (口蓋齒槽) 치조와 경구개 사이. =치조구개.

구개치조음 (口蓋齒槽音) 치조와 경구개 사이에서 나는 음성. [ʃ], [ʧ], [ʤ]. =뒤치조음, 앞구개음, 치조구개음.

구개파찰음 (口蓋破擦音) 경구개에서 나는 파찰음. 경구개파찰음의 줄인 말. 국어에서는 치조와 경구개 사이에서 나는 파찰음을 가리킨다. [ʧ], [ʤ].

구조언어학 (構造言語學) 구조와 체계를 중심으로 언어를 연구하는 이론. 소쉬르와 그 영향을 받은 20세기 전반기 언어학자들의 연구 방법론을 주로 가리킨다.

구조주의 음운론 (構造主義 音韻論) 구조언어학의 관점에서 말소리를 연구하는 분야.

구체음운론 (具體音韻論) 생성음운론에서 초기의 추상성을 배제한 이론.

굴곡성조 (屈曲聲調) =승강성조.

규칙순 (規則順) 둘 이상의 음운규칙이 적용되는 순서.

규칙용언 (規則用言) 용언과 어미의 이형태들의 관계를 음운규칙으로써 기술할 수 있는 용언. =정칙용언. 참 불규칙용언, 변칙용언.

규칙적 교체 (規則的 交替) 어떤 형태소의 교체 양상을 음운규칙으로써 기술할 수 있는 교체. 참 불규칙적 교체.

급여순서 (給與順序) 한 음운규칙의 적용으로 다른 음운규칙이 적용될 수 있는 입력이나 환경이 만들어지도록 배열된 음운규칙들의 순서. 참 출혈순서, 역급여순서.

기본이음 (基本異音) 한 음소에 속하는 변이음들을 규칙으로써 도출할 수 있는 변이음. 참 대표이음.

기본이형태 (基本異形態) 한 형태소에 속하는 이형태들을 규칙으로써 도출할 수 있는 이형태. =기본형. 참 대표형.

기본주파수 (基本周波數) 말소리를 발음할 때의 성대의 진동수.

기본형 (基本形) 한 형태소에 속하는 이형태들을 규칙으로써 도출할 수 있는 이형태. =기본이형태. 참 대표형, 기저형.

기술음운론 (記述音韻論) 20세기 전반기에 미국에서 유행한 구조주의음운론의 한 갈래.

기식 (氣息) 발음할 때 성문을 통해 방출되는 숨.

기식군 (氣息群) 내쉬는 숨이 한 차례 다할 동안에 만들어 낸 말 전체. 참 발화.

기저 (基底) 생성문법에서, 언어단위가 도출되기 이전의 가장 깊은 층위. 참 표면.

기저음소 (基底音素) 생성음운론에서, 기저형을 구성하는 분절음. =형태음소. 참 표면음소..

기저형 (基底形) 생성문법에서, 어떤 언어단위가 기저층위에서 가지는 형태. 형태소의 발음으로 저장되어 있는 형태를 주로 가리킨다. 참 표면형, 기본형.

기호 (記號) 소통을 위하여 사물과 생각을 이은 단위.

기호내용 (記號內容) 기호가 나타내는 내용.

기호체계 (記號體系) 기호들이 맺고 있는 관계의 합.

기호형식 (記號形式) 기호가 취하는 형식.

긴장음 (緊張音) 발음할 때 성대 주위의 근육에 힘을 많이 주는 분절음. 국어에서 경음과 유기음이 긴장음에 속한다. 참 이완음.

긴장성 (緊張性) 발음할 때 성대 주위의 근육에 힘을 많이 주는 특성. 참 이완성.

긴장파찰음 (緊張破擦音) 긴장음인 파찰음. 국어의 /ㅉ, ㅊ/이 긴장파찰음에 속한다.

긴장폐쇄음 (緊張閉鎖音) 긴장음인 폐쇄음. 국어의 /ㅃ, ㅍ, ㄸ, ㅌ, ㄲ, ㅋ/이 긴장폐쇄음에 속한다.

ㄴ첨가 (ㄴ添加) 복합어나 구의 형성에서 종성 자음과 /i, j/ 사이에 /ㄴ/이 첨가되는 음운과정.

나열식 기술 (羅列式 記述) 변이음이나 이형태와 같은 변이형들의 분포를 나열하여 기술하는 것. 참 생성식 기술, 대치식 기술.

내재적 규칙순 (內在的 規則順) 음운규칙들의 관계에 따라 저절로 정해지는 순서. 참 외재적 규칙순.

내파음 (內破音) 성문을 통해 들이마시는 숨을 이용하여 발음하는 분절음. = 입파음.

능동부 (能動部) =조음체.

ㄷ구개음화 (ㄷ口蓋音化) /ㄷ, ㄸ, ㅌ/이 /i, j/ 앞에서 각각 /ㅈ, ㅉ, ㅊ/으로 바뀌는 음운과정.

ㄷ불규칙 (ㄷ不規則) 용언의 말음이 자음어미 앞에서 /ㄷ/으로, 매개모음어미와 모음어미 앞에서 /ㄹ/로 실현되는 현상. '듣고, 들으면, 들어'와 같은 활용을 가리킨다. =ㄷ변칙.

ㄷ탈락 (ㄷ脫落) /ㄷ/이 /ㅆ/ 앞에서 탈락하는 음운과정.

다중기저형 (多重基底形) 한 형태소가 가진 둘 이상의 기저형. =복수기저형, 복합기저형. 참 단일기저형, 단수기저형.

단독형 (單獨形) 체언이 조사와 결합하지 않고 이룬 어절. 참 곡용형.

단모음 (單母音) =단순모음.

단모음 (短母音) 음장에 따라 구별되는 두 모음 가운데 짧은 모음. 참 장모음.

단수기저형 (單數基底形) =단일기저형.

단순모음 (單純母音) 발음할 때 혀의 위치나 입술의 모양이 변하지 않는 모음. =단모음(單母音). 참 이중모음.

단순모음체계 (單純母音體系) 단순모음들이 맺고 있는 관계의 합. 참 모음체계.

단순어 (單純語) 한 형태소로 이루어진 단어. 복합어와 대립하는 개념이다. =단일어.

단어경계 (單語境界) 단어와 단어의 사이. 경우에 따라 어절경계를 포함하기도 한다.

단어음운론 (單語音韻論) 형태소가 단어나 어절을 구성할 때 나타나는 음운론적인 양상을 연구하는 분야. 참 발화음운론, 형태음운론.

단어형성 (單語形成) =조어.

단음 (短音) 지속 시간이 짧은 말소리. 참 음장, 장음.

단음화 (短音化) 장음이 단음으로 바뀌는 음운과정. 참 장음화.

단일기저형 (單一基底形) 한 형태소가 가진 유일한 기저형. =단수기저형. 참 복수기저형, 복합기저형.

단일화 (單一化) 둘 이상의 변이형이 하나로 바뀌는 현상.

대립 (對立) 둘 이상의 언어단위가 서로 구별되는 것.

대조강세 (對照强勢) 다른 항목과의 차이를 표현하기 위한 강세.

대치 (代置) 한 항목이 다른 항목으로 바뀜.

대치식 기술 (代置式 記述) 이형태들의 분포를 기본형의 변동으로써 기술하는 것. 참 나열식 기술,

생성식 기술.

대표이음 (代表異音) 한 음소에 속하는 변이음들을 대표하여 표기에 사용되는 변이음. 참 기본이음.

대표형 (代表形) 한 형태소에 속하는 이형태들을 대표하여 표기에 사용되는 이형태. 참 기본형, 기본이형태.

도치 (倒置) 분절음의 순서가 바뀌는 음운과정.

동기 (動機) 교체나 음운과정이 일어나는 이유.

동기관적 (同器官的) 조음위치가 같은 것.

동모음탈락 (同母音脫落) 같은 모음이 이어질 때 둘 중 하나가 탈락하는 음운과정.

동시적 (同時的) 서로 다른 단위가 같은 시간에 나타나는 것. 참 계기적.

동음첨가 (同音添加) 어떤 분절음의 앞이나 뒤에 그것과 같은 분절음이 첨가되는 음운과정.

동화 (同化) 어떤 말소리가 주변의 말소리의 음성적 특성을 가지게 되는 음운과정. 참 이화.

동화음 (同化音) 동화를 일으키는 말소리. =동화주. 참 피동화음.

동화주 (同化主) =동화음.

된소리 =경음.

뒤치조음 (뒤齒槽音) =구개치조음, 치조구개음, 앞구개음.

ㄹ계 자음군 (ㄹ系 子音群) /ㄹ/로 시작하는 자음군. /ㄺ, ㄻ, ㄼ, ㄽ, ㄾ, ㄿ, ㅀ/과 같은 자음군을 가리킨다.

ㄹ의 비음화 (鼻音化) /ㄹ/이 /ㄹ/ 이외의 자음 뒤에서 /ㄴ/으로 바뀌는 음운과정. 참 비음화, 평폐쇄음의 비음화.

ㄹ탈락 (ㄹ脫落) 용언의 말음 /ㄹ/이 일부 어미 앞에서 탈락하는 음운과정.

러불규칙 (러不規則) 용언의 끝이 자음어미와 매개모음어미 앞에서 /르/로, 모음어미 앞에서 /를/로 실현되는 현상. '푸르고, 푸르면, 푸르러(푸를-어)'와 같은 활용을 가리킨다. =러변칙.

르불규칙 (르不規則) 용언의 끝이 자음어미와 매개모음어미 앞에서 /르/로, 모음어미 앞에서 /ㄹㄹ/로 실현되는 현상. '부르고, 부르면, 불러(불ㄹ-어)'와 같은 활용을 가리킨다. =르변칙.

마찰음 (摩擦音) 조음기관의 좁은 틈으로 공기가 빠른 속도로 지나가면서 나는 음성. 국어의 /ㅅ, ㅆ, ㅎ/이 여기에 속한다.

매개모음 (媒介母音) '집으로'와 같이 체언과 조사가 결합할 때, '잡으러'와 같이 용언과 어미가 결합할 때 그 사이에 나타나는 모음 /ㅡ/.

매개모음어미 (媒介母音語尾) 어미의 음운론적 유형의 하나로, 기저형의 첫소리가 //ㅡ//인 어미. '-은, -을, -음, -으면, -으니까, -읍시다' 등이 그 예이다. 참 모음어미. 자음어미.

모음 (母音) 성문을 통과한 공기가 구강을 비교적 자유롭게 흘러나가면서 나는 분절음. 좁은 의미로는 단순모음만 가리키고 넓은 의미로는 이중모음도 포함한다. 참 자음.

모음기저형 (母音基底形) 모음으로 시작하거나 끝나는 기저형. 참 자음기저형.

모음동화 (母音同化) 모음이 모음에 영향을 주어 일어나는 동화. 참 자음동화.

모음어미 (母音語尾) 어미의 음운론적 유형의 하나로, 기저형의 첫소리가 //ㅓ//인 어미. '-어, -어도, -어서, -어라, -었-' 등이 그 예이다. 참 매개모음어미. 자음어미.

모음연결 (母音連結) 모음과 모음이 만나는 것. =모음충돌, 히아투스.

모음완전동화 (母音完全同化) 어떤 모음이 다른 모음을 똑같은 모음으로 바꾸는 동화.

모음용언 (母音用言) 모음으로 끝난 용언. 참 자음용언.

모음조사 (母音助詞) 모음으로 시작하는 조사. 참 자음조사.

모음조화 (母音調和) 양성모음 뒤에는 양성모음이, 음성모음 뒤에는 음성모음이 나타나는 현상.

모음체계 (母音體系) 모음들이 맺고 있는 관계의 합. 흔히 단순모음체계를 가리킨다. 참 자음체계.

모음체언 (母音體言) 모음으로 끝난 체언. 참 자음체언.

모음축약 (母音縮約) 모음과 모음이 한 모음으로 합쳐지거나 반모음과 모음이 한 모음으로 합쳐지는 음운과정.

모음충돌 (母音衝突) =모음연결, 히아투스.

목젖 입천장의 안쪽 끝에 아래로 매달린 살.

무기성 (無氣性) 기식이 거의 없는 음성적 특성. 참 유기성.

무성음 (無聲音) 성대의 진동을 이용하지 않고 발음하는 분절음. 참 유성음.

무성경구개마찰음 (無聲硬口蓋摩擦音) 무성음인 경구개마찰음. [ç].

무성양순마찰음 (無聲兩脣摩擦音) 무성음인 양순마찰음. [ɸ].

무성연구개마찰음 (無聲軟口蓋摩擦音) 무성음인 연구개마찰음. [x].

무성음화 (無聲音化) 유성음이 무성음으로 바뀌는 음운과정. 참 유성음화.

무조건교체 (無條件交替) =자유교체.

무조건변이 (無條件變異) =자유변이.

문말억양 (文末抑揚) 문장의 끝에 나타나는 억양.

문법적 조건에 따른 교체 (文法的 條件에 따른 交替) 이형태의 분포를 문법요소나 문법구조나 문법기능의 관점에서 기술할 수 있는 교체. 참 음운적 조건에 따른 교체, 어휘적 조건에 따른 교체, 화용적 조건에 따른 교체.

미파음 (未破音) =불파음. 참 외파음.

ㅂ불규칙 (ㅂ不規則) 용언의 말음이 자음어미 앞에서 /ㅂ/으로, 매개모음어미 앞에서 /ㅜ/로, 모음어미 앞에서 /w/로 실현되는 현상. '덥고, 더우면, 더워'와 같은 활용을 가리킨다. =ㅂ변칙.

반개모음 (半開母音) 입을 약간 많이 벌려 발음하는 모음. 참 반폐모음, 개모음, 폐모음.

반고모음 (半高母音) 혀의 가장 높은 부위가 약간 높은 모음. 참 반저모음, 고모음, 저모음, 중모음.

반모음 (半母音) 단순모음의 음성적 특성을 가지지만 음절의 중심이 되지 못하는 분절음. 단순모음과 이어져 이중모음을 형성한다. 참 과도음, 활음.

반모음화 (半母音化) 단순모음이 반모음으로 바뀌는 음운과정. 참 w반모음화, j반모음화.

반저모음 (半低母音) 혀의 가장 높은 부위가 약간 낮은 모음. 참 반고모음, 저모음, 고모음, 중모음.

반폐모음 (半閉母音) 입을 약간 적게 벌려 발음하는 모음. 참 반개모음, 폐모음, 개모음.

발화 (發話) 한 화자가 만들어 낸, 휴지와 휴지 사이의 말 전체. 참 기식군.

발화실수 (發話失手) 의도한 것과 다르게 말을 하는 것. 주로 발음상의 실수를 가리킨다.

발화음운론 (發話音韻論) 단어나 어절이 발화를 구성할 때 나타나는 음운론적인 양상을 연구하는 분야. 참 단어음운론, 형태음운론.

배타적 분포 (排他的 分布) =상보적 분포.

변별 (辨別) 둘 이상의 언어단위가 서로 다름. 음운론에서는 주로 단어와 단어가 서로 다름을 뜻한다.

변별자질 (辨別資質) 변별적 기능이 있는 자질. =변별적 자질. 참 음운자질, 잉여자질, 음성자질.

변별적 (辨別的) 둘 이상의 언어단위가 서로 다른 것. 참 비변별적.

변별적 기능 (辨別的 機能) 둘 이상의 언어단위를 구별하는 기능.

변별적 자질 (辨別的 資質) =변별자질.

변별적 장음 (辨別的 長音) 단어와 단어를 구별하는 기능이 있는 장음. =어휘적 장음. 참 표현적 장음.

변수 (變數) 수학식에서 값이 달라질 수 있는 수. 주로 문자로 표기된다.

변이음 (變異音) 어떤 음소에 속하는 음성. =이음.

변칙용언 (變則用言) =불규칙용언.

보상적 장음화 (報償的 長音化) 음절 수가 줄어드는 변화를 보상하기 위해 일어나는 장음화.

보수성 (保守性) 이전 시기에 규칙적으로 나타났던 언어요소가 그러한 규칙성이 소멸한 이후에도 남아 있는 현상.

보충법 (補充法) 어떤 형태소의 이형태들 가운데 어원이 다른 이형태가 존재하는 현상.

보충법적 교체 (補充法的 交替) 어떤 형태소의 이형태들 가운데 어원이 다른 이형태가 나타나는 교체.

복수기저형 (複數基底形) =다중기저형, 복합기저형.

복합기저형 (複合基底形) =다중기저형, 복수기저형.

복합성조 (複合聲調) 둘 이상의 성조소가 이어져 만들어진 성조소.

복합어 (複合語) 둘 이상의 어기가 결합하거나 어기와 접사가 결합하여 만들어진 단어. 합성어와 파생어가 대표적이다. 단순어와 대립하는 개념이다. 학자에 따라서는 복합어와 합성어를 바꾸어 부르기도 한다.

복합파 (複合波) 둘 이상의 음파가 동시에 결합한 음파.

부분동화 (部分同化) 피동화음이 동화음의 음성적 특성을 닮아 비슷한 분절음으로 바뀌는 동화. 참 완전동화.

분기 (分岐) 시간의 흐름에 따라 한 언어단위가 서로 다른 언어단위로 나누어지는 변화. 참 합류.

분절음 (分節音) 말을 시간적으로 가장 작게 끊어서 확인할 수 있는 음성의 단위. 참 초분절음, 운소, 운율적 요소.

분절음소 (分節音素) 변별적 기능을가지는 분절음. 참 초분절음소, 운소.

불규칙용언 (不規則用言) 용언이나 어미의 이형태들의 관계를 음운규칙으로써 기술할 수 없는 용언. =변칙용언. 참 규칙용언, 정칙용언.

불규칙적 교체 (不規則的 交替) 어떤 형태소의 교체 양상을 음운규칙으로써 기술할 수 없는 교체. 참 규칙적 교체.

불완전분포 (不完全分包) 어떤 음소가 일부 환경에 나타나지 않는 현상.

불파음 (不破音) 막았다가 터뜨리지 않고 발음하는 분절음. =미파음. 참 외파음.

불파비음 (不破鼻音) 불파음인 비음. [m˺], [n˺], [ŋ˺].

불파음화 (不破音化) 외파음이 불파음으로 바뀌는 음운과정.

불파폐쇄음 (不破閉鎖音) 불파음인 폐쇄음. [p˺], [t˺], [k˺].

비강 (鼻腔) 코 안의 공간. 참 구강.

비강음 (鼻腔音) =비음.

비강폐쇄음 (鼻腔閉鎖音) 자음 중에서 구강에서 폐쇄가 일어나는 비음. 간단히 비음이라고 하기도 한다. 참 비자음.

비모음 (鼻母音) 공기가 구강과 비강으로 동시에 지나가면서 발음되는 모음. =비강모음. 참 구강모음, 비음화한 모음.

비변별적 (非辨別的) 둘 이상의 언어단위가 서로 다르지 않은 것. 참 변별적.

비분절성 (非分節性) 단위가 시간적으로 끊어지지 않는 특성.

비성절적 (非成節的) 음절의 중심이 될 수 없는 것. 참 성절적.

비어두 (非語頭) 단어의 처음이 아닌 위치. 참 어두.

비어두음절 (非語頭音節) 단어의 처음이 아닌 곳에 나타난 음절. 참 어두음절.

비원순모음 (非圓脣母音) =평순모음.

비음 (鼻音) 공기가 구강과 비강으로 동시에 지나가면서 발음되는 음성. 비강폐쇄음만을 가리키는 말로 많이 쓴다. =비강음. 참 구강음.

비음 뒤 경음화 (鼻音 뒤 硬音化) 용언 끝의 비음 뒤에서 평음이 경음으로 바뀌는 음운과정.

비음계 자음군 (鼻音系 子音群) 비음이 들어 있는 자음군. /ㄵ, ㄶ, ㄻ/과 같은 자음군을 가리킨다.

비음성 (鼻音性) 공기가 구강과 비강으로 동시에 지나가면서 발음되는 음성적 특성. 참 구강성.

비음탈락 (鼻音脫落) 모음과 모음 사이에서 비음이 탈락하는 음운과정.

비음화 (鼻音化) 구강음이 비음으로 바뀌는 음운과정. 흔히 평폐쇄음의 비음화를 가리킨다. 참 ㄹ의 비음화.

비음화한 모음 (鼻音化한 母音) 비음성을 가지게 된 모음. 참 비모음.

비음운론적 제약 (非音韻論的 制約) 음운규칙이 적용되는 환경 가운데 음운론적으로 명시할 수 없는 것.

비음절화 (非音節化) 음절이 음절보다 작은 단위로 바뀌는 음운과정.

비자동적 교체 (非自動的 交替) 음소배열제약과 관계없이 일어나는 교체. 참 자동적 교체.

비자음 (鼻子音) 비음인 자음. 국어에서 구강에서 폐쇄가 일어나는 비음과 같으므로 비강폐쇄음이라 부르기도 하고 간단히 비음이라고 하기도 한다.

비전설 (非前舌) 전설의 위치가 아닌 것. 대개 모음을 분류할 때 중설과 후설을 합쳐 부르는 이름으로 사용한다.

ㅅ불규칙 (ㅅ不規則) 자음어미 앞에 나타나는 용언의 말음 /ㄷ/(표기는 'ㅅ')이 매개모음어미와 모음어미 앞에서 나타나지 않는 현상. '짓고, 지으면, 지어'와 같은 활용을 가리킨다. =ㅅ변칙.

사동사 (使動詞) 남에게 시키는 뜻을 나타내는 동사. '낮추다, 좁히다, 비우다, 숨기다, 먹이다'와 같은 동사를 말한다. 참 피동사.

사이시옷 합성어를 형성할 때 앞말의 받침으로 넣는 'ㅅ'. '빗물, 바닷가, 나뭇잎' 등의 'ㅅ'을 가리킨다.

삭제 (削除) =탈락.

삽입 (揷入) =첨가.

상보적 분포 (相補的 分布) 둘 이상의 언어단위가 나타나는 환경이 겹치지 않는 것. =배타적 분포.

상성 (上聲) 중세국어의 성조소 가운데 상승조를 가리키던 용어. 참 거성, 평성.

상승이중모음 (上昇二重母音) 반모음 뒤에 단순모음이 이어진 이중모음. =상향이중모음. 참 하강이중모음, 하향이중모음.

상승조 (上昇調) 처음에 낮다가 나중에 높아지는 음조. 참 하강조, 고조, 중조, 저조.

상향이중모음 (上向二重母音) =상승이중모음.

상호동화 (相互同化) 두 분절음이 서로 영향을 주어 일어나는 동화. 두 분절음 모두 동화음과 피동화음을 겸하게 된다.

생산성 (生産性) 형태소가 단어를 많이 만들어 내는 특성.

생성식 기술 (生成式 記述) 변이음이나 이형태와 같은 변이형들의 분포를 규칙으로써 기술하는 것. 참 대치식 기술, 생성식 기술.

생성음운론 (生成音韻論) 변형생성문법의 관점에서 말소리를 연구하는 분야.

설단 (舌端) 혀끝. 설첨과 구별할 때는 혀끝의 언저리를 가리킨다.

설단음 (舌端音) 설단을 이용하여 발음하는 자음. 치조음을 달리 이르는 말이다.

설면 (舌面) =전설.

설명의문문 (說明疑問文) 의문사가 있는 의문문. '예'나 '아니오'로 대답할 수 없다. 참 판정의문문.

설배 (舌背) =후설.

설전음 (舌顫音) 혀끝을 치조에 닿도록 떨어서 내는 유음. [r]. 참 전동음.

설정성 (舌頂性) 혀끝이나 혓바닥의 앞부분을 이용하여 발음하는 특성.

설첨 (舌尖) 혀끝. 참 설단.

설첨음 (舌尖音) 설첨을 이용하여 발음하는 자음. 치음을 달리 이르는 말이다.

설측음 (舌側音) 혀끝을 치조나 경구개에 대고 혀의 옆으로 공기를 내보내며 발음하는 유음. [l], [ʎ].

설측음화 (舌側音化) 국어에서 ㄹ이 설측음으로 발음되는 이음과정.

설타음 (舌打音) =탄설음.

성대 (聲帶) 목구멍으로부터 기관으로 통하는 길목에서 붙었다 떨어졌다 하면서 공기의 흐름을 조절하는 한 쌍의 근육.

성도 (聲道) 성문으로부터 입술과 콧구멍에 이르는 통로. 공기가 흐르면서 음성이 만들어지는 공간이다.

성문 (聲門) 성대의 틈.

성문음 (聲門音) 성문에서 만들어지는 음성. [h], [ʔ]. =후두음, 후음.

성문파열음 (聲門破裂音) =성문폐쇄음.

성문폐쇄음 (聲門閉鎖音) 성문에서 만들어지는 폐쇄음. [ʔ]. =성문파열음, 후두폐쇄음, 후두파열음.

성절음 (成節音) 음절의 중심이 될 수 있는 분절음.

성절성 (成節性) 음절의 중심이 될 수 있는 특성.

성절적 (成節的) 음절의 중심이 될 수 있는 것. 참 비성절적.

성조 (聲調) 변별적 기능을 가지는 음고.

성조배열제약 (聲調配列制約) 성조소와 성조소가 이어지는 데 작용하는 제약.

성조방언 (聲調方言) 성조를 가진 방언. 경상방언, 함경방언, 강원도의 영동방언이 성조방언이다. 참 음장방언.

성조소 (聲調素) 변별적 기능을 가지는 각각의 음조.

성조언어 (聲調言語) 성조를 가진 언어.

성조표상 (聲調表象) 형태소 이상의 언어단위가 가진 성조소의 모습.

성조형 (聲調型) 성조소의 연결 유형.

소리의 길이 =음장, 장단.

소리의 높이 =음고, 고저.

소리의 세기 =음강, 강약.

수의적 (隨意的) 해도 되고 하지 않아도 되는 것. 참 필수적, 의무적.

수평성조 (水平聲調) =평판성조.

순수성조언어 (純粹聲調言語) 성조배열제약이 거의 없는 언어.

순수음운론 (純粹音韻論) 형태소나 단어와 같은 문법단위의 발음과 관계없이 말소리를 음운론적으로 연구하는 분야. 참 형태음운론.

순음 (脣音) 입술을 이용하여 내는 음성. 양순음과 순치음으로 나누어진다.

순음성 (脣音性) 발음할 때 입술을 이용하는 음성적 특성. 국어에서는 자음 가운데 양순음과 모음 가운데 원순모음이 가지는 특성이다.

순치음 (脣齒音) 윗니와 아랫입술을 이용하여 내는 음성. [f], [v].

순행동화 (順行同化) 앞에 있는 음성이 뒤에 있는 음성에 영향을 주어 일어나는 동화. =지연동화. 참 역행동화, 예측동화.

순행적 유기음화 (順行的 有氣音化) 앞에 있는 ㅎ과 뒤에 있는 평음이 합쳐져 유기음이 되는 음운과정. 참 역행적 유기음화.

순행적 유음화 (順行的 流音化) ㄹ 뒤에서 ㄴ이 ㄹ로 바뀌는 음운과정. 참 역행적 유음화.

승강성조 (昇降聲調) 음조가 일정하지 않은 성조소. =굴곡성조. 참 평판성조, 수평성조.

시차적 자질 (示差的 資質) =변별자질, 변별적 자질.

ㅏ불규칙 (ㅏ不規則) 용언의 말음이 자음어미와 매개모음어미 앞에서 /ㅏ/로, 모음어미의 두음 /ㅏ/와 결합하여 /ㅐ/로 실현되는 현상. '하고, 하면, 해'와 같은 활용을 가리킨다. =ㅏ변칙.

앞구개음 (앞口蓋音) =구개치조음, 치조구개음, 뒤치조음.

약화 (弱化) 분절음의 강도가 작아지는 음운과정. 참 강화.

양분법 (兩分法) 두 가지로 분류하는 방법. =이분법.

양분자질 (兩分資質) 자질의 값을 두 가지로 나누는 방법. =이분자질.

양성모음 (陽性母音) 모음조화에서 작고 밝고 가벼운 느낌을 주는 모음의 부류. 현대국어에서 /ㅏ, ㅗ/에 해당한다. 참 음성모음.

양순음 (兩脣音) 두 입술을 이용하여 내는 음성. [p], [b], [β].

양순마찰음 (兩脣摩擦音) 두 입술을 이용하여 내는 마찰음. [β].

어간 (語幹) 활용하는 단어에서 어휘적인 의미를 지니는 부분. 국어에서 용언을 그 뒤에 붙는 어미와 구별하여 부르는 이름으로 사용해 왔다. 참 어미.

어감 (語感) 말의 느낌.

어두 (語頭) 단어의 처음. 참 비어두.

어두 ㄴ탈락 (語頭 ㄴ脫落) 단어의 첫소리 /ㄴ/이 탈락하는 음운과정.

어두음절 (語頭音節) 단어의 처음에 나타난 음절. 참 비어두음절.

어미 (語尾) 활용하는 단어에서 문법적인 기능을 지니는 부분. 국어에서 용언이나 다른 어미 뒤에 붙는 '-다, -도록, -으면, -어라, -었-' 등을 가리킨다. 참 어간.

ㅓ불규칙 (ㅓ不規則) 용언의 말음이 자음어미와 매개모음어미 앞에서 /ㅓ/로, 모음어미의 두음 /ㅓ/와 결합하여 /ㅐ/로 실현되는 현상. '그러고, 그러면, 그래'와 같은 활용을 가리킨다. =ㅓ변칙.

어절 (語節) 국어에서 단어나 형태소가 문장을 이루는 과정에서 결합하여 형성한 자립적인 단위.

어절경계 (語節境界) 어절과 어절의 사이. 참 단어경계.

'-어' 활용형 ('-어'活用形) 용언 뒤에 어미 '-어'가 결합한 활용형.

어휘 (語彙) 단어의 집합. 경우에 따라 단어 외에 형태소나 숙어를 포함하는 것으로 보기도 한다.

어휘변화 (語彙變化) 어휘에서 일어나는 역사적인 변화.

어휘부 (語彙部) 어휘가 이루는, 언어의 한 부문. 언어학적으로 정제된 가상적인 사전이라고 볼 수도 있다.

어휘적 변별성 (語彙的 辨別性) 단어와 단어를 구별하는 특성.

어휘적 장음 (語彙的 長音) =변별적 장음.

어휘적 조건에 따른 교체 (語彙的 條件에 따른 交替) 이형태의 분포를 개별 형태소나 단어의 관점에서 기술할 수 있는 교체. 참 음운적 조건에 따른 교체, 문법적 조건에 따른 교체, 화용적 조건에 따른 교체.

어휘화 (語彙化) 복합어가 단순어로 인식되는 역사적인 변화.

어휘확산 (語彙擴散) 음운변화가 모든 단어에서 일시에 일어나지 않고 단어에 따라 점진적으로 일어나는 현상.

억양 (抑揚) 발화에 특별한 의미를 부여하기 위해 발음한 음조의 연쇄.

억양구 (抑揚句) 억양의 한 단위가 얹힌 말. =억양군.

억양군 (抑揚群) =억양구.

역급여순서 (逆給與順序) 급여순서의 반대의 순서.

역출혈순서 (逆出血順序) 출혈순서의 반대의 순서.

역행동화 (逆行同化) 뒤에 있는 음성이 앞에 있는 음성에 영향을 주어 일어나는 동화. =예측동화. 참 순행동화, 지연동화.

역행적 유기음화 (逆行的 有氣音化) 앞에 있는 평음과 뒤에 있는 ㅎ이 합쳐져 유기음이 되는 음운과정. 참 순행적 유기음화.

역행적 유음화 (逆行的 流音化) /ㄹ/ 앞에서 /ㄴ/이 /ㄹ/로 바뀌는 음운과정. 참 순행적 유음화.

연구개 (軟口蓋) 입천장을 앞뒤의 두 부분으로 나누었을 때의 뒷부분. 참 경구개.

연구개마찰음 (軟口蓋摩擦音) 연구개에서 나는 마찰음. [x], [ɣ].

연구개음 (軟口蓋音) 연구개에서 나는 음성. [k], [g], [x], [ɣ].

연구개폐쇄음 (軟口蓋閉鎖音) 연구개에서 나는 폐쇄음. [k], [g].

예사소리 =평음.

예측동화 (豫測同化) =역행동화.

완전동화 (完全同化) 피동화음이 동화음의 음성적 특성을 닮아 똑같은 분절음으로 바뀌는 동화. 참 부분동화.

외재적 규칙순 (外在的 規則順) 둘 이상의 음운규칙이 올바른 형태를 만들어 내도록 언어학자가 인위적으로 정한 순서. 참 내재적 규칙순.

외파음 (外破音) 막았다가 터뜨리며 발음하는 분절음. 참 불파음, 미파음.

요드 (yod) 전설평순반모음을 표기하는 'j'의 이름.

용언 (用言) 국어에서 동사와 형용사를 아울러 이르는 말.

용언말자음군 (用言末子音群) 용언의 끝에 있는 자음군. '앉-, 맑-' 등의 /ㄵ, ㄺ/과 같은 자음군을 가리킨다.

용언말 ㅎ탈락 (用言末 ㅎ脫落) 용언의 말음 /ㅎ/이 탈락하는 음운과정.

우분지 (右分枝) 언어단위의 구조 분석에서 큰 단위에서 작은 단위로 내려갈 때 오른쪽으로 가지가 갈라지는 방식. 참 좌분지.

운소 (韻素) =초분절음. =초분절음소.

운율적 요소 (韻律的 要素) =초분절음.

움라우트 (umlaut) /i/, /j/ 앞에서 후설모음이 전설모음으로 바뀌는 음운과정.

원격동화 (遠隔同化) =간접동화.

원순성 (圓脣性) 입술을 둥글게 오므려 발음하는 특성. 참 순음성.

원순모음 (圓脣母音) 입술을 둥글게 오므려 발음하는 모음. 참 평순모음, 비원순모음.

원순모음화 (圓脣母音化) 평순모음이 원순모음으로 바뀌는 음운과정. 국어에서 /ㅡ/가 /ㅜ/로 바뀌는 음운과정을 가리킨다. 중세나 근대에 /ㆍ/가 /ㅗ/로 바뀐 음운과정도 포함할 수 있다.

원순반모음 (圓脣半母音) 국어에서 반모음 /w/를 가리키는 말. 참 평순반모음.

유기음 (有氣音) 국어의 폐쇄음과 파찰음 중에서 기식이 많은 음성. =격음, 거센소리. 참 경음, 된소리, 평음, 예사소리.

유기성 (有氣性) 기식이 많은 음성적 특성. 참 무기성.

유기음화 (有氣音化) 평음이 유기음으로 바뀌는 음운과정. =격음화.

유기파찰음 (有氣破擦音) 유기음인 파찰음. /ㅊ/.

유기폐쇄음 (有氣閉鎖音) 유기음인 폐쇄음. /ㅍ, ㅌ, ㅋ/.

유성음 (有聲音) 성대의 진동을 이용하여 발음하는 분절음. 참 무성음.

유성성문마찰음 (有聲聲門摩擦音) 유성음인 성문마찰음. [ɦ].

유성음화 (有聲音化) 무성음이 유성음으로 바뀌는 음운과정. 참 무성음화.

유음 (流音) 혀끝을 치조나 목젖에 닿도록 떨거나 가볍게 댔다가 떼거나 혀끝을 치조에 대고 혀 옆으로 공기를 내보내면서 발음하는 자음. 탄설음, 설측음, 전동음으로 나누어진다.

유음화 (流音化) /ㄴ/이 /ㄹ/ 앞이나 뒤에서 /ㄹ/로 바뀌는 음운과정.

유추 (類推) 비슷한 사례를 참고하여 추측하는 현상.

유추변화 (類推變化) 유추를 통해 일어나는 언어변화.

유추적 평준화 (類推的 平準化) 유추를 통해 불규칙한 형태를 규칙적인 형태로 바꾸는 언어변화.

유추적 확대 (類推的 擴大) 유추를 통해 불규칙한 형태와 유사한 형태를 만들어 내는 언어변화.

ㅡ탈락 (ㅡ脫落) 용언말음 /ㅡ/나 매개모음 /ㅡ/가 탈락하는 음운과정.

음강 (音强) 음성의 진폭이 크거나 작은 특징. =강약, 소리의 세기. 참 음장, 음고, 초분절음.

음고 (音高) 음성의 주파수가 높거나 낮은 특징. =고저, 소리의 높이. 참 음조, 음장, 음강, 초분절음.

음변화 (音變化) 말소리 자체에 변화의 동기가 있는 음운변화. 참 유추변화.

음성 (音聲) 말소리. 경우에 따라서는 변별적 기능이 없는 말소리, 즉 음소의 자격이 없는 말소리만 가리키는 말로 쓰기도 한다.

음성기관 (音聲器官) 음성을 만들어 낼 때 사용하는 기관. =발음기관, 조음기관.

음성기호 (音聲記號) 음성을 적기 위한 글자. 대개 국제음성기호(IPA)를 가리킨다.

음성변화 (音聲變化) 변이음의 차원에서 일어나는 음변화. =이음변화. 참 음소변화.

음성자질 (音聲資質) 말소리의 자질 가운데 변별적 기능이 없는 자질. 참 잉여자질, 음운자질, 변별자질, 변별적 자질.

음성전사 (音聲轉寫) 변이음의 차원에서 말소리를 표기한 것.

음성표상 (音聲表象) 변이음의 차원에서 파악한 말소리.

음성학 (音聲學) 말소리의 물리적인 특성과 조직을 연구하는 학문. 참 음운론.

음성모음 (陰性母音) 모음조화에서 크고 어둡고 무거운 느낌을 주는 모음의 부류. 현대국어에서 /ㅏ, ㅗ/ 이외의 모음들에 해당한다. 참 양성모음.

음소 (音素) 변별적 기능을 가진 음성.

음소배열론 (音素配列論) 음소와 음소가 이어지는 양상을 연구하는 분야.

음소배열의 변화 (音素配列의 變化) 음소와 음소가 이어지는 양상의 역사적인 변화.

음소배열제약 (音素配列制約) 음소와 음소가 이어지는 데 작용하는 제약.

음소변화 (音素變化) 음소의 차원에서 일어나는 음변화. 참 음성변화, 이음변화.

음소부류 (音素部類) 같은 성질을 지닌 음소들의 집합.

음소분석 (音素分析) 발화나 음성을 음소 단위로 분석하는 것.

음소적 조건에 따른 교체 (音素的 條件에 따른 交替) =음운적 조건에 따른 교체.

음소적 표기법 (音素的 表記法) 한 형태소의 표기를 일정하게 유지하지 않고 그 발음을 음소의 차원에서 표기하는 방식. 흔히 소리 나는 대로 적는다고 말하는 것에 해당한다. 참 형태음소적 표기법.

음소전사 (音素轉寫) 음소의 차원에서 말소리를 표기한 것.

음소체계 (音素體系) 음소들이 맺고 있는 관계의 합. =음운체계.

음소체계론 (音素體系論) 음소들이 맺고 있는 관계의 합을 연구하는 분야.

음소체계의 변화 (音素體系의 變化) 음소들이 맺고 있는 관계의 합의 역사적인 변화.

음소표상 (音素表象) 음소의 차원에서 파악한 말소리.

음운 (音韻) =음소.

음운과정 (音韻過程) 말소리 자체에 변화의 동기가 있는 한 단계의 말소리 변화.

음운규칙 (音韻規則) 음운과정을 공식으로 나타낸 것. 참 이음규칙, 형태음운규칙.

음운단위 (音韻單位) 변별적 기능을 가진 말소리의 단위.

음운론 (音韻論) 말소리의 언어적인 특성과 조직을 연구하는 학문. 참 음성학.

음운론적 강도 (音韻論的 强度) 어떤 분절음이 인접한 다른 분절음에 대해 가지는 영향력의 크기.

음운론적 단어 (音韻論的 單語) 의미를 가진 최소의 자립적인 언어단위. 국어에서 대체로 어절에 해당한다.

음운론적 환경 (音韻論的 環境) 음운단위의 관점에서 기술할 수 있는 환경. 참 형태론적 환경.

음운자질 (音韻資質) 말소리의 자질 가운데 변별적 기능이 있는 자질. 참 변별자질, 변별적 자질, 음성자질, 잉여자질.

음운적 조건에 따른 교체 (音韻的 條件에 따른 交替) 이형태의 분포를 음운단위의 관점에서 기술할 수 있는 교체. =음소적 조건에 따른 교체. 참 문법적 조건에 따른 교체, 어휘적 조건에 따른 교체, 화용적 조건에 따른 교체.

음운체계 (音韻體系) 음소들이 맺고 있는 관계의 합. =음소체계.

음운현상 (音韻現象) 음운단위에 나타나는 현상. 주로 음운과정을 가리킨다.

음장 (音長) 음성이 지속되는 시간적 길이. =장단, 소리의 길이. 참 음강, 음고, 초분절음.

음장교체 (音長交替) 음장에 관한 이형태의 교체.

음장방언 (音長方言) 음장을 가진 방언. 중부방언(강원도의 영동방언 제외), 전라방언, 평안방언이 음장방언이다. 참 성조방언.

음절 (音節) 자립적으로 발음될 수 있는, 분절음의 연결.

음절경계 (音節境界) 음절과 음절의 사이.

음절구조 (音節構造) 분절음이나 음절성분이 음절을 구성한 모양.

음절구조제약 (音節構造制約) 분절음이나 음절성분이 음절을 구성하는 데 작용하는 제약.

음절두음 (音節頭音) =초성.

음절말음 (音節末音) =종성.

음절성분 (音節成分) 음절을 직접 구성하는 성분. 하나 이상의 분절음으로 이루어진다. 초성, 중성, 종성의 세 가지가 있다.

음절성분 연결의 제약 (音節成分 連結의 制約) 음절성분끼리 연결될 때 분절음에 가해지는 제약.

그 대표적인 것은 초중성 연결의 제약이다.

음절연결 (音節連結) 음절과 음절이 이어진 것.

음절연결제약 (音節連結制約) 음절과 음절이 이어지는 데 작용하는 제약.

음절자 (音節字) 음절에 대응하는 글자.

음절핵음 (音節核音) =중성.

음조 (音調) 특정한 높이의 소리. 참 고저, 음고, 초분절음, 성조.

음조곡선 (音調曲線) 발화와 함께 실현된 음조를 시각적으로 나타냈을 때 나타나는 곡선.

음파 (音波) 말소리가 일으킨 파동.

음향 (音響) 물리적인 실체로서의 소리.

음향음성학 (音響音聲學) 공기와 같은 매질을 통과하는 양상을 중심으로 말소리를 물리학적으로 연구하는 학문.

의존성 (依存性) 초분절음이 분절음과 동시에만 나타날 수 있는 특성을 기술하는 말. =초분절성.

이론기본형 (理論基本形) 이형태 가운데 어떤 것과도 같지 않은 기본형.

이완음 (弛緩音) 발음할 때 성대 주위의 근육에 힘을 많이 주지 않는 분절음. 국어에서 경음과 유기음 이외의 모든 분절음이 이완음에 속한다. 참 긴장음.

이완성 (弛緩性) 발음할 때 성대 주위의 근육에 힘을 많이 주지 않는 특성. 참 긴장성.

이음 (異音) =변이음.

이음과정 (異音過程) 변이음이 실현될 때 나타나는 음운과정. 참 형태음운과정.

이음규칙 (異音規則) 이음과정을 공식으로 나타낸 것. 참 음운규칙, 형태음운규칙.

이음론 (異音論) 변이음의 실현을 연구하는 분야.

이음변이 (異音變異) 음소가 변이음으로 나타나는 것.

이음변화 (異音變化) =음성변화.

이중동화 (二重同化) 동화음 둘이 동시에 피동화음에 영향을 주어 일어나는 동화.

이중모음 (二重母音) 발음할 때 혀의 위치나 입술의 모양이 변하는 모음. 참 단순모음, 단모음(單母音).

이중모음의 단순모음화 (二重母音의 單純母音化) 이중모음이 단순모음으로 바뀌는 역사적인 변화. 중세국어에서 이중모음이었던 /ㅐ, ㅔ, ㅚ, ㅟ, ㅣ/가 근대에 모두 단순모음으로 바뀐 변화를 가리킨다.

이중모음체계 (二重母音體系) 이중모음들이 맺고 있는 관계의 합.

이형태 (異形態) 한 형태소가 실현되는 모양. 주로 음소의 차원에서 실현되는 모양을 가리킨다.

이화 (異化) 어떤 말소리가 주변의 말소리와 음성적 특성이 달라지는 음운과정. 참 동화.

인접동화 (隣接同化) =직접동화.

일반언어학 (一般言語學) 언어에 관한 일반적인 사실을 연구하는 학문. 참 개별언어학.

일반음운론 (一般音韻論) 말소리에 관한 일반적인 사실을 연구하는 음운론. 참 개별음운론.

일반화 (一般化) 여러 사례에 공통적인 사실로 기술하는 것.

입파음 (入破音) =내파음.

잉여성 (剩餘性) 명시하지 않아도 예측할 수 있는 특성.

잉여자질 (剩餘資質) 변별적 기능이 없는 자질. 참 변별자질, 변별적 자질, 음운자질, 음성자질.

잉여적 (剩餘的) 명시하지 않아도 예측할 수 있는 것.

자동적 교체 (自動的 交替) 음소배열제약을 어기지 않기 위해 일어나는 교체. 참 비자동적 교체.

자립분절음운론 (自立分節音韻論) 초분절음이 분절음과 독립적으로 작용하는 양상을 연구하는 음운론.

자연부류 (自然部類) 하나 이상의 자질을 공유하는 분절음의 집합.

자유교체 (自由交替) 교체형이 조건에 관계없이 자유롭게 나타나는 교체. =무조건교체. 참 자유변이, 조건교체.

자유변이 (自由變異) 변이형이 조건에 관계없이 자유롭게 나타나는 변이. =무조건변이. 참 조건변이, 자유교체.

자유변이음 (自由變異音) 한 음소에 속하면서 같은 조건에서 자유롭게 나타나는 변이음. 참 조건변이음.

자음 (子音) 성문을 통과한 공기가 구강에서 방해를 받아 나는 분절음. 참 모음.

자음군 (子音群) 한 음절이나 형태소 안에서 자음이 둘 이상 이어진 것.

자음군단순화 (子音群單純化) 자음군을 구성하는 자음의 수가 줄어드는 음운과정.

자음기저형 (子音基底形) 자음으로 시작하거나 끝나는 기저형. 참 모음기저형.

자음동화 (子音同化) 자음이 자음에 영향을 주어 일어나는 동화. 참 모음동화.

자음성 (子音性) 기류가 구강에서 장애를 받는 음성적 특성.

자음어미 (子音語尾) 어미의 음운론적 유형의 하나로, 기저형의 첫소리가 자음인 어미. '-게, -고, -네, -던, -지' 등이 그 예이다. 참 매개모음어미. 모음어미.

자음연결 (子音連結) 자음과 자음이 만나는 것. =자음충돌.

자음용언 (子音用言) 자음으로 끝난 용언. 참 모음용언.

자음조사 (子音助詞) 자음으로 시작하는 조사. 참 모음조사.

자음체계 (子音體系) 자음들이 맺고 있는 관계의 합. 참 모음체계.

자음체언 (子音體言) 자음으로 끝난 체언. 참 모음체언.

자음충돌 (子音衝突) =자음연결.

자질 (資質) 분절음을 구성하는 음성적 특성.

자질값 (資質값) 어떤 분절음에 주어진 자질이 들어 있는지 또는 어느 만큼 들어 있는지를 표시하는 부호. 자질 이름 앞에 '+'와 '-', 또는 숫자로 표기한다.

자질명세 (資質明細) 분절음이나 분절음의 집합이 가지는 자질의 목록.

자질변경규칙 (資質變更規則) 입력인 분절음의 자질값이 바뀌는 음운규칙.

자질행렬 (資質行列) 분절음들과 자질들을 행과 열로 배열하여 자질값을 표시한 표.

장단 (長短) =음장.

장모음 (長母音) 음장에 따라 구별되는 두 모음 가운데 긴 모음. 참 단모음(短母音).

장애음 (障碍音) 규칙적인 음파가 두드러진 음성. 국어에서 폐쇄음, 파찰음, 마찰음이 장애음에 속한다. 참 공명음.

장음 (長音) 지속 시간이 긴 말소리. 참 음장, 단음.

장음부호 (長音符號) 장음을 나타내는 부호. 해당 분절음이나 음절 뒤에 'ː'로 표시하거나 해당 음절 위에 '–'로 표시한다.

장음화 (長音化) 단음이 장음으로 바뀌는 음운과정. 참 보상적 장음화, 단음화.

재구조화 (再構造化) 언어적 구조가 바뀌는 현상. 음운론에서는 기저형이 바뀌는 역사적인 변화를 가리킨다.

재음소화 (再音素化) 음소분석에서 한 분절음을 두 음소의 연쇄로 분석하는 것.

저모음 (低母音) 혀의 가장 높은 부위가 가장 낮은 모음. 참 고모음, 중모음, 반저모음, 반고모음.

저설성 (低舌性) 혀의 가장 높은 부위가 가장 낮은 음성적 특성. 참 고설성.

저조 (低調) 낮은 음조. 참 고조, 중조, 상승조, 하강조.

전동음 (顫動音) 혀끝이나 목젖을 떨어서 내는 유음. 참 설전음.

전방성 (前方性) 구강의 앞쪽 음성기관인 입술이나 혀끝을 이용하여 발음하는 음성적 특성.

전설 (前舌) 혓바닥의 앞쪽. =설면. 참 중설, 후설, 비전설.

전설마찰음 (前舌摩擦音) 혀끝이나 전설을 이용하여 내는 마찰음. 국어의 /ㅅ/ [s, ʃ]이 그 예이다.

전설모음 (前舌母音) 혀의 가장 높은 부위가 전설인 모음. 국어에서 /ㅣ, ㅔ, ㅐ, ㅟ, ㅚ/가 여기에 속한다. 참 후설모음.

전설모음화 (前舌母音化) 후설모음이 전설모음으로 바뀌는 음운과정. 국어에서 /ㅡ/가 치찰음 뒤에서 /ㅣ/로 바뀌는 음운과정을 가리킨다.

전설성 (前舌性) 혀끝이나 전설을 이용하여 발음하는 음성적 특성.

전설원순모음 (前舌圓脣母音) 혀의 가장 높은 부위가 전설인 원순모음. 국어에서 /ㅟ, ㅚ/가 여기에 속한다.

전설음 (前舌音) 혀끝이나 전설을 이용하여 내는 소리. 전설자음, 전설모음, 전설반모음으로 나누어진다. 참 후설음.

전설음화 (前舌音化) 후설음이 전설음으로 바뀌는 음운과정.

전설자음 (前舌子音) 혀끝이나 전설을 이용하여 내는 자음. 치음, 치조음, 경구개음을 합쳐 부르는 이름이다.

전설파찰음 (前舌破擦音) 혀끝이나 전설을 이용하여 내는 파찰음. 국어의 파찰음 /ㅈ, ㅉ, ㅊ/이 모두 여기에 속한다.

전설평순고모음 (前舌平脣高母音) 혀의 가장 높은 부위가 전설이면서 입술을 펴고 발음하는 고모음. 국어의 /ㅣ/를 가리킨다.

접근음 (接近音) 조음체가 조음점에 마찰이 일어나지 않을 만큼만 가깝게 다가간 상태에서 발음하는 소리. [j, w, ɹ, l] 등이 그 예이다.

정서법 (正書法) 어떤 언어를 문자로 바르게 적는 방법.

정지음 (停止音) 기류가 정지되는 소리라는 뜻으로, 폐쇄음을 폐쇄 단계에 초점을 두어 부르는 이름.

정칙용언 (正則用言) =규칙용언.

조건 (條件) 어떤 사실이 성립하기 위해 필요한 사항.

조건교체 (條件交替) 교체형이 조건에 따라 달리 나타나는 교체. 참 조건변이, 자유교체.

조건변이 (條件變異) 변이형이 조건에 따라 달리 나타나는 변이. 참 조건교체, 자유변이.

조건변이음 (條件變異音) 한 음소에 속하면서 출현 환경이 서로 다른 변이음. =결합변이음. 참 자유변이음..

조사 (助詞) 국어에서 문장 안의 체언, 용언, 부사 등에 붙어서 문법적인 의미를 나타내는 단어.

조어 (造語) 형태소가 단어를 형성하는 형태론적 과정. 합성과 파생이 대표적이다. =단어형성.

조음 (調音) 음성기관을 조절하여 말소리를 냄.

조음동작 (調音動作) 어떤 말소리를 내기 위한 조음체의 움직임.

조음방식 (調音方式) 어떤 말소리를 내기 위해 조음체가 움직이는 방식. =조음방법.

조음방식자질 (調音方式資質) 조음방식을 나타내는 자질. =조음방법자질.

조음위치 (調音位置) 어떤 말소리를 낼 때 사용하는 조음점의 위치.

조음위치동화 (調音位置同化) 국어에서 앞자음이 뒷자음과 조음위치가 같아지는 음운과정.

조음위치자질 (調音位置資質) 조음위치를 나타내는 자질.

조음음성학 (調音音聲學) 음성기관에서 말소리가 어떻게 만들어지는지 연구하는 음성학.

조음점 (調音點) 자음을 발음하는 조음위치에서 움직임이 상대적으로 적은 음성기관. =고정부. 참 조음체, 능동부.

조음체 (調音體) 자음을 발음하는 조음위치에서 움직임이 상대적으로 많은 음성기관. =능동부. 참 조음점, 고정부.

종성 (終聲) 음절의 끝에 놓이는 음절성분. 참 초성, 중성.

종성제약 (終聲制約) 어떤 분절음이나 분절음 연쇄가 종성이 되는 데에 작용하는 제약. 참 초성제약, 중성제약.

좌분지 (左分枝) 언어단위의 구조 분석에서 큰 단위에서 작은 단위로 내려갈 때 왼쪽으로 가지가 갈라지는 방식. 참 우분지.

주요부류자질 (主要部類資質) 자음, 모음, 반모음과 같은 주요부류를 구별해 주는 자질.

주파수 (周波數) 파동이 진행할 때 같은 파형이 1초에 반복되는 횟수.

중모음 (中母音) 혀의 가장 높은 부위가 높지도 않고 낮지도 않은 모음. 참 고모음, 저모음.

중복자음 (重複子音) 같은 자음이 두 번 이어진 것.

중복자음감축 (重複子音減縮) 중복자음이 자음 하나로 바뀌는 음운과정. 국어에서 조음위치가 같은 폐쇄음이 두 번 이어질 때 앞 폐쇄음이 없어지는 음운과정을 가리킨다.

중복자음화 (重複子音化) 자음 하나가 중복자음으로 바뀌는 음운과정. 국어에서 긴장폐쇄음 앞에 조음위치가 같은 폐쇄음이 첨가되는 음운과정을 가리킨다.

중설 (中舌) 혓바닥을 앞에서 뒤까지 세 부위로 나눌 때의 중간. 참 전설, 후설, 비전설.

중설모음 (中舌母音) 혀의 가장 높은 부위가 중설인 모음. 국어에서 /ㅡ, ㅓ, ㅏ/가 중설모음으로 발음될 수 있다.

중성 (中聲) 음절의 가운데에 놓이는 음절성분. 참 초성, 종성.

중성제약 (中聲制約) 어떤 분절음이나 분절음 연쇄가 중성이 되는 데에 작용하는 제약. 참 초성제약, 종성제약.

중성모음 (中性母音) 모음조화에서 양성모음이나 음성모음으로 작용하지 않는 모음의 부류.

중세국어 (中世國語) 10세기부터 16세기까지의 국어. 훈민정음이 창제되어 국어를 기록한 문헌이 많이 남아 있는 15세기와 16세기의 국어, 즉 후기중세국어를 가리키는 말로 많이 쓴다.

중조 (中調) 중간 높이의 음조. 참 고조, 저조, 상승조, 하강조.

중화 (中和) 둘 이상의 언어단위의 대립이 특정한 환경에서 나타나지 않는 현상. 음운론에서는 둘 이상의 음소가 일부 위치에서 대립하지 않는 현상을 가리킨다. 참 합류.

지속 단계 (持續 段階) 어떤 분절음을 발음하는 세부 단계 가운데 조음체가 조음위치에서 기류를 방해하는 상태를 유지하는 단계. 참 개방 단계, 파열 단계, 폐쇄 단계.

지속성 (持續性) 발음할 때 구강이나 비강을 통해 공기가 계속 흐르는 음성적 특성.

지연동화 (遲延同化) =순행동화.

지정사 (指定詞) 국어의 '이다'와 '아니다'를 품사의 관점에서 부르는 이름. 경우에 따라 '이다'만 포함하기도 한다.

직접동화 (直接同化) 동화음과 피동화음 사이에 분절음이 없을 때 일어나는 동화. =인접동화. 참 간접동화, 원격동화.

진폭 (振幅) 진동하는 양 끝 사이의 거리.

첨가 (添加) 없던 분절음이 생기는 음운과정. =삽입. 참 탈락, 삭제.

청음음성학 (聽音音聲學) 소리를 귀로 듣고 뇌에서 느끼는 과정을 연구하는 학문. =청취음성학.

체언 (體言) 국어에서 명사, 대명사, 수사를 아울러 이르는 말.

체언말자음군 (體言末子音群) 체언의 끝에 있는 자음군. '몫, 여덟, 값' 등의 /ㄳ, ㄼ, ㅄ/과 같은 자음군을 가리킨다.

초분절음 (超分節音) 어떤 언어단위와 동시에 발음되어 그것의 음성적 성격을 변화시키는 음성적 특징. 음강, 음고, 음장의 셋으로 구분한다. =운율적 요소. =운소. 참 분절음.

초분절성 (超分節性) =의존성.

초분절음소 (超分節音素) 변별적 기능을 가지는 초분절음. =운소. 참 분절음소.

초성 (初聲) 음절의 처음에 놓이는 음절성분. 참 중성, 종성.

초성 ㅎ탈락 (初聲 ㅎ脫落) 초성 /ㅎ/이 모음, 비음, 유음 뒤에서 탈락하는 음운과정.

초성제약 (初聲制約) 어떤 분절음이나 분절음 연쇄가 초성이 되는 데에 작용하는 제약. 참 중성제약, 종성제약.

초중성 연결의 제약 (初中聲 連結의 制約) 초성과 중성이 연결되는 데 작용하는 제약. 참 음절성분 연결의 제약.

최소대립쌍 (最小對立雙) 한 음성만 서로 다른 두 단어. 셋 이상의 단어에 대해서도 쓴다. =최소대립어.

최소대립어 (最小對立語) =최소대립쌍.

추상분절음 (抽象分節音) =추상음소.

추상음소 (抽象音素) 대립을 통해 확인할 수 있는 분절음이 아니면서 기저형을 구성하는 요소로 설정되는 분절음. =추상분절음.

축약 (縮約) 두 분절음이 한 분절음으로 합쳐지는 음운과정. 참 합류, 중화.

출혈순서 (出血順序) 한 음운규칙의 적용으로 다른 음운규칙이 적용될 수 있는 입력이나 환경이 파괴되도록 배열된 음운규칙들의 순서. 참 급여순서, 역출혈순서.

층위 (層位) 언어단위가 체계와 구조를 이루고 있는 차원.

치경 (齒莖) 잇몸. 참 치조.

치경음 (齒莖音) =치조음.

치음 (齒音) 혀끝을 윗니에 대거나 가깝게 하여 내는 자음. 국어의 /ㄷ, ㄸ, ㅌ/이 그 예이다.

치조 (齒槽) 이뿌리가 박혀 있는 턱뼈의 구멍. 조음음성학에서는 위쪽 두 앞니 안쪽의 잇몸을 가리키는 말로 주로 사용한다. 혀끝을 대거나 가깝게 함으로써 다양한 자음을 발음하는 위치이다. 참 치경.

치조구개 (齒槽口蓋) =구개치조.

치조구개음 (齒槽口蓋音) =구개치조음, 뒤치조음, 앞구개음.

치조설측음 (齒槽舌側音) 혀끝을 윗잇몸에 대서 내는 설측음. [l].

치조음 (齒槽音) 혀끝을 윗잇몸에 대거나 가깝게 하여 내는 자음. [s]와 [ɾ]이 대표적인 치조음이다.

치조파찰음 (齒槽破擦音) 혀끝을 윗잇몸에 댔다 떼면서 발음하는 파찰음. [ts], [dz].

치찰음 (齒擦音) 치조나 경구개에서 발음하는 마찰음과 파찰음. 국어의 /ㅅ, ㅆ, ㅈ, ㅉ, ㅊ/이 여기에 속한다.

치찰성 (齒擦性) 혀끝이나 전설에 의해 난류(亂流)가 생겨 높은 주파수(3000Hz 이상) 대역에 음향에너지가 집중되는 특성.

치찰음 뒤 단순모음화 (齒擦音 뒤 單純母音化) 치찰음 뒤에서 j계 이중모음이 반모음 /j/의 탈락으로 단순모음으로 바뀌는 음운과정. 국어에서 '져>저, 쪄>쩌, 쳐>처, 셔>서'와 같이 일어난 변화를 가리킨다.

치환시험 (置換試驗) 어떤 언어단위를 다른 언어단위와 바꿈으로써 구조나 의미가 달라지는지를 알아보는 시험. 음운론에서 어떤 단어에 들어 있는 한 분절음을 다른 분절음으로 바꾸어서 다른 단어가 되는지를 관찰하여 음소를 확인하기 위해 사용한다.

탄설음 (彈舌音) 혀끝을 치조에 가볍게 한 번 댔다 떼면서 발음하는 유음. [ɾ]. =설타음.

탈락 (脫落) 어떤 분절음이 없어지는 음운과정. =삭제. 참 첨가, 삽입.

태도적 의미 (態度的 意味) 청자나 명제에 대한 화자의 심리적 태도와 관련된 의미. 흔히 억양, 음색, 표정, 몸짓 등에 나타나는 것을 가리킨다.

통시태 (通時態) 시간의 흐름에 따라 변화하는 언어 상태. 참 공시태.

통시언어학 (通時言語學) 시간의 흐름에 따라 언어가 변화하는 양상을 연구하는 학문. 참 공시언어학.

통시음운론 (通時音韻論) 시간의 흐름에 따라 일어나는 음운론적인 변화를 연구하는 학문. 참 공시음운론.

통합관계 (統合關係) 같은 문맥에서 앞과 뒤에 나타나 있는 언어단위들 사이의 관계. 참 계열관계.

파생어 (派生語) 어기와 접사가 결합하여 만들어진 단어. 복합어의 한 종류이다. 참 합성어, 단순어.

파열 단계 (破裂 段階) 어떤 분절음을 발음하는 세부 단계 가운데 조음체가 조음점으로부터 떨어지면서 많은 양의 기류가 갑자기 흐르기 시작하는 단계. 참 개방 단계, 지속 단계, 폐쇄 단계.

파열음 (破裂音) 구강의 한 곳을 완전히 막았다가 터뜨리면서 발음하는 자음. 참 폐쇄음.

파찰음 (破擦音) 구강의 한 곳을 완전히 막았다가 서서히 열면서 마찰을 일으켜 발음하는 자음. 국어의 /ㅈ, ㅉ, ㅊ/이 여기에 속한다.

평성 (平聲) 중세국어의 성조소 가운데 저조를 가리키던 용어. 참 거성, 상성.

평순모음 (平脣母音) 입술을 자연스럽게 펴서 발음하는 모음. =비원순모음. 참 원순모음.

평음 (平音) 국어의 폐쇄음, 마찰음, 파찰음 중에서 경음과 유기음을 제외한 음성. =예사소리. 참 경음, 된소리, 격음, 유기음, 거센소리.

평음화 (平音化) 경음이나 유기음이 평음으로 바뀌는 음운과정.

평파찰음 (平破擦音) 평음인 파찰음. /ㅈ/을 가리킨다.

평판성조 (平板聲調) 음조가 일정한 성조소. =수평성조. 참 승강성조, 굴곡성조.

평폐쇄음의 비음화 (平閉鎖音의 鼻音化) 평폐쇄음 /ㅂ, ㄷ, ㄱ/이 비음 앞에서 각각 /ㅁ, ㄴ, ㅇ/으로 바뀌는 음운과정. 흔히 비음화라고 줄여 부른다. 참 ㄹ의 비음화.

평폐쇄음화 (平閉鎖音化) 국어에서 종성에 놓인 장애음이 평음인 폐쇄음으로 바뀌는 음운과정. 국어의 종성에 장애음으로 /ㅂ, ㄷ, ㄱ/의 셋만 나타나는 원인이 된다.

폐모음 (閉母音) 입을 가장 적게 벌려 발음하는 모음. 참 개모음, 반폐모음, 반개모음.

폐쇄 단계 (閉鎖 段階) 어떤 분절음을 발음하는 세부 단계 가운데 조음체가 조음점에 닿으면서 기류가 흐르지 않게 되는 단계. 참 개방 단계, 지속 단계, 파열 단계.

폐쇄음 (閉鎖音) 구강의 한 곳을 완전히 막아서 발음하는 자음. 국어의 /ㅂ, ㅃ, ㅍ, ㄷ, ㄸ, ㅌ, ㄱ, ㄲ, ㅋ/이 여기에 속한다. 국어의 폐쇄음을 파열음이라 부르기도 한다. =정지음.

폐쇄성 (閉鎖性) 구강에서 공기의 흐름이 완전히 막히는 음성적 특성.

폐쇄음화 (閉鎖音化) 마찰음이나 파찰음이 폐쇄음으로 바뀌는 음운과정.

폐음절 (閉音節) 종성이 있는 음절. 참 개음절.

표기규약 (表記規約) 언어에 대해 분석한 내용을 적을 때 부호를 사용하는 방법에 관한 약속.

표면 (表面) 생성문법에서, 관찰할 수 있는 언어단위가 존재하는 층위. 참 기저.

표면음소 (表面音素) 대립을 통해 확인할 수 있는 음소. 참 기저음소, 형태음소.

표면형 (表面形) 어떤 언어단위가 표면층위에서 가지는 형태. 음운론에서는 주로 이형태를 가리킨다. 참 기저형.

표현적 기능 (表現的 機能) 언어요소가 발휘하는 기능을 세 가지로 나눈 것 가운데 하나. 어떤 발화의 형식에 변화를 가해 화자의 감정을 표현할 때 드러난다. 변별적 기능, 형상적 기능과 대립하는 개념이다. 국어에서 표현적 장음이 표현적 기능이 드러난 예이다.

표현적 장음 (表現的 長音) 표현적 기능이 있는 장음. 참 변별적 장음, 어휘적 장음.

프라하학파 (Praha學派) 1920~1930년대에 체코의 수도 프라하에서 트루베츠코이와 야콥슨을 중심으로 이루어진 학파. 유럽의 구조언어학을 대표하는 학파이다.

피동사 (被動詞) 남에게 작용을 받는 뜻을 나타내는 동사. '걸리다, 차이다, 먹히다'와 같은 동사를 말한다. 대부분 능동사에 피동접미사가 붙은 형태이다. 참 사동사.

피동화음 (被同化音) 동화를 입는 음성. 참 동화음.

피수식명사 (被修飾名詞) 관형어의 수식을 받는 명사.

필수적 (必須的) 반드시 해야 하는 것. 참 수의적.

ㅎ계 자음군 (ㅎ系 子音群) /ㅎ/이 들어 있는 자음군. /ㄶ, ㅀ/과 같은 자음군을 말한다.

ㅎ불규칙 (ㅎ不規則) 용언의 말음이 자음어미 앞에서 /ㅎ, ㅎ/으로, 매개모음어미 앞에서 /ㅏ, ㅓ/로, 모음어미의 두음 /ㅏ/와 결합하여 /ㅐ, ㅔ/로 실현되는 현상. '노랗고, 노라면, 노래'와 같은 활용을 가리킨다. =ㅎ변칙.

ㅎ탈락 (ㅎ脫落) /ㅎ/이 탈락하는 음운과정. 용언말 /ㅎ/탈락과 초성 /ㅎ/탈락으로 나누어진다.

하강이중모음 (下降二重母音) 단순모음 뒤에 반모음이 이어진 이중모음. =하향이중모음. 참 상승이중모음, 상향이중모음.

하강조 (下降調) 처음에 높다가 나중에 낮아지는 음조. 참 상승조, 고조, 중조, 저조.

하향이중모음 (下向二重母音) =하강이중모음.

한자음 (漢字音) 한자 각각에 대해 정해져 있는 발음.

함의공식 (含意公式) "A이면 B이다."와 같은 형식의 공식. A가 참이면 B도 참이다.

합류 (合流) 시간의 흐름에 따라 서로 다른 언어단위가 한 언어단위로 합쳐지는 변화. 참 분기, 축약, 중화.

합성어 (合成語) 둘 이상의 어기가 결합하여 만들어진 단어. 복합어의 한 종류이다. 참 파생어, 단순어.

항존성 (恒存性) 초분절음이 모든 말소리에 나타날 수밖에 없는 특성을 기술하는 말.

헤르츠 (Hertz) 주파수의 단위. 같은 파형이 1초에 반복되는 횟수를 나타내는 단위이다.

혀끝 혀의 앞쪽 끝. 설첨과 설단으로 구분하기도 하고 둘을 구별하지 않고 설단이라고 부르기도 한다.

혀의 높이 주로 모음을 발음할 때 혀의 가장 높은 부위가 입천장으로부터 떨어진 거리. 이 거리가 짧을수록 혀의 높이가 높다.

혀의 앞뒤 위치 주로 모음을 발음할 때 혀의 가장 높은 부위를 혀의 앞, 가운데, 뒤와 같이 표현한 것.

혓바닥 혀끝 뒤에서부터 혀뿌리 앞까지의 넓은 면.

형태 (形態) (morph) 형태소의 실현형. 참 이형태.

형태분석 (形態分析) 단어나 발화를 형태(morph) 단위로 분석하는 것. 참 형태소분석.

형태론 (形態論) 형태소로부터 단어까지의 언어단위와 그 구조를 연구하는 언어학의 한 분야.

형태론적 과정 (形態論的 過程) 형태소가 결합하여 단어를 만드는 과정.

형태론적 제약 (形態論的 制約) 음운규칙의 적용에 형태소나 단어의 문법적 부류가 가하는 제약.

형태론적 환경 (形態論的 環境) 형태소나 단어의 문법적 부류의 관점에서 기술할 수 있는 환경. 참 음운론적 환경.

형태소 (形態素) 의미를 가진 최소의 언어단위. 최소의 문법단위이다. 대개 단어를 분석해서 얻어진다.

형태소경계 (形態素境界) 형태소와 형태소의 사이. 참 형태소내부.

형태소내부 (形態素內部) 형태소를 구성하는 맨 앞 분절음부터 맨 뒤 분절음까지의 사이. 참 형태소경계.

형태소부류 (形態素部類) 같은 성질을 지닌 형태소들의 집합.

형태소분석 (形態素分析) 단어나 발화를 형태소 단위로 분석하는 것. 참 형태분석.

형태소의 음운론적 교체 (形態素의 音韻論的 交替) 한 형태소가 둘 이상의 형태로 발음되는 현상. =형태음운론적 교체.

형태음소 (形態音素) =기저음소.

형태음소적 표기법 (形態音素的 表記法) 한 형태소를 그 발음과 관계없이 일정한 형태로 표기하는 방식. 지금의 한글 맞춤법에서 어법에 맞도록 적는 것에 해당한다. 참 음소적 표기법.

형태음운과정 (形態音韻過程) 형태소가 음소 차원의 이형태로 실현될 때 나타나는 음운과정. 참 이음과정.

형태음운규칙 (形態音韻規則) 형태음운과정을 공식으로 나타낸 것. 참 음운규칙, 이음규칙.

형태음운론 (形態音韻論) 형태소가 단어나 어절을 거쳐 발화를 구성할 때 나타나는 음운론적인 양상을 연구하는 분야. 참 단어음운론, 발화음운론, 순수음운론.

형태음운론적 교체 (形態音韻論的 交替) =형태소의 음운론적 교체.

화용론 (話用論) 화자, 청자, 상황과 같은 요소를 고려하여 언어사용의 양상을 연구하는 언어학의 한 분야.

화용적 조건에 따른 교체 (話用論的 條件에 따른 交替) 이형태의 분포를 언어사용 방식의 관점에서 기술할 수 있는 교체. 참 음운적 조건에 따른 교체, 문법적 조건에 따른 교체, 어휘적 조건에 따른 교체.

화합기저형 (化合基底形) 둘 이상의 연속된 형태소가 가진, 분석되지 않는 하나의 기저형.

환경 (環境) 언어단위가 출현하는 위치.

활용 (活用) 용언에 어미가 붙어 어절을 이루는 현상. 참 곡용.

활용형 (活用形) 용언에 어미가 붙어 이루어진 어절. 참 곡용형.

활음 (滑音) =과도음.

후두음 (喉頭音) =성문음.

후두파열음 (喉頭破裂音) =성문폐쇄음.

후두폐쇄음 (喉頭閉鎖音) =성문폐쇄음.

후설 (後舌) 혓바닥의 뒤쪽. =설배. 참 전설, 중설, 비전설.

후설모음 (後舌母音) 혀의 가장 높은 부위가 후설인 모음. 국어에서 /ㅡ, ㅓ, ㅏ, ㅜ, ㅗ/가 여기에 속한다. 참 전설모음.

후설원순고모음 (後舌圓脣高母音) /ㅜ/를 가리키는 말.

후설음 (後舌音) 후설을 이용하여 내는 소리. 후설자음, 후설모음, 후설반모음으로 나누어진다. 참 전설음.

후음 (喉音) =성문음.

휴지 (休止) 말을 멈춘 부분.

히아투스 (hiatus) =모음연결.

6모음체계 (6母音體系) 단순모음 6개로 이루어진 체계. /ㅣ, ㅔ, ㅓ, ㅏ, ㅜ, ㅗ/의 6개로 이루어진 경상방언의 단순모음체계가 그 예이다. 참 7모음체계, 10모음체계.

7모음체계 (7母音體系) 단순모음 7개로 이루어진 체계. /ㅣ, ㅔ, ㅡ, ㅓ, ㅏ, ㅜ, ㅗ/의 7개로 이루어진 중부방언 및 전라방언의 단순모음체계가 그 예이다. 참 6모음체계, 10모음체계.

10모음체계 (10母音體系) 단순모음 10개로 이루어진 체계. /ㅣ, ㅔ, ㅐ, ㅟ, ㅚ, ㅡ, ㅓ, ㅏ, ㅜ, ㅗ/의 10개의 단순모음으로 이루어져 있는 현대국어 표준어의 단순모음체계가 그 예이다. 참 7모음체계, 6모음체계.

j계 이중모음 (平脣半母音系 二重母音) 국어에서 반모음 /j/로 시작하는 이중모음. /ㅑ, ㅕ, ㅒ, ㅖ, ㅛ, ㅠ/와 같은 이중모음을 가리킨다. 참 w계 이중모음.

j반모음화 (j半母音化) /ㅣ/가 모음 앞에서 반모음 /j/로 바뀌는 음운과정.

j첨가 (j添加) 모음과 모음 사이에 반모음 /j/가 첨가되는 음운과정.

j탈락 (j脫落) 반모음 /j/가 탈락하는 음운과정.

w계 이중모음 (w系 二重母音) 국어에서 반모음 /w/로 시작하는 이중모음. /ㅘ, ㅝ, ㅙ, ㅞ, ㅟ/와 같은 이중모음을 가리킨다. 참 j계 이중모음.

w반모음화 (w半母音化) /ㅗ, ㅜ/가 모음 앞에서 반모음 /w/로 바뀌는 음운과정.

w탈락 (w脫落) 반모음 /w/가 자음 뒤에서 탈락하는 음운과정.

찾아보기

〈기타〉

제3판
국어음운론 개설

초판 1쇄 발행 1996년 1월 15일
개정판 1쇄 발행 2011년 2월 23일
제3판 3쇄 발행 2024년 9월 20일

지은이 배주채
펴낸이 김길준
펴낸곳 (학)신구학원신구문화사

등록 제2008-000054호
주소 경기도 성남시 중원구 광명로 377 우촌학사 1층
전화 031-741-3055
팩스 031-741-3054
이메일 shingupub@naver.com
홈페이지 www.shingubook.com

ISBN 978-89-7668-240-6 93710